"十一五"国家重点图书出版规划项目

·经/济/科/学/译/丛·

# Macroeconomics as a Second Language

# 宏观经济学思维

玛莎·L·奥尔尼 (Martha L. Olney)  著

陈宇峰  姜井勇  译

中国人民大学出版社

·北京·

# 《经济科学译丛》总序

　　中国是一个文明古国，有着几千年的辉煌历史。近百年来，中国由盛而衰，一度成为世界上最贫穷、落后的国家之一。1949 年中国共产党领导的革命，把中国从饥饿、贫困、被欺侮、被奴役的境地中解放出来。1978 年以来的改革开放，使中国真正走上了通向繁荣富强的道路。

　　中国改革开放的目标是建立一个有效的社会主义市场经济体制，加速发展经济，提高人民生活水平。但是，要完成这一历史使命绝非易事，我们不仅需要从自己的实践中总结教训，也要从别人的实践中获取经验，还要用理论来指导我们的改革。市场经济虽然对我们这个共和国来说是全新的，但市场经济的运行在发达国家已有几百年的历史，市场经济的理论亦在不断发展完善，并形成了一个现代经济学理论体系。虽然许多经济学名著出自西方学者之手，研究的是西方国家的经济问题，但他们归纳出来的许多经济学理论反映的是人类社会的普遍行为，这些理论是全人类的共同财富。要想迅速稳定地改革和发展我国的经济，我们必须学习和借鉴世界各国包括西方国家在内的先进经济学的理论与知识。

　　本着这一目的，我们组织翻译了这套经济学教科书系列。这套译丛的特点是：第一，全面系统。除了经济学、宏观经济学、微观经济学等基本原理之外，这套译丛还包括了产业组织理论、国际经济学、发展经济学、货币金融学、公共财政、劳动经济学、计量经济学等重要领域。第二，简明通俗。与经济学的经典名著不同，这套丛书都是国外大学通用的经济学教科书，大部分都已发行了几版或十几版。作者尽可能地用简明通俗的语言来阐述深奥的经济学原理，并附有案例与习题，对于初学者来说，更容易理解与掌握。

经济学是一门社会科学，许多基本原理的应用受各种不同的社会、政治或经济体制的影响，许多经济学理论是建立在一定的假设条件上的，假设条件不同，结论也就不一定成立。因此，正确理解掌握经济分析的方法而不是生搬硬套某些不同条件下产生的结论，才是我们学习当代经济学的正确方法。

本套译丛于 1995 年春由中国人民大学出版社发起筹备并成立了由许多经济学专家学者组织的编辑委员会。中国留美经济学会的许多学者参与了原著的推荐工作。中国人民大学出版社向所有原著的出版社购买了翻译版权。北京大学、中国人民大学、复旦大学以及中国社会科学院的许多专家教授参与了翻译工作。前任策划编辑梁晶女士为本套译丛的出版做出了重要贡献，在此表示衷心的感谢。在中国经济体制转轨的历史时期，我们把这套译丛献给读者，希望为中国经济的深入改革与发展做出贡献。

《经济科学译丛》编辑委员会

宏观经济学思维

# 前　言

经济学在我们周围无处不在。它的许多原理显而易见，但是，当你不得不去听学院或大学的"经济学导论"课程时，你却很难搞清楚它究竟是怎么一回事儿。这是因为经济学直觉很难用语言表达出来。

在此，请允许我引用《爱丽丝镜中奇遇记》（*Through the Looking Glass*）一书作者刘易斯·卡罗尔（Lewis Carroll）的一句话：经济学家用文字准确地表达出了那些我们想让他们描述的事物。类似于"理性"这样的词汇有一个精确的词典定义。经济学家以不同的方式使用"理性"一词，意指"和最大化某个目标相一致的行为"。那么，"市场"是什么呢？你可能会认为它是指某个小店，你可以到那里去购买商品，但经济学家却不这么认为。"西红柿市场"并不存在于你所在的当地农贸集市或百货商店里，因为"市场"是一种理念，一个抽象的意指，它由想要买卖某物的人们的所有行为或潜在行为汇集而成。

"掌握"经济学的关键是要把它看成一门第二语言。正如你学习法语、日语或其他新语言时一样，你必须尝试着去熟悉并精通"经济学语气"（econ-speak）。经济学思维具有直觉性，对它进行表述需要用到第二语言。

## ▊ 关于本书

《宏观经济学思维》以一种开门见山的形式，将那些你需要掌握的概念、假设和模型化整为零。这里，我采取一种要点整合的方法，把主要关注点放在宏观经济学原理及其表述上。

即使到目前为止你还没上过一堂宏观经济学课，本书对你来说也是很有用的。你是否正努力想去了解一些经济学的基本概念和术语呢？你在密切关注当前经济中出现的新形势吗？如果是，那么选择本书就对了！有了它，你将不需要费力地去阅读一本 700～900 页厚的经济学原理教材。《宏观经济学思维》有助于你迅速掌握这些经济学基础知识。

## ■ 本书结构

宏观经济学就像一个篇幅颇长的故事。你不妨把它看做一篇小说，前面章节介绍主要人物，中间章节开始讲述人物的活动，后面章节则详细描述人物多姿多彩的经历。只读第 1 章你可能不得故事要领，跳过中间章节可能使你前后混淆，而只读最后 1 章则很可能让你感觉一团雾水。

对学过微观经济学的读者而言，可能会觉得宏观经济学要难学一点。微观经济学要教些什么，经济学家已有共识。微观经济学有一个基本分析方法和阐述思路，即从供给和需求开始，逐渐展开对各种市场失灵原因的研究和探讨。

宏观经济学则不然，它的内容分歧要大得多。随手拿出 6 本宏观经济学教科书，你可能会找到 4 种或 4 种以上不同的宏观经济学分析方法。术语的不同只是一个方面，其他方面包括：内容次序如何安排？哪些话题应该或不应该纳入分析范畴？哪些关系应该加以强调？

本书另一对照读本《微观经济学思维》的基本内容可能和你在经济学基础课堂学到的很相似，但你会发现本书却并非如此。在《宏观经济学思维》一书中，我将按照以往的教学经验来组织相关内容和知识要点，并强调其中的重点之处。

第一部分是基础知识。第 1 章给出了宏观经济学的一个概览。我们通常用公式和图形来描述经济学基本原理，因此第 1 章也介绍了学习经济学需要的数学和作图工具。第 2 章引进生产可能性边界模型，它有助于我们确定商品和服务的产出组合。经济学最常用的需求和供给模型在第 3 章介绍。我们如何测算宏观经济相关指标，如产出、失业和通胀等，则包含在第 4 章中。

第二部分是长期分析。

长期增长和短期波动是宏观经济学的研究重点。第 5 章引进了长期增长问题，即长期内不同代际人们之间的生活水平将如何变动。从第 6 章起开始详细探讨短期波动问题，如经济体的失业和通胀率将如何年复一年地发生变化。

凯恩斯主义原理（第三部分）是绝大多数宏观经济分析的基础，尽管相关人士坚称"自己并非凯恩斯主义者"。这些原理包括：

● 企业产量取决于市场对商品和服务的总需求（第 6 章）。

● 总需求是指消费、投资、政府购买和净出口支出之和（第 7 章）。

● 由于消费取决于收入，总需求的任何变动对产出总量都具有一个乘数效应（第 8 章）。

第四部分是政策分析，我们从第 9 章对财政政策和货币政策的概述开始。第 10 章详细分析财政政策，包括政府赤字和负债。

货币政策组成了接下来的三章内容。货币并非由政府印行钞票创造，而是通过商业银行放贷创造（第 11 章）。中央银行（在美国指美联储）能改变经济体中的货币数量，但它必须在货币供给目标和利率目标之间进行抉择（第 12 章）。货币政策会使利率发生改变，从而影响总需求（第 13 章）。

价格上涨的影响因素和后果是第五部分的关注点。这里，我并未将答案和盘托出，因为宏观经济学家对价格为何及如何变动的理解是宏观经济学最薄弱的地方。他们能较好地解释价格变动的影响，却不能令人满意地解释导致价格变动的原因。

近 30 年来，宏观经济学都绕不开总供给和总需求（AS/AD）模型（第 14 章）。AS/AD 模型对解释 20 世纪 70 年代和 80 年代的美国经济走势非常有用，因为当时该模型的重要假设——央行选择货币供给作为政策目标——得到了满足。最近以来，宏观经济学更多地强调货币政策模型（第 15 章），即众所周知的泰勒规则或货币政策反应函数分析。该模型建立在"央行基于当前和未来的预期通胀率和产出增长率来制定利率目标"这一基础上，第 15 章的最后部分将告诉你如何尽可能地用该模型分析美联储的干预行为。

"开放"经济体是指一个存在着进出口贸易的经济体。像多数教科书一样，本书以对开放经济体的讨论作为总结。但对进出口问题的讨论并不完全局限于第 16 章，第 7 章涉及出口和进口的决定因素，第 8 章涉及开放经济体的乘数效应，第 13 章则涉及了货币政策对出口和进口的影响效应。

## 本书特点

在每章开头部分，我们列出了本章涉及的重要术语、概念、图形和公式。所有重要概念都用粗体标出。本书附录也列出了全部重要术语。

### □ 提示

每章给出的提示强调了那些你必须牢记的概念或必须避免的常见错误。

### □ 习题

习题给你提供了测试自己是否已掌握刚刚所学知识的机会，所有答案都能在本书后面找到。

### □ 怎样才能更好地学习经济学

经济学和你在海滩上就能轻松阅读（尽管我们鼓励一些海滩爱好者进行这样的尝试！）的小说不同。你在学习经济学时最好拿上一支铅笔。碰到新术语时不要略带而过，要把它们记录下来。不要只看那些图形，要自己动手作一遍。此外，在空白处记下你的备注和疑惑。对你所读的内容也要全神贯注。

要想真正掌握经济学，把它当做空气一样对待很重要。把你看到、读到和听到的所有一切都想成是经济学。认真思考你怎样才能用经济学语言阐释它们。

不要把你自己局限于财经新闻上。只有当你随时随地都能运用经济学时，你才算真正"掌握"它。例如，由于二三十岁的年轻人推迟了结婚时间，结婚率出现下降——贸易收益理论能解释这点。国家监狱支出预算在何种程度上会抢占教育经费的政治辩论，则可以用生产可能性边界理论解释。在电影《愤怒的葡萄》（*Grapes of Wrath*）中，为什么乔德一家辛辛苦苦采摘葡萄却仅能获得5美分的收入？需求和供给理论可对此做出解释。尽管空气污染和气候异常变化不断加剧，美国人为何还要开车到处跑？外部性理论能够解释这点。

经济学在你身边无处不在。为了能熟练掌握经济学语言，你必须学会用经济学思维看待问题，并且一如既往地这么做。现在，就让我们开始朝这个目标努力。

# 致　谢

通常来说，致谢显得有点敷衍了事的味道，但这里并非如此。我的母亲陷入痴呆并最终去世，这需要获得威立父子出版公司那些同事的极大谅解和耐心等候。朱迪斯·约瑟夫（Judith Joseph）一开始就对本书写作计划充满热情，我谨表示最真挚的谢意。也要感谢詹妮弗·马尼萨（Jennifer Manisa）之后接手本书的出版事宜，并尽力将它完成得最好！

我也要感谢给本书初稿提过大量有价值评论和宝贵意见的人，当然这里只能列出部分：曼彻斯特社区学院的法玛塔·瓦丹·安塔（Fatma Wahdan Antar）、加州理工大学的布鲁斯·C·布朗（Bruce C.Brown）、加州海事学院 MBA 和 LL. M 项目的马修·P·达德曼（Matthew P.Dudman）、博林格林州立大学的蒂莫西·S·弗斯特（Timothy S.Fuerst）、肯塔基大学的J·罗伯特·吉列特（J.Robert Gillette）、俄勒冈大学的金昌勇（Chang Yong Kim）、伊利诺伊州立大学的拉杰夫·戈尔（Rajeev Goel）、蒙莫斯大学的斯蒂芬·普莱斯曼（Steven Pressman）、新泽西州海洋郡学院（Ocean County College）的弗吉尼亚·A·瑞利（Virginia A.Reilly）、加州大学萨克拉门托分校的马克·西格勒（Mark Siegler）、圣克劳德州立大学的戴维·M·斯威策（David M.Switzer）和圣托马斯大学的威廉森·沃尔什（William Walsh）。作者特别感谢加州大学伯克利分校的校友戴维·斯威策及时给予的第一手反馈意见！

最后，感谢我的妻子埃丝特·哈吉斯（Esther Hargis），以及我们的孩子吉米（Jimmy）。妻子承担了大量家务活和其他琐事，吉米放弃了要我陪他玩耍的时间。吉米，我不会忘记要带你去迪士尼乐园玩的约定！

# 目　录

## 第一部分　基础知识

宏观经济学思维

# 第四部分　政策分析

# 第五部分　通胀和产出

目
录

# 第六部分　开放经济体

宏观经济学思维

第一部分

基础知识

# 经济学分析工具：数学和图形

经济学的研究对象是经济行为，既包括个体经济行为，也包括整体经济行为。本书着重于讲述经济学的语言问题，旨在作为标准经济学原理教材的一个补充。在学习经济学时用到的数学工具是本章的关注焦点。

## 重要术语和概念

| | |
|---|---|
| 微观经济学 | 横轴 |
| 宏观经济学 | 纵轴 |
| 总量 | 截断轴 |
| 实证经济学 | 曲线 |
| 规范经济学 | 斜率 |
| 经验证据 | 直接相关（正相关） |
| 社会科学 | 反向相关（负相关） |
| 经济模型 | 直线 |
| 函数符号 | 线性曲线 |
| 变量 | 非线性曲线 |
| 因变量 | 凹向原点 |
| 自变量 | 凸向原点 |
| △ 是指变化幅度 | 沿曲线的移动 |
| 变化率 | 曲线的移动 |
| 二维平面图 | |

经济学分为微观经济学和宏观经济学。**微观经济学**（microeconomics）处理和个体行为有关的问题：个人、单个企业或单一市场。微观经济学要解决的问题包括：

- 什么因素决定了某种产品的价格？
- 企业将生产多少产量？
- 劳动力市场上的工资率由哪些因素决定？

**宏观经济学**（macroeconomics）处理和团体行为或整体经济行为相关的问题。经济学家有时用**总量**（aggregate）这个词来表示类似的团体。宏观经济学通常被用来分析整个国家的经济状况，例如美国的经济状况。但是，宏观经济学的分析工具也适用于任何总量经济：某个区域或某个州以及某个国家或某个城市的经济。宏观经济学的研究问题包括：

- 什么因素决定了整个经济体的通胀率？
- 什么因素决定了整个经济体的失业率？
- 什么因素决定了经济体的总收入水平？

不管是微观经济分析还是宏观经济分析，都可以分成两大类：实证经济学和规范经济学。**实证经济学**（positive economics）通常回答诸如"该事情如何影响其他事情"这样的问题。例如：居民收入增加如何影响飞机票的价格？家庭支出减少如何影响整个经济体的就业数量？**规范经济学**（normative economics）通常回答诸如"该行为是否应当被采取"这样的问题。例如：市政委员会是否应当采取一项租金管制政策？联邦政府是否应当增加税收？

绝大多数经济分析都属于实证经济分析。实证经济学只要求对某个问题进行分析，而不要求对哪些行为才是最有利于社会的做出判断。规范经济学要求对某个行为做出价值判断。在进行一项规范分析——是否应当采取某种行为——时，我们必须先陈述自己想要达到什么目的。经济学家之间的分歧和规范经济学的"规范性"非常吻合。意见不同的经济学家通常能够就"该政策如何影响整个经济"这样的实证分析达成共识。但是，在"我们的目标是为了缩小差距还是促进增长，或者，是为了降低通胀水平还是创造就业"等最优目标上，经济学家之间往往会产生一些分歧。当你听到经济学家有分歧时，试着听听他们之间的分歧最终是不是都和各自所坚持的社会目标有关。

对**经验证据**（empirical evidence）的使用也是经济学的一项重要内容。经验证据是指那些可以被用来支持某个观点的数据，如统计资料和记录数值等。例如，当家庭开支减少时，人们花在通心粉和奶酪上的支出变化幅度是多少？这里的"多少"是一个实证问题，它需要我们给出数值（经验）答案。

经济学是一门需要用到数学工具的**社会科学**（social science）。它主要研究人类行为问题，所以是一门社会科学。经济学之所以运用大量的数学工具，是因为有关人类经济行为的概念和理论、模型和经验证据通常需要借助于数学形式来表达。

## 宏观经济学概览

宏观经济学帮助我们增加对经济新闻的理解。例如，失业率上升、通胀处在20年来最高水平、经济出现衰退、美联储宣布提高利率、联邦税收减免账户即将开通、居民储蓄达到历史低点、弱势美元有利于促进美国出口，等等，都属于宏观经济问题。每天都会发生许多宏观经济方面的新闻。

学习宏观经济学需要掌握一系列基础知识，每个小知识点都很重要。只有很好地掌握了它们，我们才能熟练理解并加以运用。

宏观经济学家因他们意见分歧的倾向背负了不好的名声。一个惯用的略带玩笑的说法是，假如你把两名宏观经济学家叫到同一个房间里，那么很可能至少会得出四个不同观点。因此，一些人会嘲笑宏观经济学家说：既然你不能告诉我将发生什么事，那又有什么用处呢？

诚然，宏观经济学家不能告诉你未来会发生一些什么。但他们却能给出一些比较明智的推测，并使你从这些推测中获益。

宏观经济学家能告诉你当其他条件均不变时，一项政策可能会产生哪些影响。这里的挑战是，在现实中不可能其他的所有条件都不发生变化。

当美联储降低利率时，会发生什么情况呢？如果只有利率出现变化，其他条件均保持不变，那么宏观经济学家可以很明确地告诉你答案。但现实世界往往很复杂，其他因素必定也会发生变化。

那么，这些宏观经济新闻能否使我们准确预测明天的事情呢？答案显然是否定的。一名经济学家会预测一种可能的情形，另一名经济学家则会预测其他情形。他们会这样来陈述：一方面……另一方面，也有可能……两名经济学家，四个观点。你可能会质疑：既然不能告诉我将发生什么，那么做出预测又有什么用？

事实上，这些预测还是很有用处的。下面是理解宏观经济学及其和现实世界之间关系的两个重要方面。

（1）宏观经济学从宏观上告诉我们可能存在的因果关系。"如果发生了这种情形，那么它可能会带来哪些影响。"但是，结论取决于假设。商人是否对未来保持乐观态度？当美联储降低利率时，银行是否也会降低它们的利率？一些假设可能很明显，会用"如果"这样的陈述，"如果商人不改变他们对美联储降低利率的态度……"但也有一些假设很隐晦，假设很重要，表述却很隐晦。不管明显还是隐晦，假设改变，结论势必会跟着改变。

（2）我们对宏观经济学的观察都是基于对"真实世界"的观察。我们试图对每天读到的经济新闻做出解释。但现实世界总是复杂多变的，它不允许我们"保持其他因素不变"，以观察一项政策的影响。真正的宏观经济学一方面是直接分析（如果……那么……），另一方面则必须根据事情发展做出相应分析。

不同经济学家之间的意见会有不同，这是很好理解的。因为存在两个关键因素：首先，关于行为的不同假设会导致不同的结论；其次，不同的现实情况会导致不同的现实结果。

还需要记住的是，宏观经济学就像一本小说。它不是一个内容只有 22 页的短篇故事，而是纵览了成千上万的社会角色之间的相互作用机制。我们必须设定研究背景，选定研究对象，然后才能阐述相关经济事件。

我们先参照《微观经济学思维》的前面 3 章为本书开篇。这 3 章内容回顾了经济学研究需要用到的数学工具（第 1 章），介绍了宏观经济学最常用到的两个经济模型：生产可能性边界模型（第 2 章）以及需求和供给模型（第 3 章）。第 4 章我们正式开启宏观经济学之旅。

## 经济模型

经济模型通常被用来回答经济分析中提出的问题。它不同于现实世界中的实物模型，如飞机模型等。相反，**经济模型**（economic model）只是经济学家用来回答或分析问题的形式途径。我们通过经济模型来阐述经济学理念和洞见。

每个经济模型都有三个组成部分：

- 问题。
- 现实世界的简化或抽象。
- 关于经济行为的假设。

只需改变上述三个组成部分中的任何一个，我们便会得到一个迥然不同的经济模型。

例如，假设问题是"什么因素决定了一包酸菜的价格"，那么我们可以用需求和供给模型（第 3 章）分析。但是，如果问题改成"什么因素决定了失业水平"，那么我们就必须借用另一个不同的模型了。因此，问题发生改变，模型也将改变，经济分析同时也跟着改变。

又如，我们把自己身处其中的复杂现实世界简化成四个部分：居民、企业、政府和其他部门。在做出这个简化假设后，我们就能借用凯恩斯宏观经济学模型来分析问题了。相反地，如果整个世界被简化成资本家和工人两个群体，那么我们将使用一个完全不同的模型。因此，简化发生改变，模型也将改变，经济分析同时也跟着改变。

再如，我们假设居民主要是基于对退休后能过上体面生活所需的积蓄这一考虑来做出每年的消费支出决定，那么就可以用一个所谓的生命周期模型进行分析。但是，如果我们假设居民每年的消费支出只考虑当年的收入水平，那么将需要一个不同的模型。因此，假设发生改变，模型也将改变，经济分析同时也跟着改变。

经济模型可以用三种方式表示：

- 文字。
- 数学公式。
- 图形。

绝大多数经济模型都可以用其中的两种方式（文字和其他任意一种方式）表示；只有部分模型需要同时用到三种方式。

如果你不太理解文字表述，可以看一下图形。如果你对图形也不太理解，那么请你参照一下公式和文字。一个模型用到的这三种表达方式之间相互强化，相辅相成。你可以把它们看成三种语言，都在阐述同一个经济学理论或洞见。对于任何一个模型，最后你都应该完全理解这三种表述，并且能够把它们前后贯穿起来。

## 数学工具

在学习经济学原理时，你必须能运用一些数学工具。这里我们给出一些最常用的数学工具。图形工具（在接下来的小节中介绍）可能更有助于你学习经济学。在你熟练掌握这些数学和作图工具前，请不时回过头来重温一下这里的讲解和讨论。

### □ 分数和小数

在经济分析中，我们有时会用到分数，有时会用到小数。你必定希望自己能对它们之间的相互转化得心应手。你也希望很熟练地就能对这些分数进行化简。例如：

- $\frac{30}{40} = \frac{3}{4} = 0.75$。
- $\frac{20}{40} = \frac{1}{2} = 0.5$。
- $0.6 = \frac{6}{10}$，所以 $\frac{1}{0.6} = \frac{10}{6} = \frac{5}{3}$。

### □ 绝对值

在少数情况下，经济学家会用到绝对值这一概念。任何数字（不管它是大于零还是小于零）的绝对值都等于它和零之间的数值距离。任何数字的绝对值都可以用一对竖杆（‖）表示。例如 $|4| = 4$，$|-4| = 4$。

### □ 函数符号

许多经济分析可以借助数学公式和符号（或记号）得到简化处理。例如，经济学家用 $q_D = f(p)$ 来表示"你想购买的汽水数量主要取决于它的价格水平"这句话。经济学家总是会说，他们已经用**函数符号**（functional notation）表达出了公式中隐含的经济关系。因此，能够"读懂"数学公式很重要。

当你看到 $q_D = f(p)$ 时，脑海里会出现什么反应呢？如果你只是简单地认为"$q_D$ 等于 $f$ 括号 $p$"，那么你就很难理解它所表达的经济含义了。如果你把它理解成

"$q_D$ 等于一个和 $p$ 有关的函数"，那么你比之前有了进步。但是，要想真正把握 $q_D =f(p)$ 的经济含义，你必须把它理解成"需求量取决于价格"。

能否读懂数学公式主要取决于以下两点：

- 能否把类似于 $f(\quad)$ 这样的函数符号翻译成文字。
- 是否清楚字母符号（记号）各自代表的意思。

要弄清楚 $q_D$、$p$ 和其他更多字母符号代表什么意思，你只需牢牢记住它们就行了。如果你每次都使用相同的符号，那么牢记它们将变得更为容易。你不妨把它们当做 4 个经济学家来记好了。

提示 ☞

试着在一开始时就把你教材中出现的所有符号列出来。当你的老师提到"价格"时，在笔记本上记下符号"$p$"。当她提到"质量"时，则记下"$q$"。

## □ 变 量

经济学反复用到"变量"一词。通常情况下，这个词汇在经济学语言中比在现实交谈中具有更多的意思和更复杂的技术含义。**变量**（variable）通常是指那些取值会发生变化的事物。例如，附近杂货店里一包面巾纸的价格在过去 4 个月内可能都未曾变化过，但经济学家仍然认为价格是一个变量，这是因为它的取值可能会出现变化。"价格"是一个变量，我们用符号"$p$"表示。

存在两种类型的变量：因变量和自变量。**因变量**（dependent variable）的取值取决于**自变量**（independent variable）的取值。例如，假设一个家庭在某月的支出取决于该家庭的收入水平。这里，家庭支出是一个因变量，它的取值取决于家庭收入这个自变量。因为支出和收入的取值都可能发生变化，所以两者都是变量。在任何一种关系中，一般都只存在一个因变量，而自变量的数目通常却不受限制。

## □ 代 数

在宏观经济学中，我们经常会用某个未知数来求解一些代数方程。例如，假设 $Y = 100 + 0.6Y$，则 $Y$ 的值是多少？

为求解上式，我们先合并同类项（注意 $Y$ 等同于 $1 \times Y$）：

$$Y - 0.6Y = 100$$
$$0.4Y = 100$$

接着，把两边同时除以 0.4，即

$$\frac{0.4Y}{0.4} = \frac{100}{0.4}$$
$$Y = 250$$

## □ △ 是指"变化幅度"

在经济学中，我们会多次提到某个变量值的变化幅度问题。经济学家通常用希腊字母δ的大写格式 △ 来表示变化幅度。因此，$\Delta x$ 应该理解成"$x$ 的变化幅度"，$\Delta Y$ 则表示"$Y$ 的变化幅度"。用 △ 表示"变化幅度"是做课堂笔记时需要用到的另一种简化处理技巧。

## □ 计算变化率

在某些情形下，我们需要计算一个变量的**变化率**（rate of change），或者计算它在两个取值之间的变化百分比。例如，当 $Q$ 从 50 增加到 60 时，它的变化率是多少？

计算变化率的一般公式是：

$$\frac{新的取值-旧的取值}{旧的取值}$$

因此在上例中，$Q$ 的变化率是（60−50）/50＝10/50＝0.2，或20％。

习题 ☞ ════════════════════

（所有习题的答案，参见本书后面。）

试着回答以下问题：

1. 令 $Y＝350＋0.3Y$，求 $Y$ 的值。
2. 当收入从 100 增加到 110 时，它的变化率是多少？
3. 当收入从 110 降低到 100 时，它的变化率是多少？

# 作图工具

翻阅任何一本经济学原理教材，你都将看到大量的图形。在学习经济学的过程中，养成作图、读图和分析图形的习惯非常重要。

## □ 基础知识

几乎所有的经济学图形都是**二维平面图**（two-dimensional graph）——一种只用两个变量来分析问题的图形。一张二维平面图包括**横轴**（horizontal axis）和**纵轴**（vertical axis），两者相交之处称为"原点"。在横轴上，变量的取值范围包括从原点左边的所有负数到原点右边的所有正数。在纵轴上，变量的取值范围包括从原点下方的所有负数到原点上方的所有正数。

图形上的任何一点都同时对应于两个变量值。我们不妨举个例子，令变量 $d$ 取纵轴上的数值，变量 $w$ 取横轴上的数值。那么，图1—1中的点 $A$ 将同时表示一个

负的 $w$ 值（位于原点左边）和一个负的 $d$ 值（位于原点下方）。点 $B$ 则表示一个正的 $w$ 值（位于原点右边）和一个负的 $d$ 值（位于原点下方）。

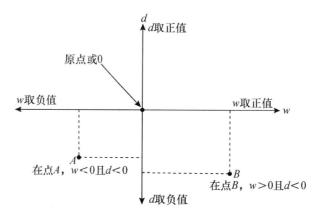

**图 1—1　二维平面图**

二维平面图描述了两个变量之间的关系。横轴和纵轴相交于原点。图形上任意一点对应于两个变量值。图中，点 $A$ 表示一个负的 $w$ 值（$w<0$）和一个负的 $d$ 值（$d<0$）。

横轴和纵轴把图形分成 4 个部分，我们称这 4 个部分为区间或象限。因为经济学中绝大多数变量的取值都为正，所以我们几乎只需要用到右上方的第一区间。因此，你看到的大多数经济学分析图形一开始时都如图 1—2 所示。

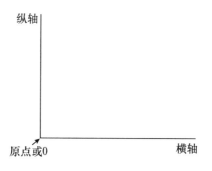

**图 1—2　二维平面图的右上方区间**

因为经济学中绝大多数变量的取值为正，所以经济学中的图形通常只用到二维平面图的右上方区间。

借助于我们在高中时学到的数学知识，一些书本通常会把横轴和纵轴分别叫做"$x$ 轴"和"$y$ 轴"。你在使用这两个词时需引起注意，因为经济学中也有 $X$（通常是指出口）和 $Y$（通常是指收入），但它们并不总是由 $x$ 轴和 $y$ 轴来对应表示。如果你只使用横轴和纵轴这两个词，那么你就不容易把它们与 $X$ 和 $Y$ 混淆了。

## □ 描　点

只要具备了关于两个变量的信息（数据），我们便能把这些数据描在一张图形上。例如，假设我们掌握了不同教育程度人群在 2007 年的人均收入所得信息，那么我们便可以用一句（烦琐的）话来表述这些信息：在 2007 年，高中学历人群的平均收入为 40 000 美元，大学学历人群的平均收入为 78 000 美元，硕士学历人群的平均收入为 91 000 美元。

或者，我们也可以用一张表格来说明上述信息。

**表 1—1** 收入随教育程度增加

| 最高教育程度 | 受教育年限 | 2007 年平均收入 |
|---|---|---|
| 高中 | 12 | 40 000 美元 |
| 大学 | 16 | 78 000 美元 |
| 硕士 | 18 | 91 000 美元 |

资料来源：U. S. Census Bureau, *Statistical Abstract of the United States：2009*，Table 676.

显然，和一句烦琐的话相比，我们更容易从表中看出以下信息——更高的教育程度意味着更高的收入。那么，我们如何用图形来描述这一相同的信息呢？

为了描出各个数据所对应的点，我们不妨用横轴表示其中的一个变量，用纵轴表示另一个变量。在经济学中，自变量通常（但不完全）用横轴表示，因变量用纵轴表示。因变量由自变量决定。

如图 1—3 所示的每一个点都对应于一组数值。例如，点 A 表示受过 12 年教育（由横轴表示）人群的平均收入为 40 000 美元（由纵轴表示）。点 C 表示受过 18 年教育人群的平均收入为 91 000 美元。

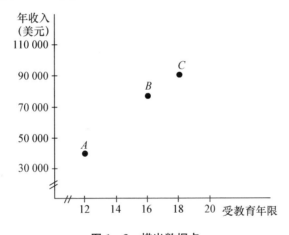

**图 1—3 描出数据点**

图中，每一个点对应于一组数值。纵轴表示年收入，横轴表示受教育年限。例如，点 A 表示受过 12 年教育人群的年收入为 40 000 美元。

## ☐ 截断轴

读者需注意到我们图形中的横轴和纵轴是被截断的。一条截断轴省略了 0 和某个数值之间距离的精确表示。图 1—3 中，我们用靠近原点的两个"//"符号来表示横轴和纵轴是**截断轴**（truncated axis）。显然，横轴截断了 0 和 12 年之间的距离，纵轴截断了 0 和 30 000 美元之间的距离。

## □ 曲 线

有时，变量之间的关系可以通过一条**曲线**（curve）而不是几个散点来表示。一条曲线（可能是一条完整的直线，也可能不是）能够把实际数据连接起来。在图1—4中，如图1—3所示的数据就被连接成了一条曲线。

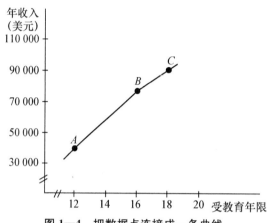

**图1—4 把数据点连接成一条曲线**

两个变量之间的关系可以由一条连接相应数据点的直线（或曲线）描述。根据表1—1中的数据，图中曲线表明年收入将随受教育年限的增加而增加。

当然，我们也可以用曲线来表示某种和实际数据无关的变量关系。例如，图1—5表明，在家庭财富增加时，家庭支出也更高。在图1—5中，类似于 $A$ 这样的一个点对应于某个支出水平和财富水平的组合。点 $A$ 横对应于纵轴的值即支出水平，竖对应于横轴的值即财富水平。因此，点 $A$ 表示财富水平为 $A_1$、支出水平为 $A_2$ 的一个组合。点 $B$ 则表示财富水平为 $B_1$、支出水平为 $B_2$ 的一个组合。

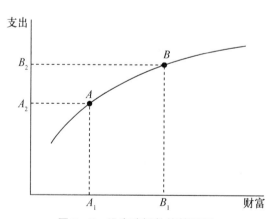

**图1—5 没有确切数值的图形**

在经济学作图中，我们有时并不需要知道两个变量的确切数值。例如，只要清楚富裕家庭通常会花费比贫穷家庭更多的钱，我们就能作一条曲线来表示这种关系。图中曲线表明支出将随财富的增加而增加，但增加的速度会越来越慢。

## □ 读　图

能"读懂"一张图和能读懂一个数学公式一样重要。当你看到图1—5时，你脑海中浮现出了哪些信息（还是一片茫然）呢？一种可能的情况是，你马上就认出了这是一张由纵轴表示支出、横轴表示财富水平，且有一条向上倾斜的曲线共同组成的图。这样理解没错，但对你并没多大的帮助。

另一种可能的情况是，你把这张图所要表达的意思理解成"支出取决于财富水平"。同样地，你的理解也没错，但是仍不够完整。

这里，最好的理解应该是：支出将随财富的增加而增加，但其增加的幅度却越来越小。

## □ 斜　率

有时，计算某条直线的斜率或曲线上某两点之间的斜率是很必要的。我们当中的绝大多数人高中时就学会了计算斜率的公式，即**斜率**（slope）等于纵轴上的距离除以横轴上的距离。或

$$斜率 = \frac{纵轴距离}{横轴距离}$$

在本书中，上述公式仍然成立。纵轴距离即为两点之间分别对应于纵轴上的变化值，横轴距离即为两点之间分别对应于横轴上的变化值。

图1—6中，点 $A$ 和点 $B$ 之间的"纵轴距离"是 $6-4=2$，"横轴距离"是 $3-2=1$。因此，$A$、$B$ 两点之间的斜率为：

$$\frac{纵轴距离}{横轴距离} = \frac{\Delta y}{\Delta x} = \frac{6-4=2}{3-2=1} = 2$$

（$\Delta$ 是希腊字母 $\delta$ 的大写格式,指变化幅度或变化值。）

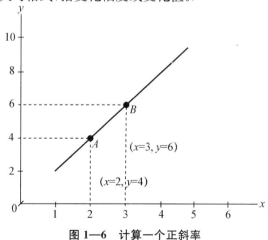

**图1—6　计算一个正斜率**

任意两点之间的斜率都等于"纵轴距离除以横轴距离"。纵轴距离即变量在纵轴上的变化幅度，横轴距离即变量在横轴上的变化幅度。图中，从点 $A$ 到点 $B$，纵轴 $y$ 的对应值由4变大到6，即纵轴距离 $\Delta y = 6-4=2$；横轴 $x$ 的对应值由2变大到3，即横轴距离 $\Delta x = 3-2=1$。因此 $A$、$B$ 两点之间的斜率 $=2/1=2$。

### ☐ 正的斜率或负的斜率

当斜率如图 1—6 所示为正时，我们就称两个变量之间**直接相关**（directly related）或**正相关**（positively related）。随着气温上升（$x$ 变大），会有更多的人（$y$ 变大）选择喝柠檬汁。因此，经济学家认为，气温和柠檬汁消费之间是正相关的。

当斜率如图 1—7 中所示为负时，我们就称两个变量之间**反向相关**（inversely related）或**负相关**（negatively related）。随着气温上升（$x$ 变大），只有更少的人（$y$ 变小）会选择购买羊毛大衣。因此，经济学家认为，气温和羊毛大衣销售量之间是负相关的。

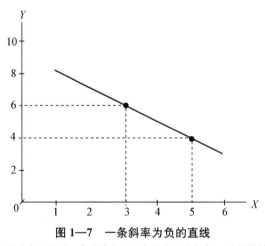

**图 1—7　一条斜率为负的直线**

当两个变量之间反向相关或负相关时，直线将自左上方向右下方倾斜。随着横轴表示的变量越来越大，纵轴表示的变量越来越小。

**习题 ☞**

4. 图 1—7 中所示直线的斜率为多少？

因为图形上点的连线可以是一条**直线**（straight line），所以有时我们把它叫做**线性曲线**（linear line）。直线上任意两点之间的斜率都相同，它是一个常数。

### ☐ 非线性曲线

显然，图形上点的连线也可能是弯曲的，即它不是一条直线，有时我们把它叫做**非线性曲线**（nonlinear line）。曲线上任意两点之间的斜率会发生变化。图 1—8a 中所示的曲线具有一个递增的正斜率，即 $y$ 随 $x$ 的变大而变大，且随着 $x$ 不断变大，$y$ 变大得越来越快。图中 $C$、$D$ 两点之间的斜率大于 $A$、$B$ 两点之间的斜率。

图 1—8b 中所示的曲线具有一个递减的正斜率，即 $y$ 随 $x$ 的变大而变大；但是，随着 $x$ 不断变大，$y$ 变大得越来越慢。图中 $C$、$D$ 两点之间的斜率小于 $A$、$B$ 两点之间的斜率。

图 1—8c 中所示的曲线具有一个（绝对值）递增的负斜率，即 $y$ 随 $x$ 的变小而变小，且随着 $x$ 不断变大，$y$ 变小得越来越快。有时，我们也把这类曲线叫做**凹向原点**（concave to the origin）的曲线。图中 $C$、$D$ 两点之间的斜率（的绝对值）大于 $A$、$B$ 两点之间的斜率（的绝对值）。

图 1—8d 中所示的曲线具有一个（绝对值）递减的负斜率，即 $y$ 随 $x$ 的变大而变小，且随着 $x$ 不断变大，$y$ 变小得越来越慢。有时，我们也把这类曲线叫做**凸向原点**（convex to the origin）的曲线。图中 $C$、$D$ 两点之间的斜率（的绝对值）小于 $A$、$B$ 两点之间的斜率（的绝对值）。

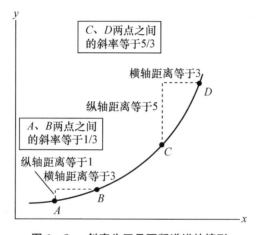

**图 1—8a 斜率为正且不断递增的情形**

图中曲线的斜率为正，即 $y$ 值随 $x$ 值的变大而变大。并且，随着 $x$ 值越来越大，斜率值也越来越大。例如，$A$、$B$ 两点之间的斜率为 1/3，$C$、$D$ 两点之间的斜率则为 5/3。

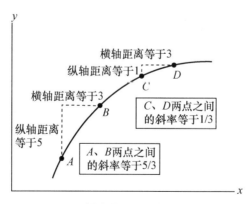

**图 1—8b 斜率为正且不断递减的情形**

图中曲线的斜率为正，即 $y$ 值随 $x$ 值的变大而变大。但是，随着 $x$ 值越来越大，斜率值却越来越小。例如，$A$、$B$ 两点之间的斜率为 5/3，$C$、$D$ 两点之间的斜率则为 1/3。

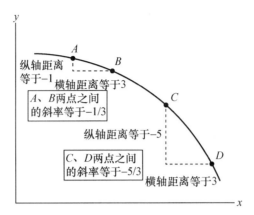

**图1—8c 斜率为负且不断递增的情形**

图中曲线的斜率为负，即$y$值随$x$值的变大而变小。并且，随着$x$值越来越大，斜率的绝对值也越来越大。例如，$A$、$B$两点之间的斜率为$-1/3$，$C$、$D$两点之间的斜率则为$-5/3$。我们有时也把这种曲线称为"凹向原点"的曲线。

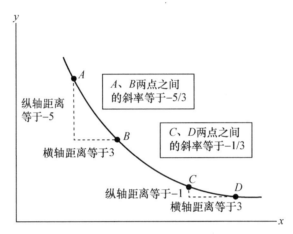

**图1—8d 斜率为负且不断递减的情形**

图中曲线的斜率为负，即$y$值随$x$值的变大而变小。但是，随着$x$值越来越大，斜率的绝对值却越来越小。例如，$A$、$B$两点之间的斜率为$-5/3$，$C$、$D$两点之间的斜率则为$-1/3$。我们有时也把这种曲线称为"凸向原点"。

**习题** ☞

在学习经济学时，你应该试着把文字和图形融会贯通起来。根据以下陈述，分别作图：

5. 需求量随价格的上涨而下降（纵轴表示价格，横轴表示需求量）。

6. 支出随财富的增加而增加，但增加的幅度越来越小（纵轴表示支出，横轴表示财富）。

7. 随着工人数量的不断增加，其边际产出一开始也增加，但随后便会减少（纵轴表示边际产出，横轴表示工人数量）。

8. 收入任何时候都和总支出相等（纵轴表示总支出，横轴表示收入）。

9. 当失业率较低时，通胀率较高；当失业率较高时，通胀率较低（纵轴表示通胀率，横轴表示失业率）。

10. 供给量随价格的上涨而增加（纵轴表示价格，横轴表示供给量）。

11. 对一家垄断企业而言，随着产量的不断增加，边际收益曲线的倾斜度将比平均收益曲线更大（纵轴表示边际收益和平均收益，横轴表示产量；你需要画两条曲线）。

12. 当黄油产量从 2 000 单位减少到 1 900 单位时，枪支产量从 10 单位增加到 20 单位。但是，当黄油产量从 1 000 单位减少到 900 单位时，枪支产量却只是从 80 单位增加到 82 单位（纵轴表示黄油产量，横轴表示枪支产量）。

13. 当价格为 5 时，供给量为 13；当价格为 8 时，供给量增加到 19（纵轴表示价格，横轴表示供给量）。

14. 当价格为 5 时，需求量为 40；当价格为 10 时，需求量降低到 30（纵轴表示价格，横轴表示需求量）。

---

**提示** ☞

当你碰到相互之间存在某种关系的两个变量时，不妨作一张图看看它们究竟是什么关系。

---

### □ 沿曲线的移动和曲线的移动

经济学家喜欢用**沿曲线的移动**（move along a curve）和**曲线的移动**（shift of a curve）这两种说法。当我们提到沿某条曲线"移动"时，我们是指两点之间的移动。如图 1—9a 所示，如果价格从 $P_A$ 变成 $P_B$，那么数量将从 $q_A$ 变成 $q_B$。我们把这称做曲线上点的移动（在有些书中，也称做滑动）。

如果是曲线本身的"移动"，那么两个变量之间的整个关系都将发生改变。如图 1—9b 所示，假设和原来相比，现在对应于每一个价格水平的产量都出现了增加，那么曲线将从 $D_1$ 移动到 $D_2$。事实上，此时第一条曲线 $D_1$ 已经不存在了。有时，我们习惯把移动后的新曲线画得更粗一点。

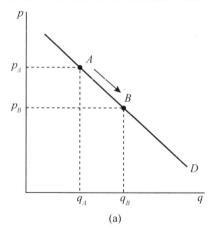 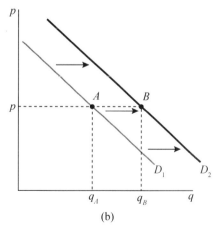

图 1—9 （a）沿曲线的移动；（b）曲线的移动

当提及曲线上两个不同的点时，我们是指"沿"曲线上的移动。在图 1—9（a）中，随着价格 $p$ 的下降，产量 $q$ 将从点 $A$ 移到一个更高的点 $B$ 处。当需作一条全新的曲线时，我们是指曲线本身的"移动"。在图 1—9（b）中，对应于任何一个价格 $p$，产量 $q$ 都出现了增加，因此我们得到一条崭新的曲线 $D_2$。

那么，我们如何判断是应该沿曲线移动还是移动曲线本身呢？一种简单的方法是：只要自变量是由横轴或纵轴之一的变化来衡量的，此时就应该是沿曲线移动。如果自变量不是由横轴或纵轴之一的变化来衡量的，此时就应该是移动曲线本身。

## 小 结

本章为经济学中用到的数学工具提供了一个简单的介绍。当你在后面章节中碰到更复杂的数学分析工具时，不妨回过头来再读一读本章的内容。如果你还是懵懵懂懂，那么不妨去找一本数学书参考一下。现在，我们正式开始学习经济学的真知灼见。

第2章 生产可能性边界、经济增长与贸易收益

生产可能性边界（PPF）模型是一个简单但却具有强大解释力的经济模型。经济增长和贸易收益理论都能通过该模型得到阐述。

**重要术语和概念**

生产可能性边界（生产可能性曲线）　　无效率的

资源　　　　　　　　　　　　　　　不可实现的

稀缺性　　　　　　　　　　　　　　经济增长

权衡　　　　　　　　　　　　　　　生产力

机会成本　　　　　　　　　　　　　贸易收益

放弃　　　　　　　　　　　　　　　李嘉图模型

机会成本递增法则　　　　　　　　　比较优势理论

可实现的　　　　　　　　　　　　　绝对优势

有效率的　　　　　　　　　　　　　比较优势

**重要图形**

生产可能性曲线图

生产可能性曲线移动图

线性生产可能性曲线图

**重要公式**

机会成本计算公式

## 生产可能性边界

**生产可能性边界**（production possibilities frontier，PPF）是一个关系到稀缺资源如何进行配置的模型。它可以被用来分析个人行为，也可以被用来分析公司行为，但是，最通常的做法是用它来分析整个经济。在某个给定的时期内，一个经济体利用所有它可以利用的资源能取得哪些潜在的产出组合呢？

**资源**（resource）是指那些可以被用来生产商品和服务的东西。粗略归类如下：

- 劳动或时间。
- 资本（机器和厂房）。
- 土地或自然资源。
- 知识或技术。

资源通常被认为具有**稀缺性**（scarce），这是因为每种资源的数量在任意给定时刻都是固定和有限的。一天只有 24 小时。在一个给定的时间段内，整个社会也只有固定数量的可得劳动力、机器和厂房，以及总量既定的自然资源和特定层次的知识结构。

资源必须得到配置，因为一旦资源（比方说你自己）被用于某项活动后，就不能同时被用来从事其他活动。你可以把接下去的一分钟时间用来学习经济学或化学，但你不能同时兼顾两者。你脚底下的土地可被用来从事农业生产或建造房子，但你不能同时兼顾两者。因此，我们必须对资源进行合理配置。

生产可能性边界模型隐含着一个重要的简化假设，即经济体只生产两种类型的商品。尽管做出了这一不符合现实的假设，但我们仍然可以得出一些同稀缺性和资源配置有关的有价值的分析。这个假设并不会削弱这里分析的理论精髓。因此，我们假设经济体只生产两种商品。

---

**提示** ☞

生产可能性边界模型通常只考察两种类型的商品，不多也不少。

---

因为资源不可能通用于所有生产活动，所以我们面临如何权衡或取舍的问题。土地可以被用来种植粮食或建造厂房。如果更多的土地被用来种植粮食，那么更少的土地将被用来建造厂房。为什么会这样呢？因为土地的数量有限。

如果你把接下去的一小时用来学习经济学，那么你就不能用它来学习化学了。你面临着一个选择，或经济学家所说的**权衡**（tradeoff）。

经济学家把这样的权衡称为**机会成本**（opportunity cost）。一项活动的机会成本是指你为了从事该项活动所**放弃**（forego）（未能去做）的其他的最佳活动选择。假如你没有把这个小时用来学习经济学，你会把它用来做什么呢？这里的"做什么"便是你学习经济学的机会成本。

因为资源——劳动或时间，资本、土地或自然资源，知识或技术——是有限的，所以每项活动都存在一个机会成本。这没有例外。在生产可能性边界模型中只存在

宏观经济学思维

两种生产活动，所以一种生产活动的机会成本由放弃（未能去做）的另一种生产活动的产出来衡量。

我们最好借用一个例子来阐述生产可能性边界模型。不妨假设两种生产活动的产出分别是枪支（军用品）和黄油（非军用品）。如果我们把资源用来制造枪支，那么我们将不得不放弃（损失）一些黄油产量。例如，假设经济体在开始时每周能生产 10 000 把枪支和 15 000 磅黄油。在接下来的一个星期里，我们把更多的资源用来制造更多的枪支，那么额外增加的枪支的机会成本便是我们不得不放弃的黄油产量。

阐释这点的方式之一是借助于下列数值例子。假设在现有既定资源的情况下，经济体能够生产出任何如表 2—1 所示的枪支和黄油组合。

表 2—1　　　　　　　　　　　生产可能性：枪支和黄油

| 枪支（把） | 0 | 5 000 | **10 000** | **15 000** | 20 000 |
|---|---|---|---|---|---|
| 黄油（磅） | 75 000 | 65 000 | **50 000** | **30 000** | 0 |

当枪支数量从 10 000 把增加到 15 000 把时，我们必须放弃（未生产）多少黄油呢？注意观察表中的粗体数值。我们放弃了 50 000－30 000＝20 000 磅黄油产量。因此，经济学家认为枪支数量从 10 000 增加到 15 000 的机会成本是 20 000 磅黄油。

习题 ☞

（所有习题的答案，参见本书后面。）

试着回答下列问题：

1. 根据表 2—1 中的数据，当枪支数量从 15 000 把增加到 20 000 把时，机会成本是多少？

2. 根据表 2—1 中的数据，当黄油数量从 65 000 磅增加到 75 000 磅时，机会成本是多少？

第 2 章

资源在不同事物上的使用价值是不尽相同的。适宜种植沙漠仙人掌的一英亩土地不一定适宜种植粮食。一个高技能电工也不一定适合做服装设计。一辆小车显然不能被人们当成耕田机器来使用。在某些生产活动中，资源通常具有比在其他活动中更大的使用价值。经济学家有时会说：资源并不具有通用性。

因为资源在某些生产活动中具有更大的使用价值，所以把它们从某处转向另一处的机会成本并不是一成不变的。假设经济体在开始时能生产 10 000 把枪支和 50 000 磅黄油，此时，如果我们需要制造更多的枪支，那么应该从黄油生产中抽出多少资源呢？明智的（经济学家称为"有效率的"）做法是把那些在黄油生产中价值相对较低的资源转移到枪支制造中来，让那些最有价值的（经济学家称为"最有效率的"）资源用于黄油生产。

但是，如果每次想增加枪支数量时我们都把那些在黄油生产中价值相对较低的资源转向枪支制造，那么慢慢地我们便会把越来越有价值的黄油生产资源转向枪支制造。所以，随着我们每次都把资源从生产黄油转向枪支制造，我们将不得不放弃越来越多的黄油数量。经济学家把这称为**机会成本递增法则**（law of increasing op-

生产可能性边界、经济增长与贸易收益

21

portunity cost)。

表 2—1 中的数据可以阐述这个法则（经济学家所谓的"法则"，是指它在通常情况下几乎是正确的）。

我们把生产黄油的部分资源转向枪支制造，以便能得到 5 000（而不是 0）把枪支，那么增加的 5 000 把枪支的机会成本将是 75 000－65 000＝10 000 磅黄油。我们现在继续转移资源，生产 10 000 把枪支而非 5 000 把，现在第二批 5 000 把枪支的机会成本为 65 000－50 000＝15 000 磅黄油。

表 2—2 描述了把资源转向枪支制造的机会成本。

表 2—2　　　　　　　　资源从黄油生产转向枪支制造的机会成本

| 枪支（把） | 0 | | 5 000 | | 10 000 | | 15 000 | | 20 000 |
|---|---|---|---|---|---|---|---|---|---|
| 放弃的黄油（磅） | | 10 000 | | 15 000 | | 20 000 | | 30 000 | |

从 10 000 到 15 000，枪支数量增加了 5 000，这 5 000 把枪支的机会成本是 20 000 磅黄油；从 15 000 到 20 000，枪支数量同样增加了 5 000，但这 5 000 把枪支的机会成本却是 30 000 磅黄油。从 20 000 磅增加到 30 000 磅很清楚地阐释了机会成本递增法则。

我们只需画一张生产可能性曲线图，所有这些概念便能在一条简单的曲线上得到描述。

在图 2—1 中，我们先标出和表 2—1 中的数值相对应的 5 个点，然后把它们连成一条平滑的曲线。这条平滑曲线即我们所谓的**生产可能性边界**（或**生产可能性曲线**）（production possibilities frontier）。

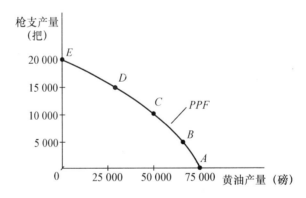

**图 2—1　枪支和黄油的生产可能性曲线**

生产可能性曲线用来描述一个经济体利用其现有的可得资源所能实现的产出组合。图中点 A 对应于 75 000 磅黄油和 0 把枪支的组合。点 C 对应于 50 000 磅黄油和 10 000 把枪支的组合。点 E 对应于 0 磅黄油和 20 000 把枪支的组合。

也可参见表 2—3 给出的产出组合数据。

假设只存在两种类型的产出，则用一个简单的二维平面图就能画出生产可能性曲线。横轴和纵轴分别表示某个时期内两种商品的各自产量。在我们的例子中，它们分别是指一周之内生产的枪支和黄油数量。这里对时间段的选择是无关紧要的，你只需清楚生产可能性曲线是在某个有限的时间段内画出的就行。

生产可能性曲线是向下倾斜（**斜率为负**）（negative slope）的，这给出了两种产出类型之间的权衡关系。它的弯曲（**非线性**）（nonlinear）形态描绘出了机会成本递增法则。经济学家通常会说，生产可能性曲线是"向外凸出"或"凹向原点"的。

提示 ☞
哪条坐标轴表示哪种商品是无关紧要的。交换枪支和黄油的坐标轴后，生产可能性曲线仍然具有和原来相同的形状——从原点向外凸出。

表 2—3　　　　　　　　　　　　　　描出产出组合点

| 枪支（把） | 0 | 5 000 | 10 000 | 15 000 | 20 000 |
|---|---|---|---|---|---|
| 黄油（磅） | 75 000 | 65 000 | 50 000 | 30 000 | 0 |
| 字母符号 | A | B | C | D | E |

习题 ☞
根据下表中的数据，回答下列两个问题：

| 大米（蒲式耳） | 0 | 5 000 | 8 000 | 10 000 | 11 000 |
|---|---|---|---|---|---|
| 玉米（蒲式耳） | 20 000 | 15 000 | 10 000 | 5 000 | 0 |

3. 画一条生产可能性曲线，纵轴表示玉米产量，横轴表示大米产量。

4. 试问这些数值是否阐释了机会成本递增法则？

图 2—2 中给出了一条不需要确切数值的生产可能性曲线通常所具有的形状。因为任何一项活动都有一个机会成本，所以图中曲线是向下倾斜（左高右低）的。要想多生产其中的一种商品，就必须少生产另一种商品。由于存在机会成本递增法则，它是一条从原点向外凸出或凹向原点的非线性曲线（而不是一条直线）。在不同的场合，资源的用途也不尽相同。

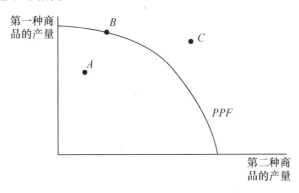

**图 2—2　生产可能性曲线**

由于任何一项活动都存在机会成本，所以生产可能性曲线是向下倾斜的。两种商品的生产之间存在权衡。如果增加第一种商品的生产，则必须减少第二种商品的生产。图中生产可能性曲线是非线性的，向外凸出，即所谓的凹向原点。额外增加的第二种商品的机会成本即为放弃的第一种商品的产量。随着第二种商品生产的数量越来越多，机会成本将不断上升。

生产可能性曲线以内的任意一点（如图 2—2 中的点 A）或曲线上的任意一点（如图中的点 B）都对应于现有资源下的一种产出组合，经济学家通常称之为**可实现的**（attainable）产出组合。曲线上的任意一点（如图中的点 B）对应于所有资源都被耗尽时的一种产出组合，经济学家通常称之为**有效率的**（efficient）产出组合。曲线以内的任意一点（在曲线和坐标轴围成的区间以内，不包括曲线上，如点 A）对应于存在资源闲置情形下的一种产出组合，经济学家通常称之为**无效率的**（inefficient）产出组合。曲线以外的任意一点（在曲线右上方，如点 C）对应于凭现有资源无法取得的一种产出组合，经济学家通常称之为**不可实现的**（unattainable）产出组合。

**习题** ☞

5. 画一张生产可能性曲线图，标出以下 4 点：

a. 表示一种可实现的产出组合；

b. 表示一种有效率的产出组合；

c. 表示一种无效率的产出组合；

d. 表示一种不可实现的产出组合。

6. 试问一种产出组合能否既是有效率的，又是不可实现的呢？

## 经济增长

如果存在**经济增长**（economic growth），我们就能获得超出现有生产可能性边界之外的产出组合。这里，我们把经济增长定义为一个经济体总产出的增加（在其他一些情形下，经济增长也被定义为人均产出的一个增加，即把总产出除以人口）。我们可以通过两种方式来实现经济增长：更多的资源或更多的生产性资源。

更多的资源，包括更多的人口、资本、土地和自然资源等，使更多的产出成为可能。此时，生产可能性曲线将向外推移。通常情况下，这条新的生产可能性曲线和原来的非常相似，如图 2—3 所示。

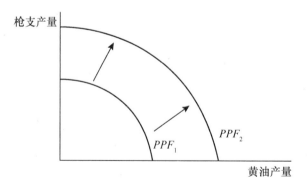

**图 2—3　经济增长**

经济增长表现为生产可能性曲线的外移。更多的资源意味着能生产出更多的枪支和黄油。图中新的生产可能性曲线 $PPF_2$ 落在原有生产可能性曲线 $PPF_1$ 的右上方。

但是，现有可得资源的一个下降则会给经济增长造成负面影响，例如，在干旱、饥荒等自然灾害时期可能发生的情形。由于此时只有较少的可得资源，产出将出现下降，从而使生产可能性曲线向原点靠近。

如果利用同样的资源能获得更多的产出，经济学家就称**生产力**（productivity）得到了提高。例如，工人们在得到更好的培训后，单位小时的产出便会提高。机器的装备得到改善后，其单位小时的产出也会提高。而如果合理施肥，每亩土地的粮食产量显然也会增加。生产力的提高使经济增长成为可能，由此我们将获得更多的产出。

如果生产力提高对所有生产活动具有同等的影响，生产可能性曲线将如图 2—3 所示的那样向外移动。例如，更多的教育培训提高了工人的整体生产力水平。

但是，生产力提高有时只会给某种产出类型带来更大的影响。例如，假设我们开发出了一项生产黄油的新技术。此时，如果我们把所有资源都用来生产黄油，则黄油的最大产量无疑会增加。但是，如果我们把所有资源都用来制造枪支，枪支的最大产量显然不受任何影响。图 2—4 中给出了这条新的生产可能性曲线。它在纵轴上的起点不变，表明现有资源在新技术下生产的最大枪支产量不变；但它在横轴上的终点却向右移动了，表明现有资源在新技术下生产的最大黄油产量得到了提高。

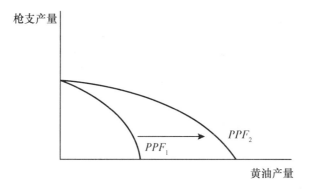

**图 2—4　非对称的经济增长**

经济增长有时只出现在某些产出中，而没有出现在其他产出中。一个只影响黄油产出（却不影响枪支产出）的生产力的提高，意味着经济体能生产出更多的黄油，而枪支的最大产出仍保持不变。所以，此时生产可能性曲线和横轴（表示黄油产量）的交点向右移动，和纵轴（表示枪支产量）的交点不变。把这两点连成一条曲线，我们便可得到图中所示新的生产可能性曲线 $PPF_2$。

## ▇ 贸易收益

国际贸易是获得超出生产可能性边界的产出组合的另一种途径。概括地说，如果某国只专注于生产那些它比较擅长的商品，并把它们和其他国家的其他商品进行交换，那么该国将能获得更高的产出水平——这正是存在**贸易收益**（gains from trade）的基本推理。

提示 ☞

部分书籍把这个话题留在国际贸易一节中论述，其他一些书籍则把它放在生产可能性边界一章中。

若能集中资源从事专业化生产，那么相比于自给自足地生产所有商品，我们将会获得更多的产出。经济学家把这称为贸易收益。这个概念的提出要归功于 19 世纪的英国经济学家大卫·李嘉图（David Ricardo）。部分经济学家把这里阐述的贸易收益理论称为**李嘉图模型**（Ricardian model），另一些经济学家则称之为**比较优势理论**（theory of comparative advantage）。

甚至当某个经济体在所有方面的生产力都比另一个经济体高时，这种贸易所得也是存在的。如果某个经济体（或个人）能用较少的资源获得和另一个经济体（或个人）相同的产出水平，经济学家便称该经济体具有一种**绝对优势**（absolute advantage）。

我们举个简单的例子。假设为缝制一条相同的裙子，米兰达需要花费 20 小时劳动量，迈克尔却只需花费 8 小时劳动量，那么，经济学家通常会说迈克尔在缝制裙子上具有绝对优势。这里，我们主要根据为获得特定产出（一条裙子）所需的投入（劳动时间）来确定哪一方具有绝对优势。

反之，我们也可以简单地根据某个既定投入（一周的劳动量）的产出水平（已缝制好的裙子数量）来判断哪一方更有优势。在 40 个工作小时内，米兰达能缝制 2 条裙子，迈克尔却能缝制 5 条裙子。这个例子所表达的意思和上面的例子一样。由于迈克尔花费了和米兰达相同的劳动投入，却获得了更大的产出，所以经济学家认为迈克尔在缝制裙子上具有绝对优势。

然而，在阐述贸易收益问题时，我们并不关心哪一方具有绝对优势。为了阐明专业化生产和贸易能获得多于自给自足生产时的产出，我们只需考察经济学家所谓的"比较优势"这一概念即可。比较优势取决于机会成本，我们从机会成本开始着手分析。

在阐述贸易收益理论时，我们必须做出两个简化和一个假设。

两个简化如下：

- 只存在两个国家（或两个人、两个州……这里的关键在于"两个"）。
- 只有两种产出类型。

由于做了这些简化处理，一些经济学家可能会说我们是在讨论两个国家、两种商品（2×2 矩阵）的情形。其实，他们的意思是说，如果我们以竖栏表示国家、横栏表示产出来画一张表格（一个矩阵），那么这张表格将包括两行两列。举个例子，以克恩国和塔夫特国分别表示两个经济体，以玉米和小麦表示两种产出，我们便能把所有必要信息列在表 2—4 中。

表 2—4　　　　　　　　　　　　　　　　一张产出矩阵表

| 克恩国的玉米产量 | 克恩国的小麦产量 |
| --- | --- |
| 塔夫特国的玉米产量 | 塔夫特国的小麦产量 |

一个假设如下：

- 机会成本保持不变。

在阐述贸易收益理论时，我们暂时忽略了机会成本递增法则。因为不管机会成本是否递增，这里的分析都将得出相同的结论，即贸易收益确实存在。如果我们令机会成本保持不变，那么目标将得到简化处理。任何不影响分析结论却能使目标简化的假设都值得我们尝试。

存在贸易收益这点确实能通过一个简单的例子得到阐述，即采用我们关于克恩国和塔夫特国的例子。该例子中的两种产出分别是玉米和小麦。我们不妨假设，在1年中克恩国的一英亩土地能获得 200 蒲式耳玉米和 150 蒲式耳小麦。相反，塔夫特国的一英亩土地每年却只能获得 100 蒲式耳玉米和 50 蒲式耳小麦。经济学家通常用一张和表 2—5 相类似的表格来描述这些信息。

表 2—5　　　　　　　　　　　　每英亩土地的最大年产量（蒲式耳）

|  | 玉米 | 小麦 |
| --- | --- | --- |
| 克恩国 | 200 | 150 |
| 塔夫特国 | 100 | 50 |

**习题** 🕮

参照表 2—5 回答下列问题：

7. 在玉米的生产中，哪个国家有绝对优势？

8. 在小麦的生产中，哪个国家有绝对优势？

根据表中隐含的信息，我们便能计算出每个国家从事生产的机会成本。一英亩土地可以被用来种植玉米或小麦，但是不能同时兼顾两者。种植玉米的机会成本是放弃（没有获得）的小麦产量，而种植小麦的机会成本是放弃（没有获得）的玉米产量。我们可以利用表 2—5 中的生产可能性组合来计算机会成本。

$$商品 A 的机会成本 = \frac{其他商品的最大产量}{商品 A 的最大产量}$$

在克恩国中，种植 200 蒲式耳玉米的机会成本是 150 蒲式耳小麦。除以 200，得到该国生产 1 蒲式耳玉米的机会成本是 150/200＝3/4 或 0.75 蒲式耳小麦。

同理，该国种植 150 蒲式耳小麦的机会成本是 200 蒲式耳玉米。除以 150，得到该国生产 1 蒲式耳小麦的机会成本是 200/150＝4/3 或 1.33 蒲式耳玉米。

**提示** 🕮

注意：一种商品（小麦）的机会成本恰好是另一种商品（玉米）机会成本的倒数。

在塔夫特国中，种植 100 蒲式耳玉米的机会成本是 50 蒲式耳的小麦。除以 100，得到该国生产 1 单位蒲式耳玉米的机会成本是 50/100＝1/2 蒲式耳小麦。

取 1/2 的倒数，可以得到该国种植 1 蒲式耳小麦的机会成本是 2 蒲式耳玉米。

经济学家通常用一张和表 2—6 相类似的表格来描述这些信息。

表 2—6　　　　　　　　　　　　生产 1 蒲式耳某种商品的机会成本

|  | 玉米 | 小麦 |
| --- | --- | --- |
| 克恩国 | 150/200＝0.75 蒲式耳小麦/蒲式耳玉米 | 200/150＝1.33 蒲式耳玉米/蒲式耳小麦 |
| 塔夫特国 | 50/100＝0.5 蒲式耳小麦/蒲式耳玉米 | 100/50＝2 蒲式耳玉米/蒲式耳小麦 |

为确保你能得出正确的比例，在计算中完整写下诸如"多少蒲式耳小麦/蒲式耳玉米"这样的单位是很有用的。此时，分子为"多少蒲式耳小麦"，分母为"多少蒲式耳玉米"。

机会成本可以被用来确定哪一方具有比较优势。如果一个经济体在某种商品的生产上具有更低的机会成本，经济学家就称该经济体在该商品的生产上具有**比较优势**（comparative advantage）。

在我们的例子中，为了能生产 1 蒲式耳玉米，克恩国必须放弃 0.75 蒲式耳小麦，而塔夫特国却只需放弃 0.5 蒲式耳小麦。因此，经济学家说塔夫特国在玉米的生产中具有比较优势。

同理，为了能生产 1 蒲式耳小麦，克恩国必须放弃 1.33 蒲式耳玉米，而塔夫特国却需要放弃 2 蒲式耳玉米。所以，经济学家说克恩国在小麦的生产中具有比较优势。

要想确定两国最多能生产多少玉米和小麦，则我们还必须知道每个国家有多少亩耕地可资利用。不妨假设这两个国家都有 300 英亩耕地资源。我们用表 2—7 来描述此时单个国家所能获得的最大潜在产出。

**表 2—7**　　　　　　　　　　　单个国家 1 年中的最大产出（蒲式耳）

|  | 玉米 | 小麦 |
| --- | --- | --- |
| 克恩国 | 200 蒲式耳/英亩×300 英亩＝60 000 蒲式耳 | 150 蒲式耳/英亩×300 英亩＝45 000 蒲式耳 |
| 塔夫特国 | 100 蒲式耳/英亩×300 英亩＝30 000 蒲式耳 | 50 蒲式耳/英亩×300 英亩＝15 000 蒲式耳 |

注意这里不要出现混淆。表 2—7 只是表明克恩国最多能生产 60 000 蒲式耳玉米"或"45 000 蒲式耳小麦。这里的关系是"或"，而不是"和"。

现在，我们仍然可以画一张图来分别表示单个国家的生产可能性。对克恩国来说，它能够生产 60 000 蒲式耳玉米或 45 000 蒲式耳小麦，或者小于这两个最大产出的任意一个组合。对塔夫特国来说，它能够生产 30 000 蒲式耳玉米或 15 000 蒲式耳小麦，或者小于这两个最大产出的任意一个组合。这些生产可能性组合如图 2—5 所示。

如图所示的生产可能性曲线是两条直线，这是因为我们在表 2—6 中已经假定机会成本保持不变。

图 2—5 可被用来计算机会成本。换句话说，生产可能性曲线的斜率即为机会成本。生产可能性曲线的斜率等于纵轴距离除以横轴距离，或者等于增加的小麦产量除以增加的玉米产量。对克恩国来说，其生产可能性曲线的斜率为 45/60＝0.75，恰好等于它种植 1 蒲式耳玉米的机会成本。

对塔夫特国来说，其生产可能性曲线的斜率为 15/30＝0.5，恰好也等于它生产 1 蒲式耳玉米的机会成本。

宏观经济学思维

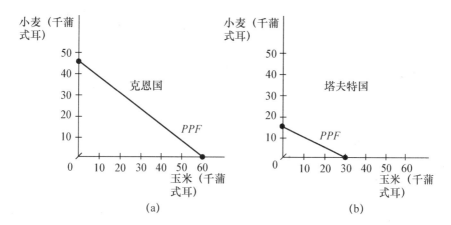

图 2—5　克恩国和塔夫特国的生产可能性曲线

在克恩国，生产可能性边界是 45 000 蒲式耳小麦和 0 蒲式耳玉米，或 60 000 蒲式耳玉米和 0 蒲式耳小麦，或者落在生产可能性曲线上的任意一个组合。在塔夫特国，生产可能性边界是 15 000 蒲式耳小麦和 0 蒲式耳玉米，或 30 000 蒲式耳玉米和 0 蒲式耳小麦，或者落在生产可能性曲线上的任意一个组合。由于我们假定机会成本保持不变，所以图中生产可能性曲线是一条直线。

**提示** 👈

你只需记住斜率等于横轴商品的机会成本（斜率公式的分母）即可，这里的机会成本需以放弃的纵轴商品数量（斜率公式的分子）表示。

现在，我们必须为这两个国家确定一个最佳产出组合。经济学家通常会选择某个靠近每个国家生产可能性曲线中间的产出组合。这里，我们不妨假设克恩国生产 18 000 蒲式耳玉米和 31 500 蒲式耳小麦。同时，我们假设塔夫特国生产 6 000 蒲式耳玉米和 12 000 蒲式耳小麦。

**提示** 👈

阐述贸易收益理论需要你（或者你所参考的书籍，或者你的老师）做出一些类似于此的假设，这些假设必须和每个经济体的生产可能性曲线及当前产出水平有关。

整个世界的总产出水平等于所有单个经济体的产出之和。因此，每个国家都应生产那些自身具有比较优势的商品。例如，由于克恩国在小麦生产中有着更低的机会成本（即具有比较优势），所以它应该把所有资源都用来生产小麦。所以，该国将生产出 45 000 蒲式耳小麦（参见表 2—7）。

类似地，由于塔夫特国在玉米生产中有着更低的机会成本（即具有比较优势），所以它应该把所有资源都用来生产玉米。因此，该国将生产出 30 000 蒲式耳玉米。

表 2—8　　　　　　　　　　**不存在专业化生产时的总产出（蒲式耳）**

|  | 玉米 | 小麦 |
|---|---|---|
| 克恩国 | 18 000 | 31 500 |
| 塔夫特国 | 6 000 | 12 000 |
| 总产出 | 24 000 | 43 500 |

如此一来，小麦的总产出水平将会增加。不存在专业化生产时，克恩国和塔夫特国总共能生产 43 500 蒲式耳小麦。出现专业化生产后，它们总共能生产 45 000 蒲式耳小麦，比之前增加了 1 500 蒲式耳。

此外，玉米的总产出水平也将增加。不存在专业化生产时，克恩国和塔夫特国总共能生产 24 000 蒲式耳玉米。出现专业化生产后，它们总共能生产 30 000 蒲式耳玉米，比之前增加了 6 000 蒲式耳。

现在，这两个国家便能就小麦和玉米展开双边贸易了。相对于自给自足型生产来说，专业化生产和贸易将使双方能有更多的玉米和小麦可供消费。因此，经济学家认为这种共赢局面阐释了贸易收益原理。

**习题** ☞

9. 当经济学家认为存在"贸易收益"时，这种贸易收益是指什么？

10. 假设有两个人：罗宾和玛利亚。玛利亚比罗宾更擅长园艺，罗宾则比玛利亚更擅长厨艺。但是，在任何事情上罗宾做得都要比玛利亚好。试问：罗宾和玛利亚能否从相互交易中获得收益？他们俩该怎么进行分工？

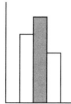

# 第3章

# 需求和供给

需求和供给模型被用来确定某种产品的价格。它是经济学中最常用的模型。能不能学好经济学在很大程度上取决于你对需求和供给模型的掌握程度。

**重要术语和概念**

| | |
|---|---|
| 需求和供给模型 | 替代品 |
| 商品 | 收入 |
| 服务 | 正常商品 |
| 市场 | 劣等品 |
| 需求 | 财富 |
| 供给 | 口味和偏好 |
| 均衡价格 | 供给量 |
| 均衡数量 | 市场供给 |
| 需求量 | 个人供给 |
| 市场需求 | 供给表 |
| 个人需求 | 供给曲线 |
| 需求表 | 替代产出品 |
| 需求曲线 | 互补产出品 |
| 沿曲线的移动 | 市场均衡 |
| 曲线的移动 | 市场短缺 |
| 互补品 | 市场剩余 |

**重要图形**

市场均衡图

需求移动图
供给移动图

## 需求和供给模型概述

需求和供给模型（model of demand and supply）在经济学中不断被用到。该模型主要回答以下问题：什么因素决定了某种产品的市场价格和销售数量？这里的产品既可能是钢笔、住房、书籍或裙子等有形**商品**（goods），也可能是医疗、理发、电脑维修或 DVD 租用等无形**服务**（service）。**市场**（market）并不仅仅是一个有形的场所。相反地，它是某种产品买卖双方所有行为的集合。

**需求**（demand）主要被用来描述购买者的行为。有许多因素会影响我们对某种产品的需求量或购买量。经济学家通常把影响购买者需求的因素分为以下 5 种：

- 该产品的价格。
- 能被用来替代该产品的其他产品的价格。
- 我们的收入水平。
- 我们的财富水平。
- 我们的口味或偏好。

**供给**（supply）主要被用来描述销售者的行为。和需求一样，也有许多因素会影响销售者关于某种产品的销售量。经济学家通常把影响销售者供给的因素分为以下 4 种：

- 该产品的价格。
- 投入品的成本。
- 投入品的生产力。
- 用相同投入品所能生产出的其他产品的价格。

产品价格对买卖双方都有影响。需求和供给的相互作用决定了产品的**均衡价格**（equilibrium price）和**均衡数量**（equilibrium quantity）。在均衡价格上，购买者有意愿购买的产品数量（称为需求量）等于销售者有意愿出售的产品数量（称为供给量）。经济学家称：价格取决于供给和需求。

## 需　求

首先，让我们把注意力放在价格上。**需求量**（quantity demanded）是指和任意价格相对应的需求数量。某种产品潜在价格及其对应需求量的各种组合构成了该产品的需求。需求即指价格和需求量之间的全部组合。某种产品的**市场需求**等于该产品所有的**个人需求**（individual demand）的总和。

价格变化是如何影响购买者对某种产品的意愿购买量的呢？价格上涨，购买者的购买量将会下降。经济学家称：价格上涨将使需求量下降。当某种产品的价格出现下跌时，购买者便会增加购买量。经济学家称：价格下跌会使需求量增加。

提示 ☞

注意"需求"和"需求量"是不同的概念，不要混淆两者，这很重要。

价格和需求量之间的关系通常可以用一张经济学家所谓的**需求表**（demand schedule）进行描述。不妨假设我们正在分析螺旋笔记簿所有的潜在购买者的购买行为。我们问这些购买者：如果每本螺旋笔记簿需要花费 50 美分，那么你在一个学期里会购买多少本 100 页厚的螺旋笔记簿呢？假如每本分别需要花费 1 美元、1.5 美元、2 美元或 2.5 美元，你又会购买多少本呢？我们把任意价格所对应的单个需求（每个人的回应）加总起来，便得到了如表 3—1 所示的市场需求。

表 3—1                                       需求表

| 价格（美元） | 0.5 | 1 | 1.5 | 2 | 2.5 |
| --- | --- | --- | --- | --- | --- |
| 需求量 | 10 000 | 8 000 | 6 000 | 4 000 | 2 000 |
| 符号 | A | B | C | D | E |

需求也可以通过一张图形得到描述。我们通常用纵轴表示价格，用横轴表示需求量。你对这点可能会有疑惑。因为在第 1 章中我们说过纵轴通常用来表示自变量，横轴通常用来表示因变量。这里，既然是价格决定需求量，那么价格就是自变量，它应该由横轴表示，但情况并非如此。在经济学中，人们通常会习惯性地把价格标在纵轴上，把需求量标在横轴上。

提示 ☞

在需求和供给模型中，我们总是用纵轴表示价格，用横轴表示供给量或需求量。必须牢记这点。

图 3—1a 中给出了螺旋笔记簿的**需求曲线**（demand curve）。价格和需求量的每一对组合都能在表 3—1a 中得到描绘和标注。一条平滑曲线把这 5 个点连接了起来，这就是我们通常所说的需求曲线。需求曲线是向下倾斜的。由于价格和需求量之间存在一个反向关系，所以需求曲线的斜率为负。通常来说，需求曲线是向下倾斜的，因此，当你画一条需求曲线时，从左上方开始，沿右下方绘出，如图 3—1b 所示。

提示 ☞

经济学家称需求曲线是向下倾斜（斜率为负）的，这是因为价格和需求量之间存在反向关系。当价格下跌时，需求量上升，从而使需求曲线向下倾斜。

如果产品价格发生了变化，那么需求量将沿需求曲线移动。不同价格对应于同一条需求曲线上一个不同的点。但是，如果除产品价格以外的其他 4 种影响因素使需求发生了变化，那么整条需求曲线将会出现移动。这意味着对应于任何潜在的产品价格，需求量都发生了变化。因此，我们得到一条崭新的需求曲线，如图 3—2 所示。

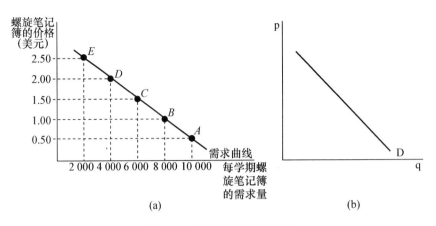

(a)                                        (b)

**图 3—1    需求曲线向下倾斜**

在图 3—1a 中，螺旋笔记簿的需求曲线是以表 3—1 中的价格和需求量组合为基础的。通常，一条需求曲线具有向下倾斜的形状，如图 3—1b 所示。

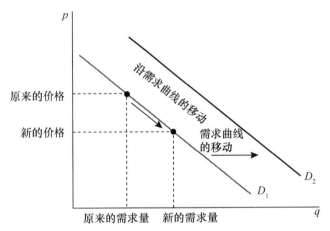

**图 3—2    沿需求曲线的移动和需求曲线的移动**

沿需求曲线的移动发生在商品价格出现变化的时候。当商品从"原来的价格"变化到"新的价格"时，我们将沿需求曲线 $D_1$ 把"原来的需求量"移动到"新的需求量"上。但是，如果除商品价格以外的其他因素发生了变化，那么整条需求曲线将会出现移动。在每个价格水平上，都将存在一个新的需求量，如图中第二条需求曲线 $D_2$ 所示。

## ☐ 其他产品的价格

我们把这些不同的其他产品称为**互补品**（complementary goods）。例如，钢笔是螺旋笔记簿的互补品。一般情况下，当互补品的价格上涨时，我们将会减少对互补品和初始产品的购买量。例如，假设钢笔价格上涨了 3 倍，那么一些人便会用上网本而非螺旋笔记簿来做课堂笔记，从而使每个潜在价格所对应的螺旋笔记簿的需求量出现下降。此时，螺旋笔记簿的整条需求曲线将会左移。经济学家说：当互补品（钢笔）的价格上涨时，基础产品（螺旋笔记簿）的需求量将会减少。

和互补品相反的是**替代品**（substitute goods）。例如，散装活页纸和夹子是螺旋笔记簿的替代品。一般情况下，当替代品的价格上涨时，我们将会购买更多的初始产品。例如，假设夹子的价格上涨了3倍，那么一些人可能会不再使用散装活页纸和夹子，而改用螺旋笔记簿做课堂笔记，从而使任何价格所对应的螺旋笔记簿的需求量出现上升。此时，螺旋笔记簿的整条需求曲线将会右移。经济学家说：当替代品（散装纸和夹子）的价格上涨时，基础产品（螺旋笔记簿）的需求量将会增加。

## □ 收　入

**收入**（income）是指我们的工作所得。收入增加后，我们便能购买更多的商品了。通常，收入增加会使和每个潜在价格相对应的需求量上升。如果收入增加后我们想购买更多的某种商品，那么经济学家称该商品为**正常商品**（normal goods）。例如，不管音乐会的门票价格是多少，我们在收入增加后一般都会更经常地去听音乐会。因此，收入增加，正常商品的需求曲线将会右移。

但也存在一个例外，即由于我们目前的收入仍然较低，不能随心所欲地购买任何商品，而只能购买其他一些商品。经济学家通常把这些商品称为**劣等品**（inferior goods）。例如，有些人之所以用螺旋笔记簿做课堂笔记，是因为他们没有条件购买一台上网本。如果他们的收入增加，他们可能会购买更少的螺旋笔记簿，取而代之的是购买一台上网本。对这些人而言，收入增加会使他们在每一价格水平上所需的螺旋笔记簿的数量减少。因此，当收入增加时，劣等品的需求曲线将会左移。

## □ 财　富

**财富**（wealth）是指我们所持有的资产——住房、小车、项链、股票、债券、共同基金及现金等——的价值。当持有更多的资产或原有资产的价格出现上涨时，我们的财富也会增加。财富增加使我们能够购买更多的东西。因此，和收入一样，更多的财富将会提高和每一价格相对应的需求量。即财富增加，产品需求曲线右移。

## □ 口味或偏好

除价格、收入和财富等影响因素以外，我们有时还会对某种商品具有特别的偏好，并且急于买下它。有时，我们会根据从广告中获取的信息来做出是否购买某些商品的决定。或者，当听朋友在播放某些歌曲后，我们自己也会把它们下载来听听。经济学家通常把这称为口味或偏好的影响。**口味和偏好**（taste and preference）是描述那些可能会影响我们对某种商品的购买量的其他因素的总称，当然，这些因素排除了价格、收入和财富。如果我们的口味偏向于某种商品，那么和该商品的每一价格相对应的需求量将会增加，从而使需求曲线右移。如果某种商品不符合我们的口味，那么它的需求曲线将会左移。

### □ 市场规模

使市场需求曲线发生移动的另一种因素是市场规模。例如，假设大学进行了扩招，则购买螺旋笔记簿的学生人数无疑会出现增加。因此，市场需求曲线将会右移。

## 供 给

销售者的行为通常可以用供给曲线来描述。**供给量**（quantity supplied）是指和任意价格相对应的供给数量。某种产品的不同价格及其对应供给量的所有组合构成了该产品的供给。某种产品的**市场供给**（market supply）等于全部销售者**个人供给**（individual supply）的总和。

当一种商品的价格出现上涨时，购买者将会希望销售出更多的该商品。经济学家说：价格上涨会使供给量增加。反之，当价格下跌时，销售者将会减少销售量。经济学家说：价格下跌会使供给量减少。

提示 ☞
"供给"和"供给量"是不同的概念，不要混淆两者。

和需求一样，价格和供给量之间的关系也可以通过一张经济学家所谓的**供给表**（supply schedule）得到描述。不妨假设我们正在分析螺旋笔记簿的所有潜在销售者的行为。我们问每个销售者：如果每本螺旋笔记簿的售价为 50 美分，那么你在一个学期里会销售多少本 100 页厚的螺旋笔记簿呢？假如每本售价分别为 1 美元、1.5 美元、2 美元或 2.5 美元，你又会销售多少本呢？我们把任意价格所对应的单个需求（每个企业的回应）加总起来，便得到了如表 3—2 所示的市场供给。

表 3—2　　　　　　　　　　　　　　　供给表

| 价格（美元） | 0.5 | 1 | 1.5 | 2 | 2.5 |
|---|---|---|---|---|---|
| 供给量 | 4 000 | 5 000 | 6 000 | 7 000 | 8 000 |
| 符号 | V | W | X | Y | Z |

供给也可以用一张图来描述。同样地，纵轴表示价格，横轴表示数量。图 3—3 给出了螺旋笔记簿的**供给曲线**（supply curve）。表 3—2 中所示的每一对价格和供给量组合在图 3—3a 中都得到了描绘和标注。图中一条平滑曲线把 5 个散点连接了起来，它就是供给曲线。

在图 3—3b 中，我们描绘了一条普通的供给曲线。供给曲线是向上倾斜的，你可以先从左下方开始，沿右上方画出来。由于价格和供给量之间存在正向关系，所以供给曲线具有一个正的斜率。价格上涨，供给量增加；价格下跌，供给量减少。

这里，我们给出识记需求曲线和供给曲线的一个小窍门：需求曲线向下倾斜，供给曲线向上倾斜。

如果产品的价格发生了变化，那么我们将沿初始供给曲线移动，以便得到一个新的供给量。但是，如果除产品价格以外的其他影响因素使供给发生了变化，那么整条供给曲线将会出现移动。此时，对应于任何一个潜在的产品价格，供给量都将发生变化。因此，我们得到一条崭新的供给曲线，如图3—4所示。

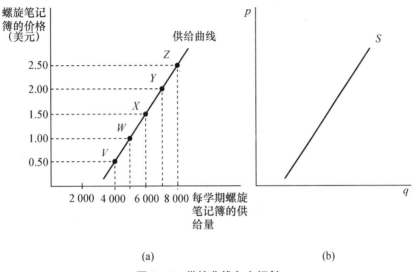

(a)                                          (b)

**图3—3   供给曲线向上倾斜**

在图3—3a中，螺旋笔记簿的供给曲线是以表3—2中的价格和需求量组合为基础的。通常，一条供给曲线具有向上倾斜的形状，如图3—3b所示。

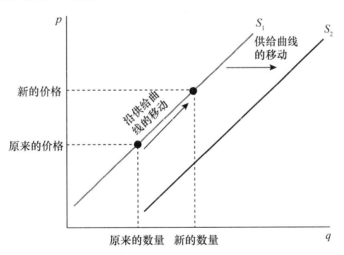

**图3—4   沿供给曲线的移动和供给曲线的移动**

沿供给曲线的移动发生在商品价格出现变化的时候。当商品从"原来的价格"变化到"新的价格"时，我们将沿供给曲线 $S_1$ 把"原来的供给量"移动到"新的供给量"上。但是，如果除商品价格以外的其他因素发生了变化，那么整条供给曲线将会出现移动。在每个价格水平上，都将存在一个新的供给量，如图中第二条供给曲线 $S_2$ 所示。

## □ 投入品的成本

当生产一种商品需要花费更高的成本时，对应于任何一个潜在的价格水平，销售者将不愿意出售和原来一样多的商品。例如，假设螺旋笔记簿生产商的雇员工资上涨了，则厂家将不愿生产和销售与原来同样多的笔记簿，从而使对应于任一价格的供给量减少。此时，整条供给曲线将会左移。经济学家说：供给出现了下降。

另一种会导致同样结果的作用机制如下。即当生产一种产品的成本出现上升时，销售者会索要一个更高的价格。由于投入品的成本上升了，所以任意特定的供给量将会对应于一个更高的价格。此时，供给曲线将会上移，这看上去无异于供给曲线的左移。

我们一般不采用这种方式来解释投入品的成本增加问题，其中的一个原因是它很容易被混淆。新的供给曲线将位于初始供给曲线的上方，这使供给曲线看起来出现了上移。但是，在任意价格水平上，只存在一个更低的供给量与之对应。经济学家说：投入品的成本出现上升，产品的供给量将会减少。

**提示** ☞

这里，我们给出一种确保你能准确描绘供给曲线移动的方法。首先，画出第一条（原来的）供给曲线；然后，画出一个平行于横轴的箭头，用它表示供给曲线的移动方向。若供给增加，则箭头指向右边；若供给减少，则箭头指向左边。最后，沿箭头所指的方向画出第二条（新的）供给曲线。如果你所画出的箭头是向左或向右（而不是向上、向下或倾斜）的，那么你就画对了。

## □ 投入品的生产力

当投入品的生产力得到提高时，单位投入的产出将会增加，生产的成本将会下降。如果装订笔记簿的机械能够运转得更快，从而使每小时能生产出更多的笔记簿，那么对应于任何一个潜在的价格，生产螺旋笔记簿的企业将会愿意出售更多的笔记簿。此时，螺旋笔记簿的整条供给曲线将会右移。经济学家说：生产力提高将使供给增加。

## □ 相关产出品的价格

使用现有投入品所能生产出的其他商品通常被叫做**替代产出品**（substitutes in production）。在螺旋笔记簿的生产中，线装笔记簿是它的一种替代品，因为线装笔记簿可以用与生产螺旋笔记簿相同的投入品生产出来。通常，当替代产出品的价格出现上涨时，企业会试图生产更多的该商品，并降低原有商品的产量。企业会把投入品转向当前价格更高的替代产出品，并生产更少的原有商品。例如，假设线装笔记簿的价格上涨了2倍，则许多企业将会生产更少的螺旋笔记簿和更多的线装笔记簿。

宏观经济学思维

此时，对应于螺旋笔记簿任何一个潜在的标价，其供给量都将出现下降。因此，它的整条供给曲线将会左移。经济学家说：替代产出品（线装笔记簿）的价格出现上涨，则基础产品（螺旋笔记簿）的供给将会下降。

能用同样的投入品和现有产品一起被生产出来的商品叫做**互补产出品**（complements in production）或副产品。例如，糖果纸是螺旋笔记簿生产中的一种互补产出品。通常，如果互补产出品的价格出现上涨，那么企业将会愿意生产更多的互补产出品和原有产品。例如，假设糖果纸的价格上涨了3倍，则螺旋笔记簿的生产商无疑会生产更多的糖果纸和更多的螺旋笔记簿。此时，对应于任何一个潜在的标价，螺旋笔记簿的供给量都将增加，从而使它的整条供给曲线右移。经济学家说：互补产出品（糖果纸）的价格出现上涨，则基础产品（螺旋笔记簿）的供给将会增加。

### □ 市场规模

导致供给曲线发生移动的另一种因素是市场销售者的数量。如果一个社区里开了更多的办公用品店，那么对应于任何一个潜在的价格，将会有更多的供给者愿意出售螺旋笔记簿。此时，整条供给曲线将会右移。

## 均　衡

在某个价格上，如果供给量恰好等于需求量，那么将会出现**市场均衡**（market equilibrium）。对应于该价格水平，每个有意愿且有能力的购买者和销售者都能买到或售出他所希望购买或出售的商品数量。此时，市场不存在不能随心所欲购买或销售商品的购买者和销售者。经济学家说：当需求量等于供给量时，市场将会达到均衡。

我们可以用需求表和供给表来确定这种均衡。在表3—3中，我们整合了表3—1和表3—2中的数据信息。

表3—3 　　　　　　　　　　　　　需求表和供给表

| 价格（美元） | 0.5 | 1 | 1.5 | 2 | 2.5 |
|---|---|---|---|---|---|
| 需求量 | 10 000 | 8 000 | 6 000 | 4 000 | 2 000 |
| 供给量 | 4 000 | 5 000 | 6 000 | 7 000 | 8 000 |
| 市场状态 | 短缺6 000本 | 短缺3 000本 | 均衡 | 剩余3 000本 | 剩余6 000本 |

从表中可以看出，当螺旋笔记簿的价格为1.5美元时，每学期的需求量和供给量都为6 000本。此时，螺旋笔记簿的**均衡价格**（equilibrium price）为1.5美元，与之对应的**均衡数量**（equilibrium quantity）为6 000本。

当价格低于均衡价格时，需求量将会超过供给量。经济学家把需求量和供给量之间的差额叫做**市场短缺**（market shortage）。例如，当螺旋笔记簿的价格为1美元时，市场需求量为 8 000 本，而供给量只有 5 000 本。此时，每学期螺旋笔记簿的市场短缺为 3 000 本。市场短缺将给价格上涨带来推力。

同理，当价格高于均衡价格时，供给量将会超过需求量。经济学家把供给量和需求量之间的差额叫做**市场剩余**（market surplus）。例如，当每本螺旋笔记簿的价格为 2.5 美元时，市场供给量为 8 000 本，而需求量只有 2 000 本。此时，每学期螺旋笔记簿的市场剩余为 6 000 本。市场剩余将给价格下跌带来压力。

当市场处于均衡时，既不存在市场短缺，也不存在市场剩余。需求量等于供给量。此时，将不存在价格变动的动力。

市场均衡通常通过一张图进行描述。例如，图 3—5a 描绘了螺旋笔记簿的市场均衡情况。均衡点位于需求曲线和供给曲线相交之处。如果价格高于均衡价格，那么市场剩余即指这个过高价格所对应的需求和供给曲线之间的水平距离。如果价格低于均衡价格，那么市场剩余即指这个过低价格所对应的需求和供给曲线之间的水平距离。一般情况下，图 3—5b 阐述了经济学家是如何运用供给和需求曲线来确定市场均衡价格和均衡数量的。

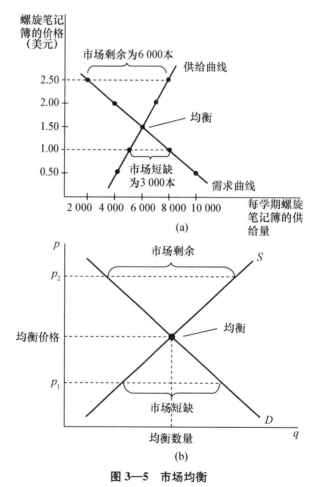

图 3—5　市场均衡

在图 3—5a 中，螺旋笔记簿的市场均衡出现在 1.5 美元的价格和 6 000 本的数量上。通常，当需求曲线和供给曲线如图 3—5b 所示相交于一点时，我们得到市场均衡。当价格高于均衡价格时，将会存在市场剩余；当价格低于均衡价格时，将会存在市场短缺。

## 均衡的变动

需求和供给模型的威力在于它可以被用来预测当影响需求和供给变动的因素之一发生变化时均衡价格和均衡数量的变化情况。这里，保持两点在曲线上的移动距离和新旧曲线之间的直线移动距离尤为重要。如果价格发生变化，我们将沿原有的曲线移动。如果其他因素发生变化，我们将移动曲线的本身。

### □ 需求的移动

当相关产品的价格、收入、财富、口味、偏好或市场规模发生了变化，那么需求曲线将会出现移动。对应于每个可能的价格，将产生一个新的需求量。原有的均衡价格和均衡产量将不再能使市场出清，它们将会发生变动。

当需求如图 3—6a 所示出现增加时，整条需求曲线都将右移。此时，对应于初始价格 $p_1$，将会出现一个市场短缺。因此，价格将会上涨。价格上涨以后，销售者将沿他们的供给曲线增加供给量，从而使市场达到一个更高的均衡价格和均衡数量。经济学家说：需求增加会导致价格和产量同时出现上升。

当需求如图 3—6b 所示出现下降时，整条需求曲线都将左移。此时，对应于初始均衡价格 $p_1$，将会出现一个市场剩余。因为需求曲线发生了移动，所以在原来的均衡价格上，供给量将会减少。价格开始下跌。随着价格不断下跌，销售者将沿他们的供给曲线减少供给量，从而使市场达到一个更低的均衡价格和均衡数量。经济学家说，需求减少会导致价格和产量同时出现下降。

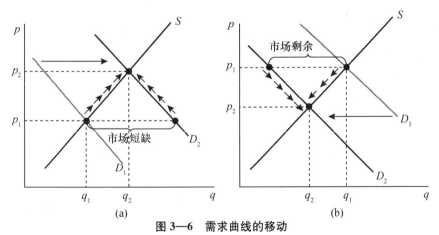

(a)　　　　　　　　　　　　　　(b)

**图 3—6　需求曲线的移动**

在图 3—6a 中，需求曲线从 $D_1$ 向外推移到了 $D_2$。在原来的价格水平 $p_1$ 上，将会出现市场短缺。均衡价格从 $p_1$ 上涨到了 $p_2$，均衡数量从 $q_1$ 增加到了 $q_2$。在图 3—6b 中，需求曲线从 $D_1$ 缩小到了 $D_2$。在原来的价格水平 $p_1$ 上，将会出现市场剩余。均衡价格从 $p_1$ 下跌到了 $p_2$，均衡数量从 $q_1$ 减少到了 $q_2$。

### □ 供给的移动

当投入品价格、生产力、相关产出品或销售者数量发生变化时，供给曲线将会出现移动。对应于每个潜在的价格，将出现一个新的供给量。初始均衡价格和均衡数量将不再能使市场出清，它们将会发生变动。

当供给如图3—7a所示出现增加时，整条供给曲线将会右移。此时，在初始价格水平 $p_1$ 上，将会出现市场剩余。因此，价格将会下降。随着价格不断下降，购买者将沿他们的需求曲线增加需求量，从而使市场达到一个更低的均衡价格和更高的均衡数量。经济学家说：供给增加会导致价格下跌和产量增加。

当供给如图3—7b所示出现下降时，整条供给曲线将会左移。此时，对应于初始均衡价格 $p_1$，将会出现市场短缺。因为供给曲线发生了移动，所以在初始均衡价格上，供给量将会减少。价格开始上涨。随着价格不断上涨，购买者将沿他们的需求曲线减少需求量，从而使市场达到一个更高的均衡价格和更低的均衡数量。经济学家说：供给减少会导致价格上涨和产量下降。

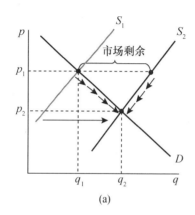
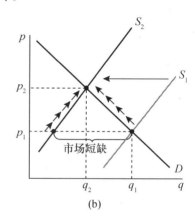

(a)　　　　　　　　　　　　　(b)

**图3—7　供给曲线的移动**

在图3—7a中，供给曲线从 $S_1$ 向外推移到了 $S_2$。当供给增加时，供给曲线将会右移。在原来的价格水平 $p_1$ 上，将会出现市场剩余。均衡价格从 $p_1$ 下跌到了 $p_2$，均衡数量从 $q_1$ 增加到了 $q_2$。在图3—7b中，供给曲线从 $S_1$ 向内缩小到了 $S_2$。当供给减少时，供给曲线将会左移。在原来的价格水平 $p_1$ 上，将会出现市场短缺。均衡价格从 $p_1$ 上涨到了 $p_2$，均衡数量从 $q_1$ 减少到了 $q_2$。

## 习题 ☞

（所有习题的答案，参见本书后面。）

用一张供给和需求图判定下列每句陈述如何影响均衡价格和均衡数量。

1. 在上网本市场上，购买者的收入出现了增加。

2. 在钢笔市场上，钢笔生产商给雇员支付的工资出现了上涨。

3. 在混合动力型小车市场上，购买者的偏好更多地转向购买该类车型。

4. 在多功能运动型小车（SUV）市场上，汽油的价格出现了上涨。

5. 在商务酒店市场上，小镇上开设了更多的酒店。

6. 在原油市场上，飓风毁坏了大量石油勘探平台。

7. 在某个小镇的租房市场上，该小镇的人口出现了增加。

8. 在巧克力蛋糕市场上，巧克力夹心饼干（可用和巧克力蛋糕相同的原料生产）的价格出现了上涨。

# 第4章

## 宏观经济的测量

在开始讲述宏观经济的故事前，我们必须明白宏观经济是指什么。经济学家用哪些术语描述宏观经济？美国经济在过去的 20 世纪中表现如何？在本章中，我们将把主要注意力放在这些问题上。

### 重要术语和概念

| | |
|---|---|
| 国民收入和产出账户（NIPA） | 生活标准 |
| 产出 | 人均实际 GDP |
| 收入 | 增长 |
| 支出 | 停滞 |
| 就业者 | 下跌 |
| 失业者 | 衰退 |
| 国内生产总值（GDP） | 复苏 |
| 非耐用商品 | 波谷 |
| 服务 | 波峰 |
| 耐用商品 | 增长型衰退 |
| 地下经济 | 萧条 |
| 国民生产总值（GNP） | 备用劳动力 |
| 名义 GDP | 不属于劳动力 |
| 实际 GDP | 边缘劳动力 |
| 趋势增长率 | 沮丧的劳动者 |
| 长期增长 | 失业率 |
| 短期波动 | 劳动参与率 |

| | |
|---|---|
| 摩擦性失业 | 恶性通货膨胀 |
| 结构性失业 | 通货紧缩 |
| 周期性失业 | 消费者价格指数（CPI） |
| 充分就业 | 市场篮子 |
| 季节性失业 | 拉氏指数 |
| 季节性调整 | GDP 平减指数 |
| 自然失业率 | 派氏指数 |
| 非通胀加速型失业率 | 反通胀 |
| 通货膨胀 | 滞胀 |

### 重要公式

| | |
|---|---|
| 变化率 | 消费者价格指数 |
| 失业率 | GDP 平减指数 |
| 劳动参与率 | |

## 宏观经济学的一些历史

现代社会最坏的经济情形发生于 20 世纪 30 年代，即我们所说的大萧条时期。那时，成千上万的人处于失业状态，许多家庭丢掉了自己的住房。工人失去工作，银行家的银行破产。其惨烈程度可能比我们所能想象的还要严重。但是，为什么会出现这种情况呢？它是怎么发生的？为什么如此多的人会失去工作，饱受饥荒和贫困？这些正是宏观经济学所要回答的重要问题。当时，针对它们并无一个普遍接受的答案。

从许多方面来说，宏观经济理论都始于约翰·梅纳德·凯恩斯在 1936 年出版的《就业、利息和货币通论》一书。英国经济学家凯恩斯为经济体在大萧条时期的糟糕表现及其原因提供了一个解释。他论述道：

要理解为什么这么多人会失去工作，我们必须理解为什么这么少人拥有工作。当需要生产商品时，人们便有工作可做。只要人们有意愿购买商品，便会有生产需求。因此如果许多人都失业了，那么必定存在支出不足。

论述越简单越具有解释力，从某种角度看，经济学也离不开直觉。凯恩斯的陈述既简单、直觉，又不乏解释力。但他是否解释了真实世界的情况呢？

为了回答这个问题，经济学家必须仔细研究凯恩斯在《就业、利息和货币通论》中所论及的概念。产出是指什么？是否所有一切都是产出？就业和失业分别意指什么？价格如何得到计算？

20 世纪三四十年代期间的大量研究详细解释了经济体生产些什么，谁获得这些产出的收益，以及谁购买这些产出等问题。这个体系被称为**国民收入和产出账户**（National Income and Product Accounts，NIPA）。

凯恩斯著作中的一些观点解释了这种国民收入和产出账户。

● 产出和就业紧密相关。**产出**（output）是指人们在有报酬的情况下从事生产时，整个经济体所生产的商品和服务。一场壮观的日落景象不能被计入产出，因为它是自然现象，没有人受雇用来生产它。向度假者收费的夏威夷黄昏之旅应该计入产出，因为人们被雇用来提供这种服务。

● **收入**（income）是指我们从生产商品或服务中所获得的报酬。你的祖母每月获得的社会保障补贴不属于收入，因为它不是为政府提供服务的所得。护士的每月所得属于收入，因为它是护士提供服务所获得的报酬。

● 产出主要流向四类群体。开支或经济学家所谓的**支出**（expenditure），可以有居民、企业、政府机构和其他来源。

● 如果某人有偿从事了生产活动，那么他或她就算作**就业者**（employed）。想工作却没有工作的人被称为**失业者**（unemployed）。一位待在家里的父亲或母亲，既没有在外面从事一份工作，也没有试图寻找一份工作，他或她既不属于就业者也不属于失业者。

在接下来的篇章中，我们将认真给出产出、就业和通胀的定义。如果你搞混淆了（新概念很多，使你很容易分不清），不妨回到这里重新理解一下。我们要讲解的大多数内容都可以浓缩在上述四者中。

**习题** ☞

（所有习题的答案，参见本书后面。）

1. 产出和收入之间有何区别？
2. 《就业、利息和货币通论》的作者是谁？
3. 大萧条发生于何时？

# 产　出

经济体所生产出的商品和服务的总和称为产出。人们从事某项工作所生产出的某种产品，可以被称为产出。这里的工作既可以是有偿的劳动，也可以是无偿的家务活。

经济学家把经济体在 1 年中所生产的产出总量称为**国内生产总值**（gross domestic product）或 GDP。例如，美国在 2008 年的 GDP 为 14.4 万亿美元。这意味着在 2008 年，价值 14.4 万亿美元的商品和服务被生产出来。

那么，这些产出中的绝大部分现在流到哪里去了呢？它们都被消耗掉了。不妨考虑下你两天前买来的商品，它们当中绝大多数可能已被消耗掉了。一杯咖啡早已喝完，一张电影票已拿去看电影了，一箱汽油也早已消耗尽。Wi-Fi 无限上网流量也可能早用完了。类似地，1 年中生产的绝大多数产出，很可能在该年结束时已经被消耗掉。

但是，在价值 14.4 万亿美元的商品和服务中，有一部分仍然会存在。当地交通部门新配备的一辆公交车和家庭新添置的一套厨房用具仍然在使用中，建筑公司新购买的一台起重机也仍然在正常运作中。

在购买以后很短时间内便会被消耗掉的东西，通常被称为**非耐用商品**（nondurable goods）或**服务**（service）。非耐用商品具有可触摸的特性，它们具有某种物理形态。服务不具有可触摸性，没有一种具体的物理形态，如一次理发、一小时法律咨询、一次护士护理，以及一整天待在游乐园消遣，等等。你不能把服务装起来放进包里，然后带回家去。

生产出来以后能存在一段较长时间的商品，通常被称为**耐用商品**（durable goods）。这里的一段时间具体有多久？正式地说，应该以 3 年为界。能保持 3 年及以上时间的东西，一般可以称为耐用商品；不能保持 3 年时间的东西，一般被称为非耐用商品。例如，一辆小车是耐用商品，一箱汽油则是非耐用商品。

## □ 理解 GDP

记住 GDP 的定义有助于阐释凯恩斯的论述。GDP 用于计算经济体在 1 年中的产出总量。某种事物是否构成产出，取决于某些人是否被雇用来生产该事物。

根据这点，我们可以给出一些不能计入 GDP 的情形：

（1）被用掉的商品不能算作 GDP。假设你在 2009 年买了一辆 1999 年生产的雪佛兰汽车，由于 2009 年并没有人被雇来生产它，其产出已经包含在 1999 年的 GDP 中，所以它不能被计入 2009 年的 GDP。

（2）绝大多数家庭工作不能算作 GDP。如果你从干家务活中获得了收入，那么产出能被计作 GDP。但如果你自己动手做午饭吃，抚养自己的小孩，烫熨自己的衣服……尽管烦琐，也不能算作 GDP。

（3）志愿劳动也不能算作 GDP。你花时间在墨西哥湾出于人道主义目的而建造的房屋或清理的海滩，不能被算作 GDP，因为你并未获得收入。

因此，有一些关系到什么不能被计入 GDP 的原则，这些原则同产出和就业之间的联系无关。这些原则反映出 GDP 计算上所遇到的挑战。

（4）非法活动不能被计入 GDP。街头毒品交易、卖淫和非法赌博都能创造就业和收入，但从事非法服务的人们一般不会向政府报告他们的收入。由于政府不能录入非法活动的收益，所以它们不被计入 GDP。

（5）未被录入的现金交易不能算作 GDP。市民生活中的保姆服务显然是合法的，但你是否在报税时披露了这种收入呢？我想很少会如此。由于一些现金交易没有向政府报告过，所以它们不能被计入 GDP。

非法活动和未报告的现金交易统称为**地下经济**（underground economy）。美国地下经济占"地上"经济的 5%～20%。如果我们能计入非法活动收入和未报告的现金交易情况，那么美国 2008 年的 GDP 将在 15.1 万亿美元～17.3 万亿美元之间，而非 14.4 万亿美元。

国内生产总值或 GDP，只是测算经济体在 1 年中的产出总量的一种指标。GDP 以美元表示，而不仅是一个数值。我们并未把制造的汽车产量、采摘的香蕉数量和打造的铁砧数量进行加总。我们只是把它们各自的美元价值进行加总，其他的依此类推。

国内生产总值或 GDP 用来测算经济体在 1 年中的产出总量。为什么是 1 年，而非 1 个月或 1 个季度呢？因为这是约定俗成的做法。

GDP 告诉我们经济体的年度产出总量。即使 GDP 数值每季度（每 3 个月或一年的 1/4 时间）披露一次，但仍然经过了年化处理。例如，美国 2008 年第 3 季度的 GDP 为 14.5 万亿美元。这并不意味着价值 14.5 万亿美元的商品和服务在 2008 年 7 月 1 日至 9 月 30 日之间的 3 个月内被生产出来。它只是意味着"如果经济体继续以 2008 年第 3 季度的步伐增长，那么整年的产出总值有望达到 14.5 万亿美元"。从某种程度上说，14.5 万亿美元中约有 1/4 实际上在 2008 年第 3 季度已经生产出来。

国内生产总值或 GDP 测算了一个经济体在 1 年中的产出总量。当我们计算美国的 GDP 时，需要注意这些产出在哪里被生产出来。如果它在美国国内生产，那么将计入美国 GDP。如果不在美国国内生产，那么将被计入其他国家的 GDP。地理位置或国界对 GDP 的计算很重要。

也有一个之前常用到而现在不太常用的计算产出的指标：**国民生产总值**（gross national product）或 GNP。国民生产总值也用于测算一个经济体在 1 年内的生产总量。我们计算美国的国民生产总值时，需要注意生产这些产出的资源由谁来掌握。如果工厂由美国企业所有，那么产出就应计入美国的 GNP。如果该工厂由法国企业所有，那么产出就应计入法国的 GNP。所有权或国家对 GNP 的计算至关重要。

**习题**

4. 分别给出非耐用商品、服务和耐用商品的两个例子。

5. 当试图确定某事物是否属于产出并被算作 GDP 时，你可以借用哪些原则？

6. 为什么地下经济不能被计入 GDP？

7. 美国 2007 年第 2 季度的 GDP 为 14.0 万亿美元，请问该年 4 月 1 日至 6 月 30 日期间所生产的产出约为多少？

8. GDP 和 GNP 之间有何差异？

## □ **实际 GDP 和名义 GDP**

国内生产总值或 GDP 测算一个经济体在 1 年内的产出总量。美国经济分析局（BEA，网址：http://bea.gov）主要负责对美国的 GDP 进行估算。从根本上说，BEA 把所生产的每种商品的价格乘以数量，然后进行加总，便得到了 GDP 的数值。用公式表示如下：

$$\text{GDP} = \text{商品 } A \text{ 的价格} \times \text{商品 } A \text{ 的数量} + \text{商品 } B \text{ 的价格} \times \text{商品 } B \text{ 的数量} + \text{商品 } C \text{ 的价格} \times \text{商品 } C \text{ 的数量} + \cdots$$

或者

$$\text{GDP} = \sum_{\text{所有商品}} (\text{价格} \times \text{数量})$$

符号"$\sum$"意指汇总。因此，上述公式读作：GDP 等于所有商品和服务的价格乘以数量之和。

GDP 即指所有商品和服务的价格乘以数量之和。如果价格上涨，GDP 将会增加（假设数量不变）。如果数量增加，则 GDP 也会增加（假设价格不变）。因此，只要价格或数量两者中的一者提高而另一者保持不变，GDP 便会出现增加。

这里隐含着一个问题。产出和就业通常被认为是相互关联的。更大的产出意味着更多的工作岗位。数量的增加（GDP 上升）确实意味着更多的商品和服务被生产出来，因此更多的人们实现了就业。但是，价格上涨（GDP 同样上升）并不意味着人们得到了更多的工作。当 GDP 的上升由价格上涨所致时，产出和就业之间并无必然关系。

我们如何才能保持产出和就业之间的关联呢？答案取决于我们处理价格的方式。**名义 GDP**（nominal GDP）使用同一年份的价格和数量计算。1968 年的名义 GDP 等于该年度的价格乘以数量。2008 年的名义 GDP 等于该年度的价格乘以数量。如果从某一年到另一年的价格出现上涨或数量出现增加，那么名义 GDP 也将会出现上升。经济学家有时把名义 GDP 称为"以当前美元标价的 GDP"。

**实际 GDP**（real GDP）使用基于同一年份的价格水平。基年是指政府部门工作人员所选定的某个特定年份。任何年份的实际 GDP 的计算都将使用这个基年的价格。1968 年的实际 GDP 等于基年价格乘以该年度的产量。2008 年的实际 GDP 等于同一基年的价格乘以该年度的产量。由于从某一年到另一年的价格均以基年计算，实际 GDP 只有在数量增加时才会上升。经济学家有时把实际 GDP 称为"以不变美元标价的 GDP"。

---

提示 ☞

在宏观经济学中，"实际"意味着"价格保持不变"。不要联想到其他意思，如实际和意愿、实际和不实际等。

---

经济新闻中报道的通常是实际 GDP 而非名义 GDP。"经济扩张"意味着实际 GDP 上升，"经济萎缩"意味着实际 GDP 下降。

当新商品在该年之后被引进时，使用某个特定年份作为基年也会面临一个问题。假设基年选在 1968 年，我们该把 MP3 播放器的价格定为多少呢？为了把新产品考虑进来，政府现在有了一种非常复杂的计算实际 GDP 的方法，即使用所谓的"连锁美元"。不妨设想一下菊花链，一片片稍旧的菊花瓣和较新的菊花瓣依次连在一起。由此，经济学家通常也把实际 GDP 称为"连锁美元 GDP"。只需要很少的人知道如何确定"连锁美元"即可。因为，重要之处在于，不管是使用基年价格还是连锁价格，实际 GDP 都只有在所生产的产量变化时才会出现上升或下降。

## □ 实际 GDP 的变化率

实际 GDP 的变化率是指从某一年到另一年实际 GDP 变化的百分比。用公式表示如下：

$$实际 GDP 的变化率 = \frac{\text{GDP 新值} - \text{GDP 旧值}}{\text{GDP 旧值}}$$

例如，2007 年的实际 GDP 为 13.229 万亿美元，2006 年的实际 GDP 为 12.976 万亿美元，那么两年之间的实际 GDP 的变化率为：

$$实际 GDP 的变化率 = \frac{13.229 - 12.976}{12.976} = \frac{0.253}{12.976} = 0.019$$

变化率通常用百分比形式表示。因此，只需把上述小数乘以 100，再加上"%"符号即可。我们得到：

$$实际 GDP 的变化率 = 0.019 = 1.9\%$$

即 2006—2007 年期间，实际 GDP 的增长率为 1.9%。

当新的 GDP 大于旧的 GDP 时，变化率为正。当新的 GDP 小于旧的 GDP 时，变化率为负。

例如，2009 年的实际 GDP 为 12.881 万亿美元，2008 年的实际 GDP 为 13.229 万亿美元，则两年期间的变化率为：

$$实际 GDP 的变化率 = \frac{12.881 - 13.229}{13.229} = \frac{-0.348}{13.229} = -0.026 = -2.6\%$$

**习题** ☞

9. 名义 GDP 和实际 GDP 之间的主要区别是什么？

10. 如果实际 GDP 保持不变，而名义 GDP 却上升了，你能推断出什么原因？

11. 已知 1981 年、1982 年和 1983 年的实际 GDP（绑定在 2005 年的美元价格水平上）分别为 5.987 2 万亿美元、5.870 9 万亿美元和 6.136 2 万亿美元，计算 1981 年、1982 年之间和 1982 年、1983 年之间的实际 GDP 变化率分别为多少。

## ☐ 美国实际 GDP 的走势

图 4—1 给出了美国自 1900 年以来实际 GDP 的走势情况。横坐标表示时间，纵坐标表示实际 GDP 数值。

**提示** ☞

当我们作图表示某事物随时间推移而发生的变化时，总会用横坐标来表示时间。

根据图 4—1，可以得出 3 个结论：

● 自 1900 年以来，实际 GDP 出现了普遍增长（尽管并非一直如此）。
● 当前的实际 GDP 几乎是 1900 年的 40 倍。
● 实际 GDP 的走势曲线并不都是很平滑的。

图 4—1 中的平滑曲线是经济学家所谓的趋势线。如果实际 GDP 在 1900 年和 2009 年之间保持同样的增长率，则它的走势将和平滑曲线完全吻合。实际上，该段

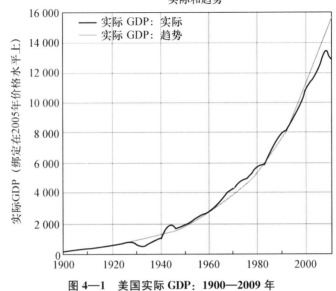

实际 GDP：1900—2009年
实际和趋势

图 4—1    美国实际 GDP：1900—2009 年

从整个 20 世纪到 21 世纪初，美国实际 GDP 稳定上升，尽管也偶有下跌。2007—2009 年之间的全球大萧条在图中表现得非常明显。

资料来源：根据美国劳工统计局的数据由计算机处理后得到。

时期内实际 GDP 的平均增长率为 3.5%。经济学家称之为**趋势增长率**（trend rate of growth）。加上这条趋势增长线有助于我们得出以下 3 个信息：

● 自 1900 年以来的一个多世纪内，美国的实际 GDP 很明显在不断上升。

● 在 20 世纪 30 年代和 40 年代初期，实际 GDP 的增长率低于趋势水平。

● 即使在 2007—2009 年的经济衰退发生以前，美国的实际 GDP 也已经低于其一个世纪以来的趋势值。

## 增长、停滞、下跌、复苏和其他

实际 GDP 被用来告诉我们经济体是否处在增长中。经济学家通常会论及**长期增长**（long-run growth）与**短期波动**（short-run fluctuations）。在宏观经济学中，长期是指几十年或几代人变化的时间。因此，对长期而言，只有趋势增长率才起作用。短期是指一年、两年或三年内发生的变化。对短期而言，只有实际 GDP 的真实波动才起作用。一些教材也会用"中期"一词来指介于短期和长期之间的一段时间。但宏观经济学家通常只关心短期和长期。

提示 ☞
宏观经济学对长期和短期的定义有别于微观经济学。

长期增长和几代人之间的**生活标准**（standard of living）或实际人均 GDP 的变化有关。实际人均 GDP 也被称为**人均实际 GDP**（real GDP per capita），它等于实际

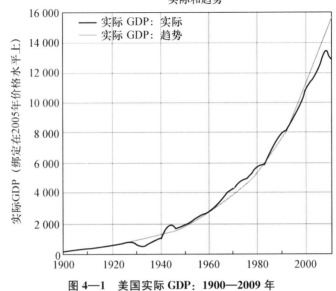

宏观经济学思维

GDP 总量除以人口数量。2008 年，美国的实际人均 GDP（连锁在 2005 年美元标价上）为：

$$2008 \text{ 年的人均实际 GDP} = \frac{13.229 \text{ 万亿美元}}{3.041 \text{ 亿人口}} = 4.350 \, 2 \text{ 万美元}$$

长期增长需回答以下问题：你的生活标准是否高于你父母的？你孩子的生活标准是否高于你的？

在长期中，经济体将会经历**增长**（growth）、**停滞**（stagnation）或**下跌**（decline）等阶段。当人均实际 GDP 的趋势增长率为正时，将出现经济增长。当趋势增长率为零时，经济处于停滞。当趋势增长率为负时，经济出现下跌。图 4—2 阐释了这点。

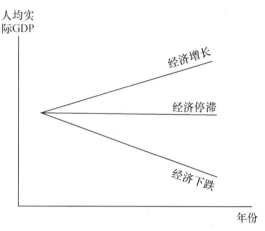

**图 4—2　增长、停滞和下跌**

当长期趋势增长率为正时，将出现经济增长。当长期趋势增长率为零时，将出现停滞。当长期趋势增长率为负时，将出现经济下跌。

短期波动涉及年度或季度之间实际 GDP 的变化情况。今年的产出是否高于去年？明年的产出又是否会高于今年？

在短期内，经济体会经历**衰退**（recession）和**复苏**（recovery）。当实际 GDP 下降时，经济学家称经济体步入衰退。当实际 GDP 上升时，经济学家称经济体开始复苏。经济体跌落的最低点处被称为**波谷**（trough），经济体触及的最高点处（随后出现向下转折）被称为**波峰**（peak）。图 4—3 描述了衰退和复苏的循环。

**提示** 🖝
━━━━━━━━━━━━━━━━━━━━━━━━━━━━━━━━━━━━

经验法则：实际 GDP 连续两个或以上季度的下跌构成了一次经济衰退。

━━━━━━━━━━━━━━━━━━━━━━━━━━━━━━━━━━━━

处于复苏中的经济体仍有可能比衰退开始前更加糟糕。复苏只是意味着实际 GDP 在眼下已出现增长，但至少在短期内，经济体的状况仍将差于衰退之前。复苏并不等同于经济体"已经复苏"。

由于许多人通常会把失业增加和衰退联系在一起，经济学家在 20 世纪 90 年代创造了一个新的词汇——**增长型衰退**（growth recession）与之对应。增长型衰退发生在经济体已经开始增长，即实际 GDP 已经开始上升，但其增长速度还不足以填补失业的增加的时候。

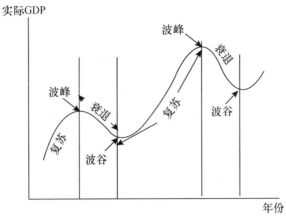

图4—3 衰退与复苏

当实际GDP在短期内增加时，经济体出现复苏。实际GDP开始下跌的那一点被称为波峰。当实际GDP在短期内下跌时，经济体出现衰退。实际GDP开始复苏的那一点被称为波谷。

**萧条**（depression）是指什么呢？通常，它并不是一个官方经济术语。不存在经济体是否处于萧条的经济测算。一场情形恶劣的衰退通常即被视做萧条。但萧条一词更有可能在记者中，而非在经济学家中，得到广为流传。

**习题** ☞

12. 在宏观经济学中，长期和短期的定义分别是什么？

13. 下列经济术语：下跌、萧条、增长、增长型衰退、波峰、衰退、复苏和波谷，分别对应于长期还是短期？

## 失 业

每个月，政府都会披露一份美国失业人数的评估数值。这些数据来自劳工统计局（BLS，网址：http://bls.gov）对6万户美国家庭展开的月度调查，劳工统计局是联邦政府劳工部的下属机构之一。这些受到调查的家庭，只要其成员年龄大于16岁，便会被问到一系列设定好的问题。例如，上周你有没有从事有偿工作？如果没有，你在过去4周以来有没有积极寻找工作呢？如果没有，是什么原因？根据对这些问题以及其他一些问题的回答，政府便能粗略估计出就业人口、失业人口和非劳动力人口的数据。

如果人们从事有偿工作，或者在自家企业工作15个小时以上，那么他或她便可归于就业。如果你在度假、病休、短暂离开或因其他类似原因而暂时离职，那么你仍然被计入就业人口。2008年，美国约有1.45亿16岁及以上的人口处于就业。

如果某人想要工作却没有工作，并且在过去4个星期都在寻找工作，那么他或她便可归于失业。在正常时期，美国差不多有700万或800万16岁及以上的人口处于失业。在经济衰退时期，失业人口会更多。接近2009年衰退高峰时，有超过

1 500 万的人失业。

如果某人既不算失业也不算就业，那么他或她便可归于**备用劳动力**（civilian labor force）。2008 年美国的备用劳动力人口约为 1.55 亿。

由于流入劳动力市场的人口大于流出的人口，所以每年的劳动力都会增加。当人们从学校毕业寻找第一份工作、重新进入劳动力市场或迁入美国时，他们便加入了美国的劳动力大军。当人们退休、停止工作且不愿继续工作或迁出美国时，他们便流出了美国劳动力大军。

如果某人既没有失业，也没有就业，那么他或她便**不属于劳动力**（out of the labor force）。绝大多数但并非全部不属于劳动力的群体，都是退休者、家庭劳动者或学生。2008 年，差不多有 8 000 万 16 岁及以上的人口不属于劳动力。

某人希望得到一份工作，却在过去的 4 周内不积极寻找工作，那么它将被官方视做不属于劳动力。但是，由于这些人有工作意愿，劳工统计局便称之为**边缘劳动力**（marginally attached to the labor force）。某人想工作，却在过去 4 周因认为无法找到一份工作而不去寻找工作，则被称为**沮丧的劳动者**（discouraged worker）。在 2008 年的 8 000 万不属于劳动力的人口中，差不多有 500 万人希望得到工作，却在过去 4 周不寻找工作。

**提示** ☞

任何一个至少 16 岁的人都可以（并且只可以）归属于以下三类：就业者、失业者或不属于劳动力。

**失业率**（unemployment rate）是指失业者占劳动力的百分比，等于失业人口和劳动力总数之比。

$$失业率 = \frac{失业人口}{劳动力总数} = \frac{失业人口}{失业人口 + 就业人口}$$

2008 年 7 月的失业率为 5.7%，即

$$失业率 = \frac{8\,784\,000}{8\,784\,000 + 145\,819\,000} = \frac{8\,784\,000}{154\,603\,000} = 0.057 = 5.7\%$$

2009 年 10 月份，失业率上升到了 10.2%，因此

$$失业率 = \frac{15\,700\,000}{15\,700\,000 + 138\,275\,000} = \frac{15\,700\,000}{153\,975\,000} = 0.102 = 10.2\%$$

正常情况下，失业率随实际 GDP 增长而下降，随实际 GDP 下降而上升。但有时实际 GDP 的上升很慢，从而使工作岗位的增加量小于劳动力的增加量。由此便出现了增长型衰退：尽管实际 GDP 在增加（从而经济体也在增长），但失业率却居高不下。在就业人数增加的同时，失业人数的上升因为新进入者而更快地上升。

**劳动参与率**（labor force participation rate, LFPR）是指劳动人口占 16 岁及以上人口的百分比：

$$LFPR = \frac{劳动力}{人口（16 岁及以上）}$$

在 2008 年 7 月，劳动参与率为 66.1%，即

$$LFPR = \frac{54\ 603\ 000}{233\ 864\ 000} = 0.661 = 66.1\%$$

**习题** ☞

14. 1982 年，1 070 万人失业，9 950 万人就业，6 210 万 16 岁及以上的人不属于劳动力。请问，失业率为多少？劳动参与率为多少？

## □ 失业的历史趋势

通常，失业会在经济衰退时期上升，在经济复苏时期下降。图 4—4 给出了美国自 1900 年以来的失业率走势情况。20 世纪 30 年代大萧条时期，失业率显著增加。1933 年年初，失业人数超过了 25%。第二次世界大战结束后，两个时期的失业率明显偏高：20 世纪 80 年代早期和 2007—2009 年全球衰退时期。在这两个时期中，某些月份的失业率超过了 10%。

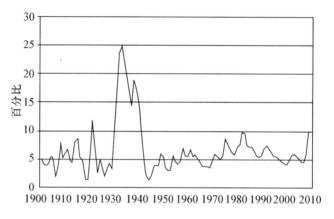

**图 4—4  美国失业率：1900—2009 年**

失业人数在 20 世纪 30 年代的大萧条时期迅速飙升，80 年代早期和 2009 年年底，失业率再次高达 10% 以上。在施行干预政策的 1/4 个世纪里，失业率大体处在 4%～8% 之间。

## □ 充分就业

失业率从来不会跌到零值，因为总会有人自愿在不同工作之间摇摆。经济学家把这种失业称为**摩擦性失业**（frictional unemployment）。它被认为对经济的健康发展有利。之所以存在摩擦性失业，是因为你需要时间来选择符合自己教育和经验的合适工作，而不是在招聘广告上碰到一份工作就去做。

技能过时或雇主把企业迁到了其他地区，也会导致人们失业。经济学家把这种失业称为**结构性失业**（structural unemployment）。它由经济体的结构变化所致。例如，技术进步已使电话接线员所掌握的技能变得过时。他们只能下岗以寻找另一份工作，这便属于结构性失业。

当产出暂时（这里的暂时指几个月或几年）下降、随后又上升时，便对应于商业周期的衰退和复苏阶段。由于商业周期变化而丢掉工作的人们，将经历**周期性失业**（cyclical unemployment）。

**充分就业**（full employment）并不等同于零失业。当劳动力实现充分就业时，仍会存在摩擦性失业和结构性失业。充分就业意味着不存在周期性失业，对美国而言，充分就业水平的失业率的估计值在 4%～6% 之间。

**提示** ☞
摩擦性失业、结构性失业和周期性失业等术语，会经常出现在一些（但并非全部）宏观经济学课程中。

在每月披露一次的失业数据中，并不包含**季节性失业**（seasonal unemployment），因为它需经过**季节性调整**（seasonally adjusted），以消除年复一年的季节性因素的影响。如果某人的常规工作只限于一年中的某些季节，而在闲季寻找其他工作，那么他或她便属于季节性失业。

**习题** ☞
15. 针对下列每种情形，分别指出其失业类型：
a. 一名大学毕业生正寻找一份工作，但还没有找到；
b. 一名滑雪缆车操作员在 4 月份寻找一份工作，而此时滑雪季节已过；
c. 由于销售量下滑，沃尔玛的一名工人被解雇；
d. 由于公司从加利福尼亚迁往北卡罗来纳，旧金山的一名女工人不得不另谋他职。

第 4 章

## □ 自然失业率

失业率最低能达到多少？我们已经知道它不可能低到零值。那么它究竟能低到什么程度呢？**自然失业率**（natural rate of unemployment）或 NRU 的概念，解释了在不造成其他问题时失业率有望达到的最低水平。"自然失业率"的定义并不唯一。一些经济学家用它表示和生产可能性边界相一致的失业率。其他经济学家用它意指一个健康经济体在充分就业状态下的失业率。另外一些经济学家则把自然失业率视同**非通胀加速型失业率**（non-accelerating inflation rate of unemployment）或 NAIRU，即指一个和稳定的低通胀率相一致的失业率。

**提示** ☞
自然失业率的"自然"并无其他含义，它并非任何由自然所决定的失业率。

美国劳工统计局公布的失业率是一个实际数值，主要反映实际失业者的数量。2008 年 6 月的失业率为 5.5%，即在该月份，有 5.5% 的劳动力处于失业状态。

自然失业率显然不一样，它并非根据人们的实际经验计算出的数值，而是一种事先假设。人们把它看成一个目标或理想状态。打个比喻，你今天的体重是个实际值，你的"理想体重"则是你和医生所认为的对你最有利的体重值。你显然不会把实际体重视同理想体重，你能测算出实际体重，并找出它和理想体重之间的差距，但你仍不能测算出你的理想体重。

同理，自然失业率也是一个理想状态。它的确切含义如何并无定论。即使经济学家同意自然失业率的说法，他们之间也不存在一个公认的自然失业率水平。为了获知自然失业率的取值，我们必须掌握通胀尚未出现时的失业率降到了什么水平。但除非经历了一段通胀尚未上涨的低失业时期，否则我们不能确切知道失业率最低能低到什么程度。一般来说，自然失业率被认为在4%～6%之间。

自然失业率也会影响政策。决策者想把失业率压低到什么水平？答案取决于自然失业率的值。如果自然失业率为6%，那么把失业率压在6%以下将导致通货膨胀——这样的结果人们并不乐见。但如果自然失业率为4%，那么决策者便可以把失业率压低至4%，而不会促发通胀。4%和6%之间的差距是否算大呢？在美国，两者的差异为300万。如果失业率是6%而非4%，失业人数将增加300万。

**习题** ☞

16. 如何定义自然失业率？

## 通货膨胀

**通货膨胀**（inflation）是指价格的普遍上涨。一般而言，当价格月复一月不断上涨时，将导致通胀。如果价格上涨很快，比方说每月涨幅为20%或以上，那么经济学家便称之为**恶性通货膨胀**（hyperinflation）。**通货紧缩**（deflation）是指价格的普遍下跌。一般而言，当价格月复一月不断下跌时，将导致通货紧缩。

通胀、恶性通胀和通缩都是对价格平均水平的描述。因此，即使在通胀时期，一些商品和服务的价格也有可能下降。例如，当今计算机的价格显然比前几年更便宜。计算机的价格已经下降，但许多其他商品的价格却比以前更高。通常情况下，即使计算机的价格出现了下跌，一般价格水平仍然趋于上涨。过去十年来出现了通货膨胀。

物价的平均水平是指什么呢？政府有许多计算"平均价格"的方法。其中两种最常用的方法分别是：消费者价格指数和GDP平减指数。

### □ 消费者价格指数

消费者在购买商品和服务时所支付的价格水平被平均化为**消费者价格指数**（consumer price index）或CPI。在平均化过程中，并非包括所有的商品和服务。相反，美国劳工统计局用经济学家所谓的**市场篮子**（market basket）商品和服务——一个典型的四口之家每个月所购买的商品和服务，来进行统计。市场篮子不随时间推移而发生变化，其包含的内容通常相同。

劳工统计局设定了消费者价格指数的基年。当前的基年通常是指三年，即 1982—1984 年。今天的价格通常被用来和这个基年比较。

CPI 是当前市场篮子商品和服务的总支付额同过去某个基年之间的比值。在表述时，该比值通常进行百分比化。例如，1996 年的 CPI 为：

$$CPI_{1996} = \frac{\sum_i (基年数量)_i \times (1996 年价格)_i}{\sum_i (基年数量)_i \times (基年价格)_i} \times 100$$

由于 CPI 的计算要用到某个基年数量，所以它属于**拉氏指数**（Laspeyres index）。

CPI 每月统计一次。选定 1982—1984 年的 CPI 为 100，则 2008 年 7 月的 CPI 为 220。

## □ GDP 平减指数

每个人所购买的每种商品的支出用 **GDP 平减指数**（GDP deflator）来均值化，有时称之为 GDP 的隐性价格平减指数。全部已生产的商品和服务都被包含在该均值中。GDP 平减指数由美国劳工统计局计算。它所依据的商品和服务随着生产变化，每季度或每年都会发生改变。由于 GDP 平减指数的计算要用到当前时期的数量，所以它属于**派氏指数**（Paasche index）。

GDP 平减指数是当前所生产的商品和服务以当前价格计算的总值，同以过去某个基年的价格计算的总值之比。在表述时，该比值通常进行百分比化。目前，美国劳工统计局把 2005 年作为基年。

2007 年第 3 季度的 GDP 平减指数为：

$$GDP 平减指数 = \frac{\sum_i (2007 年第 3 季度的数量)_i \times (2007 年第 3 季度的价格)_i}{\sum_i (2007 年第 3 季度的数量)_i \times (基年价格)_i} \times 100$$

上式等同于名义 GDP 和实际 GDP 之比，即

$$GDP 平减指数 = \frac{名义 GDP}{实际 GDP} \times 100$$

GDP 平减指数每季度计算一次。2005 年的 GDP 平减指数为 100，2007 年第 3 季度为 107。

## □ GDP 价格指数

GDP 价格指数非常类似于 GDP 平减指数。GDP 价格指数纳入了一连串权数，劳工统计局用这些权数来衡量某段时期而非其他时期的商品和服务。必须充分认识到，GDP 价格指数也使用当前时期的数量，并且考虑了所有已经生产的商品和服务（而不只是市场篮子商品和服务）。

17. 消费者价格指数、GDP 平减指数和 GDP 价格指数之间有何区别?

## □ 价格的变化率

CPI 和 GDP 平减指数被用来计算价格的变化率。变化率即价格变化的百分比,通常以年度形式表示:

$$变化率 = \frac{新值 - 旧值}{旧值}$$

2007 年 7 月的 CPI 为 208.3,2008 年 7 月的 CPI 为 220.0,因此两年之间的变化率为:

$$变化率 = \frac{220.0 - 208.3}{208.3} = \frac{11.7}{208.3} = 0.056$$

上式计算出的是一个小数,乘以 100 化成百分比形式为:

$$变化率 = 0.056 = 5.6\%$$

这意味着,2008 年 7 月的消费者价格比 2007 年 7 月平均要高 5.6%。

## □ 通缩、 通胀和其他

当平均价格下跌时,变化率为负。经济学家称经济体正在经历通缩。因此,这里的变化率被称为通缩率。在 1955 年和 2009 年,美国都经历了价格通缩的情形。

当价格上涨时,变化率为正。经济学家称经济体正在经历通胀。因此,这里的变化率被称为通胀率。

当价格上涨而通胀率却下跌时,经济学家称之为**反通胀**(disinflation)。从 1982 年 2 月到 3 月,通胀率从 7.6% 下降到 6.8%。经济学家称在 1982 年 2 月到 3 月期间,存在着反通胀。当通胀率上升时,并不存在一般性的术语描述这样的时期。

当通胀率非常高时,经济学家称经济体正经历着恶性通胀。要构成所谓的恶性通胀,需要多高的通胀率,在这点上存在许多争议。一条很好用的经验法则认为,每月的通胀率达到或高于 20% 时,即可视为恶性通胀。在独立战争时期,美国曾经历过恶性通胀。

**滞胀**(stagflation)这一术语被用来特指 20 世纪 70 年代的一段时期,该时期内经济体同时出现了衰退和高通胀率。它是"停滞"和"通胀"的组合称谓。

18. 2000 年和 2001 年的 CPI 分别为 172.2 和 177.1,计算这两年之间的通胀率。

### □ 通胀走势

自 1950 年以来，美国经历了多次通胀。20 世纪 70 年代，通胀率超出了 10%，高达两位数水平。

图 4—5 给出了自 1900 年到现在的通胀走势。注意到在 20 世纪上半叶，价格通缩曾相对较为普遍，但此后情形完全不同。第二次世界大战结束后的整个 20 世纪 60 年代期间，通胀率为 2%～4%，20 世纪 80 年代中期到 2008 年又重新回到这一水平。20 世纪 70 年代的高通胀率在战后以来表现得尤为突出。

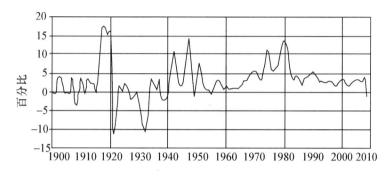

**图 4—5　美国通胀率走势：1900—2009 年**

在第二次世界大战前，美国经济中的通胀和通缩并存。但自 20 世纪 50 年代中期到最近时期，美国经济只出现了通胀。70 年代后期的高通胀率一直持续到 80 年代早期。此后，在 2007—2009 年期间的全球性衰退之前，通胀率都维持在 2%～4%。

## ■ 后文提示

一旦我们定义好了宏观经济学的诸多术语，我们便能开始正式学习宏观经济学了。首先，我们考虑长期经济增长；然后，我们将转向短期波动。

# 第二部分

# 长期分析

# 第5章

# 长期经济增长

为什么有些国家富裕，有些国家贫穷？为什么生活标准有时提高快，有时却慢，有时甚至停滞不前？经济学家借助经济增长模型回答这些问题。当要素投入增加或生产率得到提高时，经济体能获得更多产出，国民将变得更加富裕。

**重要术语和概念**

| | |
|---|---|
| 增长 | 剩余增长 |
| 经济增长率 | 全要素生产率（TFP） |
| 70 法则 | 劳动生产率 |
| 总生产函数 | 资本生产率 |
| 资本—劳动比率 | 资本存量 |
| 规模收益不变 | 投资 |
| 生产规模 | 贬值率 |
| 规模经济 | 人力资本 |
| 规模收益递增 | 产权 |
| 规模不经济 | 知识产权 |
| 规模收益递减 | 生产率增长放缓 |
| 增长的计算 | 生产率增长复苏 |

**重要公式**

人均实际 GDP
变化率
总生产函数

# 何谓增长?

经济学家在两种情况下使用"增长"一词,即短期和长期。对宏观经济学家而言,从几个月到几年都可以称做短期。关注短期的宏观经济学家用**增长**(growth)一词来指实际 GDP 的季度或年度变化。另一些经济学家用"刺激经济增长"的表述来指促使实际 GDP 在短期内增长的政策或事件。

长期是指 10 年或一代人的时间。长期增长是指从一个 10 年到另一个 10 年或从一代人到另一代人之间的变化。那么,究竟什么会发生变化呢?答案有两个。一些课本用到其中的一种定义,另一些课本则用到另一种定义。长期增长可以是:

(1)实际 GDP 的增长,或

(2)人均实际 GDP 的增长。

人均实际 GDP 即等于经济学家所说的实际人均 GDP。

$$实际人均 GDP = \frac{实际 GDP}{人口数量}$$

人均实际 GDP 有时也被称做生活水平。

## □ 生产可能性边界

经济学家有时用生产可能性边界(PPF)模型来阐释经济增长的概念。根据第 2 章,我们知道生产可能性边界通常被用来表示经济体利用可得投入所能生产的潜在产出组合。可得投入的增加或生产率的提高,将使更多的产出成为可能。长期增长研究聚焦于如何才能提高可得投入或提高生产率,扩大经济体的生产可能性边界。

## □ 计算经济增长

长期增长的关键问题是,什么因素决定了经济体的增长率?**经济增长率**(growth rate of the economy)是指实际 GDP 或人均实际 GDP 的年度变化率。即

$$年度变化率 = \frac{某年的值 - 前一年的值}{前一年的值}$$

例如,2001 年和 2002 年的实际 GDP 分别是 11.347 万亿美元和 11.553 万亿美元(均以 2005 年的美元计价),那么这两年之间的实际 GDP 的变化率为:

$$年度变化率 = \frac{11.553 - 11.347}{11.347} = \frac{0.206}{11.347} = 0.018 = 1.8\%$$

由于长期经济增长主要关注很长一段时期的变化，所以实际 GDP 变动的趋势线比季度或年度更加重要。计算两年之间平均年度增长率的方法之一是，先计算出任意连续两年之间的年度变化率，然后计算出所得到的全部数值的平均值。

例如，从 1992 年到 2002 年期间，实际 GDP 的年度变化率分别为 2.9%、4.1%、2.5%、3.7%、4.5%、4.4%、4.8%、4.1%、1.1%和 1.8%，那么它们的平均值为 3.39%。经济学家称，1992—2002 年之间，实际 GDP 的平均增长率为 3.39%。

长期经济增长研究试图解释为什么一些经济体增长迅速，而其他经济体却增长缓慢。年度增长率的微小差异逐渐积累起来，变成了很大的差异。经济学家用 **70 法则**（Rule of 70）（一些书称之为 72 法则）来阐明这点。70 法则是一种数学公式，用来计算在我们知道年增长率的值的情况下，需要多少年才能实现实际 GDP 的翻倍。即

$$\frac{70}{\text{年增长率}} = \text{翻一倍所需要的年数}$$

如果经济体的年增长率为 1.5%，那么实际 GDP 翻一倍需要花差不多 47 年的时间，因为 70/1.5 约等于 47。如果经济体的年增长率为 2%，则实际 GDP 翻倍只需 35 年，差不多比前者少了整整 10 年。

## 习题 ☞

（所有习题的答案，参见本书后面。）

1. 假设某国的实际 GDP 值（虚拟值，单位为十亿美元，以 2000 年的价格衡量）如下表所示：

| 年份 | 1998 | 1999 | 2000 | 2001 | 2002 |
|---|---|---|---|---|---|
| 实际 GDP | 6 000 | 8 000 | 8 400 | 8 600 | 9 000 |

请计算：

a. 任意连续两年之间的年度变化率；

b. 平均年度变化率。

2. 题 1 中的国家，每年的人口数量（单位为百万），如下表所示：

| 年份 | 1998 | 1999 | 2000 | 2001 | 2002 |
|---|---|---|---|---|---|
| 人口 | 400 | 415 | 425 | 430 | 435 |

a. 根据题 1 中的实际 GDP 数据，计算每年的实际人均 GDP 值（或生活水平），注意两者单位有别；

b. 计算实际人均 GDP 的年均增长率。

3. 如果生活水平每年提高 8.4%，那么需要多少年生活水平能翻一倍？如果生活水平每年只提高 2.0%，又需要多少年生活水平才能翻一倍？当每年只提高 1.0%时，情况又怎样？

## □ 哪些因素没有被考虑到

我们用实际 GDP 或人均实际 GDP 来测算经济增长。这里我们简单比较一下人均实际 GDP 和生活标准之间的差异。如果人均实际 GDP 上升，则经济学家称"经济体运行良好"。如果人均实际 GDP 下降，则经济学家称"经济体运行糟糕"。

但必须牢记，实际 GDP 并不能解释所有对人们重要的东西。实际 GDP 只计算了 1 年中所生产的商品和服务，它并未考虑到环境破坏、政治动荡、教育机会、自由选择及其他方面。

关于实际 GDP，一个具有讽刺意味的说法是，一场自然灾害可能会使某个国家"变得更好"。为什么会这样？因为遭到毁坏的房屋需要重建，这会增加实际 GDP，而毁坏本身却不会给实际 GDP 造成任何影响。

# 总生产函数

经济增长立足于宏观经济，即整个经济。它并不关注某个行业或其他行业是否盈利或增长。经济增长只和经济整体有关。总产出的增长为多少？哪些因素能促进产量增长？

产出是指 GDP 中所包含的所有商品和服务。这里，不要一下子联想到诸如汽车产量、医疗设备或芙蓉蛋的数目等，而应该把它们以及其他所有商品和服务全部放在一起考虑。

产出（计入 GDP 的所有商品和服务）来源于要素投入。这里，也不要一下子就联想到特定的投入，如金属、塑料或鸡蛋。要尽可能考虑更广的投入类型，如劳动、物质资本和自然资源。产出（GDP）需要以要素投入（劳动、资本和自然资源）为前提。

**提示** ☞

资本并不是指金钱，而是指物质资本，即厂房（或建筑）和设备（或机器）。

这些投入——劳动、资本和自然资源——是由生产者使用可利用的生产性知识（包括技术）组合起来的，这些知识（技术）涉及如何组织投入要素，以用于生产活动。因此，我们说产出源于要素投入和知识。

但是，经济学家通常会用公式表述这点，而不会说"源于"。经济学家称：产出是一个关于投入和知识的函数。其公式表示如下：

*产出＝F*（投入，知识）

经济学家把上述公式叫做**总生产函数**（aggregate production function）。之所以说它是一个函数，是因为它用数学形式描述了某事物（产出）如何同其他事物（投入和知识）相互关联。它是一个生产函数，是因为它和产出有关。它又是一个总生产函数，因为它同时阐述的是整个经济体，即整体经济。

投入主要是指劳动、资本和自然资源。经济学家用斜体大写字母 $L$ 和 $K$ 分别表示劳动和资本。自然资源的缩写并不唯一，而且不是所有经济学教材都会在总生产函数中纳入自然资源。这里，我们不妨用 $NR$ 表示自然资源，从而总生产函数可以写成：

$$产出＝F(L, K, NR, 知识)$$

**提示** ☞

不是所有人都会在总生产函数中纳入自然资源，通常做法是只把劳动和资本当做投入。

知识的概念很广，包括了技术知识和非技术知识。我们学到的关于"怎么做"的一切，以及会对组织生产投入产生影响的一切事物，都属于"知识"这一范畴。

总生产函数的另一种表达方式是把"知识"单独提出来，放在函数符号前面。按照通行做法，我们用字母 $A$ 表示知识和技术。于是，总生产函数可以写成：

$$产出＝A \cdot F(L, K, NR)$$

如果 $A$（知识）或投入（$L$，$K$，$NR$）的数量出现了增加，那么产出也将出现增长。

当经济学家用这种方式表述总生产函数时，做一点小的变动会得到一个有助于我们理解人均产出或生活标准的方程。根据从微观经济理论课程上学到的知识，总生产函数公式，即产出＝$A \cdot F(L$，$K$，$NR)$ 等价于

$$\frac{产出}{L} = A \cdot F\left(\frac{K}{L}, \frac{NR}{L}\right)$$

工人的人均产出取决于知识（$A$）、工人的人均资本和人均自然资源数量。经济学家把工人的人均资本量称为**资本—劳动比率**（capital-labor ratio）。我们不妨把它想象成是每位工人操作的机器数量。如果知识（$A$）、资本—劳动比率或工人的人均自然资源数量中有一者出现了增加，那么工人的人均产出也将出现增加。

人均产出和工人的人均产出并不是同一个概念。但只要劳动参与率保持不变，要找出什么因素导致了工人的人均产出增加迅速或缓慢，等同于要找出什么因素导致了人均产出增加迅速或缓慢。经济学家很容易便能区分工人的人均产出和人均产出之间的差异。

**习题** ☞

4. 生产函数中的投入是指什么？

5. 产出来源于劳动（$L$）、资本（$K$）和知识（$A$），总生产函数怎么表示？

6. 资本的概念中包含（不包含）什么？

## □ 边际收益递减

边际收益递减法则是微观经济学的一个很重要的概念。随着某种要素投入的不断增加，同时保持其他要素投入不变，则产出也会出现增加。但是，每次我们加大这种要素投入时，产出的增加量都会越来越少。

这个边际收益递减法则会影响总生产函数的斜率，像之前一样，我们仍用二维平面图阐释这点。（在初级经济学中，你永远不会看到一张立体图形。）产量用纵轴表示，要素投入——不妨选劳动——用横轴表示。图5—1阐述了在我们保持其他要素投入和知识总量不变的情况下，改变某种要素（劳动）投入时，产量将会怎样变化。

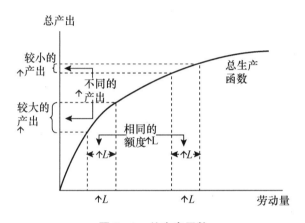

**图5—1　总生产函数**

总生产函数图描绘了产量如何随某种要素投入的变化（保持其他要素投入量和知识总量不变）而变化。曲线向上倾斜，因为更多的劳动将带来更多的产出。曲线将会变得越来越平坦，因为存在边际收益递减法则：随着使用的劳动量越来越多，产出的增加量将越来越少。

一张表示工人的人均产出如何取决于资本—劳动比率（自然资源—劳动比率和知识总量保持不变）的图，将具有相同的形状。资本—劳动比率的恒定增加所得到的工人的人均产出将越来越少。

## □ 规模经济

只有当其他投入保持不变而增加一种投入时，才会发生边际收益递减。但是，如果所有投入同时增加，将会出现什么情况？投入增加了一倍（劳动、资本和自然资源同时增加一倍）后，产出是否也会增加一倍呢？抑或产出增加会高于一倍？又或者产出不会成倍增加？

当所有投入都翻倍并导致产出也翻倍，即双倍投入带来双倍产出时，经济学家称经济体表现出**规模收益不变**（constant returns to scale）。要素投入的大小等同于**生产规模**（scale of production）。当规模收益不变时，扩大投入规模将使收益同比率增加：双倍投入获得双倍产出，1.7倍投入获得1.7倍产出。

当所有投入都翻倍但导致的产出超过两倍，即双倍投入带来高于双倍的产出时，经济学家称经济体表现出**规模经济**（economies of scale）或**规模收益递增**（increasing returns to scale）。当存在规模经济时，扩大投入规模将使收益以更高的比率增加：双倍投入获得高于双倍的产出，1.7 倍投入获得高于 1.7 倍的产出。

当所有投入都翻倍但导致的产出不到两倍，即双倍投入带来低于双倍的产出时，经济学家称经济体表现出**规模不经济**（diseconomies of scale）或**规模收益递减**（decreasing returns to scale）。当存在规模不经济时，增加投入规模将使收益以较低的比率增加：双倍投入获得低于双倍的产出，1.7 倍投入获得低于 1.7 倍的产出。

**习题** ☞

7. 假设总生产函数满足产出 $=3 \cdot K^{1/2} L^{1/2}$，根据以下投入组合，分别计算产出。

$K=100$，$L=1\,000$，从而产出 $=$ _____

$K=100$，$L=2\,000$，从而产出 $=$ _____

$K=100$，$L=3\,000$，从而产出 $=$ _____

请问，这里属于边际收益递减还是规模经济？

8. 假设总生产函数满足产出 $=40 \cdot K^{1/3} \cdot L^{2/3}$，根据以下投入组合，分别计算产出。

$K=100$，$L=4\,000$，从而产出 $=$ _____

$K=200$，$L=8\,000$，从而产出 $=$ _____

$K=360$，$L=14\,400$，从而产出 $=$ _____

请问，这里属于边际收益递减还是规模经济？规模收益是不变、递增还是递减？

## 增长的源泉

总生产函数有助于我们理解增长的源泉，不管它们采取以下哪种表述形式：

产出 $=F(L, K, NR, 知识)$

或者

$$\frac{产出}{L}=A \cdot F\left(\frac{K}{L}, \frac{NR}{L}\right)$$

这两个公式告诉我们：

（1）要素投入（$L$，$K$ 和 $NR$）的增加将使产出也相应增加；

（2）知识的增长会使产出增加。

为了描述这些因素对经济增长的贡献份额，经济学家经常借用**增长的计算**（growth accounting）这一术语。有时，经济学家会做出如下表述：经济体以年均 5% 的增长率扩张，其中，劳动（$L$）贡献了 50%，资本（$K$）贡献了 25%，自然资源（$NR$）贡献了 10%，知识（$A$）增长贡献了剩下的 15%。

经济学家如何测算知识呢？他们并不需要这么做。增长的计算可以采取一些方法算出 $L$，$K$ 和 $NR$ 等投入要素对经济增长的贡献份额，剩下没有计算的份额——经济学家称之为**剩余增长**（residual growth）——被认为是由其他称做"知识"的因素所贡献的。

剩下的人们称做"知识"的要素，能使所有投入创造出更大的产出。因此，经济学家通常称之为**全要素生产率**（total factor productivity）或 TFP。之所以叫做"全要素"生产率，是因为它并不特指某一类投入要素。**劳动生产率**（labor productivity）是指工人的人均产量，而不是每单位资本的平均产量，也不是每单位资源的平均产量。**资本生产率**（capital productivity）是指单位资本的平均产量，而不是工人的人均产量，也不是每单位资源的平均产量。但全要素生产率是指不能只归功于劳动、资本或自然资源的产量的增加。

同理，经济增长有两个基本的动力源泉：

（1）要素投入的增加；

（2）知识（全要素生产率）的增长。

我们依次讨论这两者。

## □ 增加投入

投入量的增加会带来产量的增加，更多的投入促成了经济增长。当投入更多的资本（$K$）、劳动（$L$）或自然资源（$NR$）时，产出会出现增加。

a. 更多的 $K$ → 更多的产出；

b. 更多的 $L$ → 更多的产出；

c. 更多的 $NR$ → 更多的产出。

如果资本—劳动比率（$K/L$）或工人的人均自然资源（$NR/L$）提高了，那么工人的人均产出也会增加。但如果资本和劳动都增加而资本—劳动比率却不变，则工人的人均产出将不会发生变化。同理，如果自然资源和劳动都增加而工人的人均自然资源却不变，则工人的人均产出也不会发生变化。

a. 更多的 $K/L$ → 更多的工人人均产出，但更多的 $K$ 和 $L$ 而 $K/L$ 不变→ 工人的人均产出不变；

b. 更多的 $NR/L$ → 更多的工人人均产出，但更多的 $NR$ 和 $L$ 而 $NR/L$ 不变→ 工人的人均产出不变。

## □ 增加劳动力

劳动力的增加会带来产量的增加，但劳动力本身的增加并不会提高工人的人均产出。怎样才能增加劳动力呢？

a. 更高的劳动参与率→ 更多的 $L$。

工人占总人口份额的提高，将使劳动力增加。大约从 20 世纪 60 年代开始，美国已婚妇女更多地参与到劳动力大军中来，这提高了美国的产出潜能。

b. 更多的人口→ 更多的 $L$。

人口增加有两条途径：人口自然增长和移民。

人口的自然增长是指出生人数和死亡人数的平衡。出生人数的增加或死亡人数的减少会使总人口上升。在美国 1946—1964 年期间的人口出生高峰期，出生人数剧增，家庭规模扩大。20 世纪三四十年代青霉素的大规模普及，通过提高期望寿命（人们存活的平均年限）降低了死亡率。在 20 年后，这段时期更高的人口自然增长率最终使劳动力得到迅速增加。

移民是指其他国家出生的居民迁入美国。移民趋势取决于经济条件和移民法律等重要决定因素。更多的移民将增加美国的劳动力。

## □ 增加资本

资本的增加会带来产量的增加。资本的增加将使资本—劳动比率得到提高，从而提高工人的人均产出和生活水平。资本的数量称为**资本存量**（capital stock）。这里，我们不妨想象成现存的有用的机器和厂房数量。哪些东西能增加经济体的资本存量呢？

a. 添置更多的设备或建造更多的厂房→ 更多的 $K$。

当企业添加了更多的设备时，物质资本存量将会增加。当更多的厂房被建造好后，物质资本也会得到增加。经济学家把添置设备和建造厂房称为**投资**（investment）。因此，更多的投资将获得更多的资本。

b. 更低的资本折旧率→ 更多的 $K$。

设备会损坏，经济学家称之为折旧或贬值。设备损坏得越快，其**折旧率**（depreciation rate）就越高。设备损坏得越慢，其折旧率就越低。因此，更低的折旧率意味着资本能存在更长的时间，这会使资本存量增加。

提示 ☞

记住：资本是指机器或设备，以及厂房或建筑物，资本并不是指"货币"。投资指的是购买设备或建造厂房，投资也不意味着在股票市场或其他地方"用钱生钱"。

## □ 自然资源的增加

自然资源是指土地、矿产和石油等。自然资源的增加会带来产量的增加。同时，自然资源的增加也会使工人的人均自然资源量增加，从而提高工人的人均产出和生活水平。但哪些东西能增加经济体的自然资源呢？

a. 土地获取→ 更多的 $NR$。

国家可以通过各种途径获得土地，购买和吞并是其中的两种途径。美国分别在 1803 年和 1845 年购买了路易斯安那州并吞并了得克萨斯州，这增加了国家的土地存量。战争也是美国增加国土的一种途径，不管是否伴随战争而来，殖民都是另一种途径。土地获取无疑会增加可得的自然资源数量。

b. 开矿和勘探 → 更多的 $NR$。

自然资源远不仅仅是指土地，开矿将使矿产数量增加。例如，石油的勘探无疑会使可得的石油量增加。因此，开矿和勘探会增加一个国家的自然资源量。

回到关键问题上：为什么一些国家增长迅速，而另一些国家则增长缓慢？答案取决于这些国家要素投入的增加速度。要素投入增加迅速，则产出增长也迅速。资本—劳动比率或工人的人均自然资源量增加迅速，则工人的人均产出或生活水平提高迅速。因为一些经济体的投入要素数量增加得更快，所以它们的经济增长也更快。

为什么一些国家富裕而另一些国家却贫困呢？因为它们所具有的要素投入量不同。更多的投入带来更多的产出。工人的人均机器或自然资源拥有量越多，则他们的人均产出也越多。由于一些国家的投入多于其他国家，所以它们更加富裕。

## □ 提高生产率

要素投入只解释了经济增长的一半原因，另一半原因是知识或全要素生产率。知识增长更快将导致更快的增长，更多的知识使一个经济体得以生产出更多的产出和人均产出。

但哪些东西被包含在知识中呢？什么因素促成了全要素生产率的提高？答案初看起来既令人沮丧又令人兴奋。究竟什么增加了 TFP？答案并不唯一。

a. 教育。

接受更多教育的工人拥有更高的生产率。识字率低怎么办？不妨教教孩子如何阅读，整个国家的经济增长最终将会受益。明尼苏达州的人均收入为什么高于密西西比州？不妨比较下两州之间文化程度的差异。不止有大学通识教育才重要，高水平的技能培训也会使工人具有更高的生产率。经济学家通常用**人力资本**（human capital）来描述人们所掌握的教育和技能水平。文化程度和教育机构质量的提高有助于经济增长。

b. 研发。

技术进步很重要。谁会怀疑计算机技术的进步改变了整个经济这一事实呢？科学研究和技术开发将促进经济增长。

c. 金融机构。

更好的金融机构能以更低的成本把储户的资金更有效地转移到借方手中。如果企业不能获得贷款以购买物质资本，那么金融机构难逃其咎。金融机构必须有效评估风险，在把钱存入金融机构之前，储户必须充分信任它们。相比于弱小且不稳定的金融机构，更有效、更强大且更安全的金融机构会导致更快的经济增长。

d. 运输网络。

道路是否坑坑洼洼？高铁是否狭窄，甚或不存在？桥梁是否经常断裂？水道是否不通？如果是，那么将很难把成本最低的商品运送到最需要的消费者面前。相比于低效或老出问题的运输网络，高效的运输网络将带来更高的经济增长。

e. 政治制度。

一个国家的政治制度——如何选举领导人、国家权力如何平稳交接、由谁掌控国家的经济命脉，以及政府如何制定决策——至关重要。举个极端例子：如果新当选的国家领导人拒绝偿还其前任的债务，那么很少有国家会把钱借给该国。如果国家领导人的"伙伴"可以私自取消贷款，那么很少有国家愿意把钱借给这样的伙伴。如果其他人对一项政治制度的稳定性、持续性和公平性拥有更多的信任，那么该国将拥有更强劲的经济增长。

f. 产权制度。

规定你有哪些权利处置自己的财产的法律被称为**产权**（property rights）制度。当产权给其所有人提供了改善产权以获取更高收益的有效保证时，产权所有者将有更大的意愿做出这些改进。相反，如果产权法制度规定从产权改进中获得的部分或所有收益都不属于产权所有者，他们将不太愿意做出这些改进。这种情形也适用于**知识产权**（intellectual property rights），其规范了当发现或发明一项创意或知识时谁有权拥有它。一套良好的产权制度将促进经济增长。

g. 司法体系。

司法体系为契约实施提供了保障。契约是指两人或交易双方之间的协议。当你在助学贷款的文件上签字时，你便和贷款方签订了一份契约。贷款方之所以愿意把钱借给你，部分是因为司法体系能确保该契约得到执行，万一你撕毁协议想不还钱，司法体系将强迫你还钱。一套能公平、持续实施契约的可靠的司法体系，将会促进经济增长。

上述各方面都是智囊团的事情，它们会极大影响经济的增长步伐。随着"知识"或"全要素生产率"的增长，经济体会得到改善。但由此带来的改进程度若非不可能，也是很难测算的。这正是知识进步对经济增长的具体贡献被当成除劳动、资本和自然资源之外的剩余份额的原因。

再回到我们的关键问题：为什么一些经济体增长迅速，而另一些经济体则增长缓慢？答案之一在于这些经济体投入要素的增加速度，答案之二在于知识或全要素生产率的增长速度。知识增长得越快，产出增长得也越快。一些经济体之所以比其他经济体增长得更快，是因为它们的知识或全要素生产率增长得更快。

为什么一些国家富裕而另一些国家却贫困呢？答案之一在于这些国家的要素投入量不同，答案之二在于它们之间的知识或全要素生产率水平不同。更多且更好的教育、研发、金融机构、交通运输网、政治制度、产权制度和司法体系等，都能提升一个国家的生活标准。

**习题** ☞

9. 产出和工人的人均产出增加的两个主要原因是什么？

10. 哪些因素能导致劳动力（L）增加？

11. 哪些因素能导致资本存量（K）增加？

12. 哪些因素能导致自然资源（NR）增加？

13. 哪些因素能导致全要素生产率（A）增加？

## 生产率增长的放缓和复苏

测量生产率的方法之一是计算劳动生产率，即工人的人均产出。别急，我们所说的是不是经济学家计算生活标准的"工人的人均产出"？是的，确实这样。劳动生产率（工人的人均产出）的计算等同于生活标准的计算。因此，劳动生产率的变化步伐将告诉我们许多有关生活标准变化速度的信息。

出于这个原因，经济学家时刻关注经济体的劳动生产率的增长率。劳动生产率增加了多少？注意问题区别于：生产率是否上升？几乎在任何时候，该问题的回答都是肯定的。

相反地，劳动生产率究竟增长了多少？不妨回想前面讲过的70法则，它描述了年度增长率的微小变化如何给劳动生产率翻倍所需的年数带来影响。劳动生产率（生活水平）每年增加1.5％意味着其翻倍需要花47年时间。劳动生产率增长率提高一个百分点，即劳动生产率增长率为2.5％，将使劳动生产率（生活水平）在28年时间里翻倍。20年通常被认为一个代际。因此从1.5％到2.5％仅1个百分点的差距，意味着生活水平翻倍缩短了一代人时间。

劳动生产率增长率的微小变化能带来巨大的影响效应。因此当美国的劳动生产率增长放缓时，经济学家无疑会非常担心。如图5—2所示，1950—1972年，美国劳动生产率的平均增长率为2.8％，而从20世纪70年代中期开始，劳动生产率的增长出现了放缓趋势。1973—1995年，劳动生产率的平均增长率只有1.5％。经济学家把这种劳动生产率增长率的下降称做**生产率增长放缓**（productivity growth slowdown）。

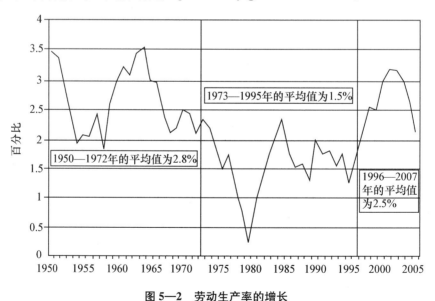

**图5—2　劳动生产率的增长**

1950—1972年，美国劳动生产率的平均增长率为2.8％，随后，1973—1995年，劳动生产率的平均增长率放缓到1.5％。从90年代中期后，劳动生产率开始出现复苏。1996—2007年，劳动生产率平均每年增长2.5％。由于劳动生产率增长的年度变化波动性很大，图5—2采用了5年移动平均算法。图中描绘的每年所对应的数值都是其前后各两年和本年共5年的平均值。

宏观经济学思维

经济学家从未就什么导致生产率增长放缓达成一致意见。他们提出了许多理论，但没有一个得到人们普遍认可。

20世纪90年代中期后，情况发生了转变。1996—2007年间，劳动生产率以平均每年2.5%的速度增加。这段时期被称做**生产率增长复苏**（productivity growth resurgence），因为生产率增长回到了接近其之前的水平。许多经济学家把生产率增长复苏归因于信息技术，包括工作场所使用电脑量的增加和这些电脑功能的增加。

未来的生产率增长会怎样呢？大家都说不准。正如我们从图5—2中所看到的那样，生产率增长复苏在21世纪的头10年似乎达到了一个峰值。我们很有可能会回到缓慢增长周期中，或者增长可能会再次复苏。这两种情况都会带来重大影响，因为劳动生产率的增长将直接转变成生活水平的增长。我们的孩子是否会比我们过得更好？答案很大程度上取决于劳动生产率增长的走势如何。

## 习题 ☞

14. 在生产率增长放缓时期，生产率是否会下降？

15. 是否存在一个普遍认可的对生产率增长放缓或复苏的解释？如果存在，它是怎么说的？

# 第三部分

# 凯恩斯主义原理

# 第 6 章

# 凯恩斯交叉点

绝大多数宏观经济学都把注意力放在短期上，即产出和就业的季度或年度变化上。经济体任何一年的产出水平，取决于消费者所愿意购买的产出。用经济学家的话说：在短期内，实际 GDP 取决于总需求。

## 重要术语和概念

| | |
|---|---|
| 总支出 | 循环流向图 |
| 总需求 | 凯恩斯交叉图 |
| 计划的总开支 | 45°线 |
| 总开支 | 净税收 |
| 库存上升 | 可支配收入 |
| 库存下降 | 个人储蓄 |
| 宏观经济均衡 | |

## 重要公式

当收入（$Y$）和实际 GDP 等于总需求（$AD$）时，宏观经济达到均衡：

$AD=C+I+G+NX$

$T=TA-TR$

$YD=Y+TR-TA=Y-T$

## 重要图形

循环流向图

凯恩斯交叉图

# 失业取决于总支出

宏观经济学的重要问题之一是：在短期内，什么决定了失业数量？从第4章我们知道，约翰·梅纳德·凯恩斯认为，（本质上说）经济体的失业数量取决于就业数量，后者又取决于经济体的产量，而经济体的产量则取决于总支出，或者简言之：总支出决定产出，产出决定就业，就业决定失业。

我们不妨一步一步来讨论这些关系。

## □ 就业人数和失业人数

就业人数是指具有工作的人数，失业人数是指没有工作且在寻找工作的人数，劳动力是指就业人数和失业人数的总和。

就业和失业之间的关联通常非常明显。当就业人数下降时，失业人数就会上升。劳动力市场上的参与者从"就业者"这一类转向"失业者"这一类。当就业人数上升时，失业人数便会下降，就业者和失业者的数量几乎完全呈相反的方向变动。

但是，也存在例外情形。一些没有工作的人可能是因为退休，其他的人则可能是因为移民到国外去了。当人们失去工作又不寻找工作时，他便从就业者变成了不属于劳动力的人，此时，就业人数会下降，而失业人数却没有上升。但这只是例外情形，并不具有一般性。通常，就业人数和失业人数之间的关联都明显为负。

### 习题 ☞

（所有习题的答案，参见本书后面。）

1. 当就业人数下降时，失业人数通常会有什么变化？
2. 针对题1的回答，导致就业人数和失业人数没有关联的原因之一是什么？

## □ 产出和就业人数

产出是指经济体在1年中所生产的所有商品和服务的总量。产出用实际GDP衡量，就业人数是指具有工作的人数。

实际GDP和就业人数之间的关联通常也很明显。为了生产更多的产出，必须雇用更多的工人。当产出减少时，只需较少的工人，因此雇用的工人数量将下降。产出和就业人数几乎都是同升或同降的。

但也存在例外情形。有时更多的产出被生产出来，而就业人数却并未发生变化，因为已有的工人被要求更卖力地工作或工作更长的时间。有时更少的产出被生产出来，而就业人数同样没有发生变化，因为即使企业面临着产量下降，至少在很短时期内没有进行裁员。但这只是例外情形，并不具有一般性。通常，产出和就业人数之间的关联都明显为正。

3. 当产出下降时，就业人数通常有何变化？

4. 针对题 3 的回答，导致产出下降和就业人数没有关联的原因之一是什么？

## □ 总支出和产出

在 1 年中对产出的总需求被称为**总支出**（aggregate spending）、**总需求**（aggregate demand）、**计划的总开支**（planned aggregate expenditure），或有时被称为**总开支**（aggregate expenditure）。不同经济学教材的称呼不一样。但不管怎么表述，其所指的意思都一样，即 1 年内居民、企业、政府和其他主体所购买的商品和服务的支出。

总支出和产出是同升或同降的。当总支出上升时，更多的产出被生产出来。当总支出下降时，更少的产出被生产出来。

但是，也存在例外情形。当总支出上升时，一些企业只会改变价格，而不会改变产量。但这只是例外情形，不具有一般性。通常，总支出和产出之间的关联都明显为正。

5. 当总支出下降时，产出通常会怎么变动？

6. 针对题 5 的回答，导致总支出下降和产出下降没有关联的原因之一是什么？

把这三者放在一起考虑，我们便得到了凯恩斯对宏观经济解释的精髓。当总支出发生变化时，产出跟着发生变化。当产出发生变化时，就业跟着发生变化。当就业发生变化时，失业跟着发生变化。概而言之，总支出的变化最终将导致失业人数的变化。

# 总需求和总支出： 一个重要的注释

注意不要混淆，有些教材会交替使用几个不同的术语，其他教材则不然。到此为止，我们都用总支出的称谓，但它是否等同于总需求、总开支或计划的总开支呢？为了表述清晰，我们这里将只使用总支出，因为它是所有教材最常用的术语。

两个术语经常被交替使用，即计划的总开支和总开支。一些教材用前者，另一些教材用后者，但它们的意思都一样。当意指总开支或计划的总开支时，我们将使用（计划的）总开支。

在一些教材中，总需求即指计划的总开支。在其他教材中，总需求和计划的总开支具有不同的含义。

总需求和（计划的）总开支之间有何区别呢？在那些两者有别的教材中，计划的总开支是指对应于一个特定价格或通胀水平的总支出。当价格或通胀水平发生变化时，（根据我们将在第 14 章阐述的原因，）计划的总开支也会发生变化。因此，明

第 6 章

凯恩斯交叉点

确区别上述两者的教材用总支出来指价格（或通胀率）和计划总开支之间的所有对应组合。

　　搞清楚你用的教材怎么使用它们很重要。如果你用的教材给出了总开支或计划的总开支两个术语，那么可能对这两者做了明确区分。总开支和计划的总开支将指某个特定价格或通胀水平相对应的总支出。在讨论中，绝大多数经济学家用总需求的称谓来指 1 年内对产出的总支出。

　　在本书中，我们要到第 14 章才明确区分（计划的）总开支和总需求。之前，我们交替使用两者，均指同一个意思。

　　因为这些术语很容易被混淆，我们在下面的章节中还会重复加以说明。

## 产出和总需求之间的关联

　　为什么当总需求上升时，产出也会跟着上升呢？为什么当总需求下降时，产出也会跟着下降呢？答案在于企业如何对未预期到的存货变化做出反应。

　　存货是指被生产出来（即已经存在的）但还没有销售出去的产出。商品存货量的多少取决于统计日期。例如，我们会问，2010 年 12 月 31 日的商品存货量为多少呢？

　　如果两个统计日期之间的商品存货量增加了，经济学家便称出现了**库存上升**（inventory accumulation）。如果产出大于销量，则库存将会上升或得到积累。增加的产出将被放在库存中。

　　如果两个统计日期之间的商品存货量减少了，经济学家便称出现了**库存下降**（inventory depletion）。如果产出量比销售量少，存货将被用光或将减少。增加的销售将从库存中提取。

　　如果总产出（即 GDP）大于总需求，库存将会上升。如果总产出小于总需求，则库存将会下降。即

　　　　GDP ＞总需求 → 库存上升
　　　　GDP ＜总需求 → 库存下降

　　企业生产产出是因为有人购买它们。如果企业生产的商品都堆积在仓库里，那么它们将会减少产量。当库存上升时，企业将减少产量；当企业减少产量时，GDP跟着出现下降。

　　另一方面，如果企业的市场销售量大于其产量，库存将会下降。当库存下降时，企业将会提高产量；当企业提高产量时，GDP 跟着出现上升。即

　　　　　库存上升 →GDP 下降
　　　　　库存下降 →GDP 上升

　　当企业的产量等于销售量时，既不发生库存上升也不发生库存下降。库存变化量为零。经济学家称之为**宏观经济均衡**（macroeconomic equilibrium）。当产出等于总需求时，宏观经济达到均衡。也就是说，宏观经济在库存变化量为零时达到均衡。

即当 GDP = AD，宏观经济达到均衡。

**提示** ☞

表示计划的总支出的符号会略有不同，有些教材用 AD（总需求），有些教材用 AE（总开支），其他教材则用 PAE（计划的总开支）。

### □示例

假设 7 月份的总需求和实际 GDP 都是 1 万亿美元，那么 7 月份的宏观经济将处于均衡状态。6 月 30 日和 7 月 31 日期间的库存量不会发生任何改变。如果企业没有预期到总需求将发生改变，那么它们没有动力去生产更多或更少的产品。8 月份的产量仍将等于 1 万亿美元。

要是 8 月份的总需求为 800 美元，情况会怎样呢？此时，1 万亿美元的产出将大于 8 000 亿美元的总需求，因此剩下的 2 000 亿美元产出将进入库存。这时，经济学家称，将出现价值 2 000 亿美元的库存上升。

企业会通过进一步降低产出来对 8 月份的库存上升做出回应，9 月份的产出势必将低于 1 万亿美元。因此，总需求的下降造成了库存上升，从而使企业降低产量。简言之，总需求的下降导致了 GDP 的下降。

要是总需求上升会出现什么情况呢？我们可以换个例子说明这点。假设 8 月份的产出为 1 万亿美元，而总需求却为 1.1 万亿（而非 8 000 亿）美元，那么 8 月份的库存量将会下降 1 000 亿美元。企业将会通过增加产出来对 8 月份的库存下降做出回应。总需求的上升将导致 GDP 的上升。

**习题** ☞

7. 假设第一季度的实际 GDP 和总需求分别是 3 万亿美元和 2.8 万亿美元。请问库存将上升还是下降？库存量的变化值是多少？企业在第 2 季度是否会生产价值 3 万亿美元的产出？3 万亿美元是否是均衡产出水平？

8. 假设第 1 季度的实际 GDP 和总需求分别是 3 万亿美元和 3.4 万亿美元。请问库存将上升还是下降？库存量的变化值是多少？企业在第 2 季度是否会生产价值 3 万亿美元的产出？3 万亿美元是否是均衡产出水平？

9. 假设第 1 季度的实际 GDP 和总需求均是 3 万亿美元。请问库存将上升还是下降？库存量的变化值是多少？企业在第 2 季度是否会生产价值 3 万亿美元的产出？3 万亿美元是否是均衡产出水平？

## ▌循环流

许多经济学原理教材会画一张图来表示宏观经济不同组成部分之间的相互关联。

凯恩斯交叉点

这样的图被叫做**循环流向图**（circular flow diagram）。在不同的教材中，循环流向图会变得非常复杂且相互不同。

不管看起来有多复杂，循环流向图都可以被认为是以描述产出、收入和总支出这三者之间的关联为基础的。图6—1给出了一张非常简单的循环流向图。

产出是指企业所生产的商品和服务，投入是指用于生产这些商品和服务的劳动、土地和资本等资源，收入是指生产产出的人们所挣得的钱。收入由工人的工资、土地所有者的租金、贷款人的利息和企业所有者的利润组成。支出是指总支出或总开支，或者经济中所有群体，包括居民、企业、政府机构和其他主体对商品和服务的总购买量。

产出由企业使用从居民那里购买的要素投入生产而来。居民从企业对投入要素的支付中获得收入。居民把这些收入用来购买企业所生产的产品。

为了描述图6—1，我们不妨从最上面开始。最上面的箭头组表示居民为企业提供的要素投入。第二个箭头组表示企业购买这些要素需要向居民支付的报酬。第三个箭头组指这些报酬也会回流（从居民流向企业），因为居民需要向企业支付购买商品和服务的支出。最下面的箭头组则表示企业销售给居民的商品和服务。

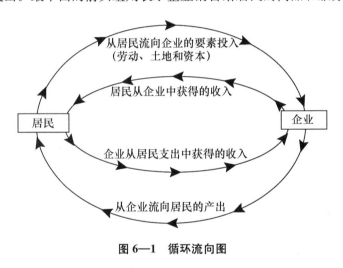

**图6—1 循环流向图**

循环流向图描绘了经济活动和经济体的货币流动情况。居民把要素投入出售给企业（最上面的一组箭头表示）以换取收入（第二组箭头表示）。企业把这些要素投入用来生产产出，并出售给居民（最下面的一组箭头表示），居民的支出又构成了企业的收益来源（第三组箭头表示）。

为了获得产出，企业需要购买要素投入，因此生产产出的工人获得了收入。当人们获得收入时，他们会进行消费。当人们消费时，产出得到了生产。在里面一组循环中，我们依此类推：收入→支出→收入→支出……

这是一个循环，而非一条直线，因为首尾前后相连。产出源于投入，投入用来决定收入，收入又决定了支出，支出则决定了产出，产出需要投入，投入决定收入，收入决定……如此循环往复，从而汇集成了宏观经济的流向。

循环流向图的要点非常简单，即支出决定产出和收入，收入决定支出。如果你被教材中较为复杂的循环流向图搞混淆了，那么回想一下它最基本的要点：支出决定产出和收入，收入决定支出。

10. 在循环流向图中，居民扮演了什么角色？企业扮演了什么角色？两者之间的关联如何？

## 产出等于收入

产出是指经济体所生产的商品和服务：教材、桌子、辅导时间、你所穿的裙子以及你使用的笔等。收入是指当这些商品和服务被生产出来时所挣的钱：图书销售者的工资、桌子制造商的收入、支付给辅导老师的报酬以及把裙子和笔出售给你的店铺的利润等。

在任何年份，产出的总价值量都等于总收入水平。我们用实际 GDP 来测算总产值。经济学家用符号 $Y$ 表示总收入水平。

**提示 ☞**

为什么我们用 $Y$ 表示收入呢？很可能是因为 $I$、$N$、$C$、$O$、$M$ 和 $E$ 都另有所指了，并且 $Y$ 的发音某种程度上比较接近 $I$ 的发音。

记住产出等于收入这一点，比记住两者为什么会相等要重要得多。但你可能会问，总收入不是包括了生产产出的企业的利润或损失了吗？企业的利润或损失等于其所销售的商品的价值（产值）减去企业支付给工人的工资、土地所有者的地租以及贷款人的利息。因此，总利润或总损失等于产值和生产这些产值所花费成本之间的差额。所以说，总收入（企业各相关参与者的利润或损失总额）必将等于总产值。

虽然数值相同，但概念却有所区别。当经济学家说"收入等于产出"时，他们的意思是说收入（$Y$）的数值总等于产出（实际 GDP）的数值。收入是我们从生产商品和服务中所挣得的可以放入口袋的钱。产出是指商品和服务本身，如书籍、桌子、辅导以及裙子和笔等。

**习题 ☞**

11. 判断以下各项分别是指产出还是收入：

a. 医生诊疗；

b. 银行储蓄账户的利息收入；

c. 导弹；

d. 医生每年的薪水；

e. 土地所有者获得的租金；

f. 酒店的餐饮；

g. 销售员每小时的工资；

h. 公寓提供的住所；

i. 豆奶；

j. 教材；

k. 服务员获得的小费。

## 用方程推算宏观经济均衡

在宏观经济均衡中，产出等于总需求。产出（实际 GDP）总是等于收入（$Y$）。因此经济学家也称，在宏观经济均衡状态，收入等于总需求。用方程表示如下：

在宏观经济均衡状态，实际 GDP＝$AD$ 且 $Y=AD$

用代数公式，我们很容易求解宏观经济均衡。一些教材从最简单的关系开始，逐渐增加其复杂性。我们这里也借鉴这种方法。

总需求是指居民、企业、政府机构和其他主体对最终商品和服务的总购买需求。当收入上升时，总需求也会上升。当收入下降时，总需求也会下降。下面是解释这种关系的一种方法：

总需求＝＜某个常数＞＋＜另一个常数＞·收入

不同教材可能会用不同的符号表示这里的常数，我们这里写作 $AD=\alpha+\beta\cdot Y$。

**提示** ☞

常数符号 $\alpha$ 和 $\beta$ 依据不同教材而不同。

在宏观经济均衡中，实际 GDP＝$AD$ 且 $Y=AD$。一般而言，即在宏观均衡中，

$$Y=AD=\alpha+\beta\cdot Y$$

化简方程，我们有，在宏观均衡中，

$$Y=\alpha+\beta\cdot Y$$

这是一个方程，包含一个未知数和两个常数项：

方程：$Y=\alpha+\beta\cdot Y$

未知数：$Y$

常数项：$\alpha$ 和 $\beta$

由于只有一个未知数，我们很容易就能对它进行求解，解出 $Y$ 的值：

在宏观均衡中，

$$Y=\alpha+\beta\cdot Y$$

两边同时减去 $\beta\cdot Y$，得

$$Y-\beta\cdot Y=\alpha$$

又因为 $Y=1Y$，有

$$1Y-\beta\cdot Y=\alpha$$

宏观经济学思维

提取 $Y$，得

$$(1-\beta) \cdot Y = \alpha$$

两边同时除以 $(1-\beta)$，得

$$Y = \alpha/(1-\beta)$$

即在宏观经济均衡中，产出和收入的值 $Y$ 将等于 $\alpha$ 除以 $(1-\beta)$。

举个简单的例子通常很有用。不妨假设 $\alpha = 100$ 且 $\beta = 0.75$，则总需求方程可以写成：

$$AD = 100 + 0.75Y$$

在宏观经济均衡中，$Y = AD$。因此，根据简单的代数运算法则即可解出 $Y$ 的值：

在宏观均衡中，

$$Y = 100 + 0.75Y$$

两边同时减去 $0.75Y$，得

$$Y - 0.75Y = 100$$

提取 $Y$，得

$$(1-0.75) Y = 100$$

两边同时除以 $(1-0.75)$，得

$$Y = 100/(1-0.75)$$

化简得

$$Y = 100/0.25$$

即

$$Y = 400$$

这表示在满足 $AD = 100 + 0.75Y$ 的经济体中，宏观经济达到均衡时的实际 GDP 和 $Y$ 将等于 400。

我们不妨验证一下这个答案。当产出和收入等于 400 时，$AD$ 将等于 $100 + 0.75 \times 400 = 100 + 300 = 400$。这正是均衡状态，产出和 $AD$ 均等于 400。

提示 ✍

在计算均衡产出时，我们通常都会省略时间，虽然这有可能会造成混淆。我们说"均衡产出为 400"，即意味着"在均衡状态，给定一段时期所生产的产量为 400"。如果某年的总需求为 $100 + 0.75Y$，那么 400 的均衡产出也相对应于某年。

12. 当宏观经济处于均衡时，需要满足什么条件？

13. 假设 $AD = 300 + 0.8Y$。

a. 如果 $Y = 1\,000$，则 $AD$ 的值为多少？$1\,000$ 是不是产出的均衡值？

b. 如果 $Y = 3\,000$，则 $AD$ 的值为多少？$3\,000$ 是不是产出的均衡值？

14. 假设 $AD = 300 + 0.8Y$，求解均衡产出值。

# 凯恩斯交叉图

宏观经济均衡的决定通常用一张图来表示。由于这种做法以约翰·梅纳德·凯恩斯的著作为基础，所以这样的图形是凯恩斯主义的图形。因为图形的主要特征是两条直线相交叉，所以图形被叫做**凯恩斯交叉图**（Keynesian cross diagram）。

图6—2描绘了宏观经济中均衡产量的决定。产出总等于收入，它们在横坐标上表示。纵坐标表示总需求。宏观经济在产出和收入等于总需求时达到均衡。

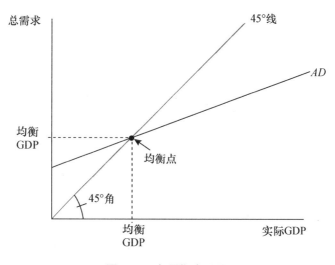

图6—2　凯恩斯交叉图

凯恩斯交叉图被用来确定我们知道总需求情况下的均衡GDP值。总需求将随实际GDP的上升而上升，图中用向上倾斜的直线 $AD$ 表示。45°线表示上面所有的点到纵坐标和横坐标的距离均相等，即上面任意一点所表示的总需求都等于实际GDP。均衡出现在总需求等于实际GDP时。因此 $AD$ 线上的均衡点位于 $AD$ 线和45°线相交处。

总需求通常会随着收入上升而上升，因此我们画一条向上倾斜的直线表示总需求取决于收入。在图6—2中，这条曲线即 $AD$ 线。

宏观经济均衡出现在实际GDP和收入等于总需求时，这意味着我们需要在 $AD$ 线上找到这样一点，该点到纵坐标的距离和它到横坐标的距离相等。那么，我们如何找到这个点呢？

一种烦琐的做法是借助于尺子来测量。一种简单的做法是画一条上面所有点到横坐标和纵坐标距离相等的直线。这条直线的斜率将为 1，经济学家称之为**45°线**（45° line），因为斜率为 1 的直线和横坐标恰好围成 45°角。

　　AD 线和 45°线相交的地方被叫做交点。这一点即表示宏观经济均衡的点。它处在 AD 线上，且到横坐标和纵坐标的距离相等。在交点上，产出和收入等于总需求。

　　图 6—3 描绘了一个凯恩斯交叉图的特殊例子。如上文一样，假设 AD＝100＋0.75Y。AD 线从横坐标截距为 100 处开始，沿 0.75 的斜率向上倾斜。45°线从原点开始，上面任何一点均表示实际 GDP＝总需求。两条线在 GDP 和 AD 等于 400 时相交。

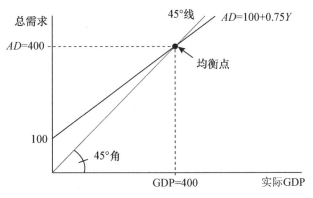

**图 6—3　确定宏观经济均衡**

　　本图描绘了一个特殊的例子。假设总需求（AD）满足 100＋0.75Y，AD 和 Y 之间的关系用一条纵轴截距为 100 且斜率为 0.75 的向上倾斜的直线表示。均衡产出和收入在 AD 线和 45°线相交处。图中的均衡值为 400。即在一个满足 AD＝100＋0.75Y 的经济体中，均衡产出为 400。

　　凯恩斯交叉图有时也被用来描述宏观经济没有达到均衡的情况。在图 6—4 中，产出低于总需求，因此库存出现下降。库存下降的数量等于产出和总需求之间的差额。企业会通过提高产量来对库存下降做出回应，使经济体朝宏观经济的均衡状态移动。

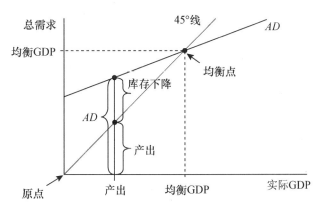

**图 6—4　当产出过低时，库存下降**

　　当产出低于均衡值时，总需求大于产出，因此库存下降。总需求量由 AD 线上的产出水平决定。产量是指从原点到"产出"的横坐标距离，即等于"产出"到 45°线之间的纵坐标距离。对应于该"产出"，45°线和 AD 线之间的纵坐标距离即为库存下降量。

在图6—5中，产出高于总需求，因此库存出现上升。库存上升的数量等于产出和总需求之间的差额。企业会通过减少产量来对库存上升做出回应，使经济体朝宏观经济的均衡状态移动。

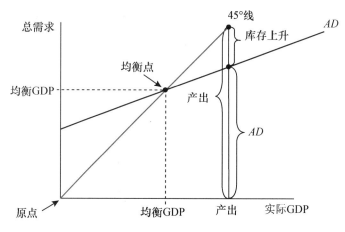

**图6—5　当产出过高时，库存上升**

当产出高于均衡值时，产出大于总需求，因此库存上升。总需求量由 *AD* 线上的产出水平决定。产量是指从原点到"产出"的横坐标距离，即等于"产出"到45°线之间的纵坐标距离。对应于该"产出"，45°线和 *AD* 线之间的纵坐标距离即为库存上升量。

习题 ☞

15. 画一张总需求方程为 $AD=300+0.8Y$ 的凯恩斯交叉图，标出均衡点。

16. 为什么我们用45°线来确定均衡点？

## □ *AD* 线的移动

均衡 GDP 即指 GDP=AD 时的 GDP 水平。如果 *AD* 发生变化，那么 GDP 会发生什么变化呢？显然，均衡 GDP 也会跟着改变。

当 *AD* 上升时，对应于任何一个实际 GDP，将存在一个更高的总需求。我们把 *AD* 线上移，以表示 *AD* 的上升。原来的 *AD* 线实际上已不复存在，它只是有助于我们记住变化之前总需求和实际 GDP 之间的关系，但不能告诉我们现在的总需求和实际 GDP 之间的关系。

当 *AD* 线上移（总需求上升）时，之前的 GDP 均衡水平已不复存在。新的更高的 *AD* 值将大于原来的 *AD* 值和均衡 GDP。在原来的均衡 GDP 上，现在出现了库存下降。企业将会提高其产量，均衡 GDP 将会上升，直到再次等于 *AD* 为止。GDP 增加可以用图6—6来表示。

从代数式上看，总需求上升等于常数项 α 的变大。原来的 *AD* 代数式为 $AD=100+0.75Y$，不妨令现在 *AD* 上升后的代数式为 $AD=120+0.75Y$。常数项（纵坐标截距）变大了，斜率则保持不变。此时，每年的均衡产出将从400上升到480。

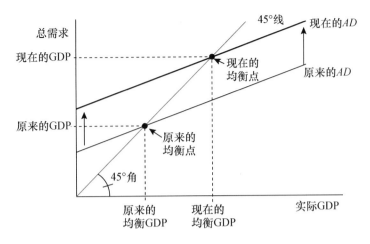

**图6—6　当 AD 增加时，GDP 也增加**

总需求的增加由 AD 线的上移来表示。当 AD 增加时，均衡实际产出也跟着增加。

在图 6—7 中，我们发现 AD 出现了下降。当 AD 下降以后，对应于任何一个实际 GDP 的总需求都将下降。因此，AD 线出现下移。当 AD 线下移时，之前的 GDP 均衡水平已不复存在，新的更低的 AD 值将小于原来的 AD 值和均衡 GDP。在原来的均衡 GDP 上，现在出现了库存上升。企业将会减少其产量，均衡 GDP 将会下降，直到再次等于 AD 为止。

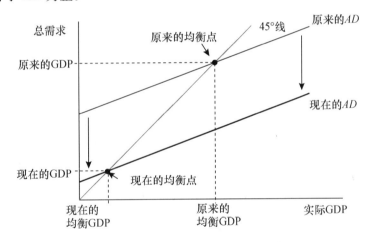

**图6—7　当 AD 减少时，GDP 也减少**

总需求的减少由 AD 线的下移来表示。当 AD 减少时，均衡实际产出也跟着减少。

## 几点计算

GDP 值的测算由美国商务部的经济分析局（网址：www.bea.gov）负责。它会用到许多除产出和收入之外的概念，且彼此之间存在特定关联。事实上，存在一个完整的计算体系，即所谓的国民收入和产出账户体系，这也由经济分析局负责。一些初级教材需要学生掌握这个体系的部分细节。

但是，对于理解宏观经济学的本质来说，只有一些计算特点是重要的：

(1) GDP＝$Y$。

产出（GDP）等于收入（$Y$）。

(2) $AD$（$AE$ 或 $PAE$）＝$C+I+G+NX$。

总需求（或总开支、计划的总开支）等于居民的消费支出（$C$）、企业的投资支出（$I$）、联邦政府的购买支出（$G$）和净出口（$NX$）之和。第 7 章将会分别讨论这 4 个决定因素。

(3) $T＝TA-TR$。

**净税收**（net taxes）（$T$）等于政府的税收收入（$TA$）减去政府的转移支付（$TR$）。缴纳给政府的税收各种各样：收入税、销售税、财产税、营业税以及政府以各种"使用费"或"酒后驾驶费"等名义征收的税费。转移支付是指我们不需要以其他商品或服务为交换条件便能从政府那里无偿获得的收入。例如，社会保障收入、失业补贴以及对贫困家庭的暂时性救济、佩尔奖学金等。

(4) $YD＝Y-T＝Y+TR-TA$。

**可支配收入**（disposable income）（$YD$）等于收入（$Y$）减去净税收（$T$）。我们的可支配收入（可供我们用于支出的收入）即指我们从生产商品和服务中所获得的收入（$T$）加上我们得到的转移支付（$TR$），再减去我们缴纳给政府的所有税收（$TA$）。

---

**提示** ☞

注意符号可能会有所不同。你的教材可能会用 $YD$、$Yd$，$Y_D$、$Y_d$ 或 $DPI$、$DI$ 等表示可支配收入，因此并没有一个固定标准。

---

(5) $YD-C＝S$。

可支配收入（$YD$）减去消费（$C$）等于**个人储蓄**（personal saving）（$S$）。

---

**提示** ☞

注意符号也可能会有不同。这里用 $S$ 表示个人储蓄，一些教材可能会用 $PS$ 表示。

---

**习题** ☞

17. 假设 $Y＝10\ 000$，$TR＝3\ 000$，$TA＝4\ 000$。请问，净税收 $T$ 为多少？可支配收入 $YD$ 为多少？

18. 假设一个经济体 2008 年的 $Y＝5$ 万亿美元，$T＝2$ 万亿美元，$C＝2.5$ 万亿美元。请问，可支配收入 $YD$ 为多少？个人储蓄 $S$ 为多少？

# 第7章

# 总需求

宏观经济在产出等于总需求时达到均衡，第6章讨论了这点。总需求即指人们在最终产品和服务上的全部（总）支出（需求）。它可以分成4种不同类型的支出：居民的消费支出、企业的投资支出、政府机构的购买支出以及世界上其他国家进口本国商品的净支出。在本章中，我们将概述美国经济的总需求情况，阐述构成总需求的上述4种不同支出的决定因素。

## 重要术语和概念

| | |
|---|---|
| 总需求 | 财富 |
| （计划的）总开支 | 资产 |
| 消费支出 | 债务 |
| 投资支出 | 存量 |
| 固定投资 | 流量 |
| 生产耐用型消费品 | 利率 |
| 建筑物 | 信用可得性 |
| 政府支出 | 消费者预期 |
| 政府对商品和服务的购买 | 消费函数 |
| 政府的消费开支和总投资 | 储蓄函数 |
| 净出口 | 边际消费倾向 |
| 出口 | 边际储蓄倾向 |
| 进口 | 平均消费倾向 |
| 最终商品 | 平均储蓄倾向 |
| 中间商品 | 储蓄率 |

定额税                                 投资需求曲线
比例税                                 汇率
资本                                   升值
资本的预期收益率                         美元出现升值
投资决策法则                            贬值
外部融资                               美元出现贬值
内部融资

## 重要公式

$AD=C+I+G+NX$

$C=a+b\cdot YD$

$YD=Y+TR-TA=Y-T$

## 重要图形

消费函数图
储蓄函数图
投资需求曲线图


# 四种支出类型概述

在短期宏观经济均衡状态，产出等于总支出。总支出是宏观经济中四种支出类型（消费、投资、政府购买和净出口支出）的加总。本小节，我们将讨论支出的每种成分及其对**总需求**（aggregate demand）的贡献。

## □ 总需求和总开支： 一个重要的注释

现在是澄清第 6 章提到的混淆的时候了。不同教科书用不同术语表示总支出，但在所有教科书中，总需求都由消费、投资、政府购买和净出口支出构成。在一些教科书中，**（计划的）总开支**［(planned)aggregate expenditures］和总需求之间是有区别的，其他教科书则不做这种区分。

对明确区分两者的教科书而言，（计划的）总开支是指对应于一个特定的价格或通胀水平的消费、投资、政府购买和净出口支出的总和。当价格或通胀水平发生变化时，总开支也会发生变化。因此在一些教科书中，总需求是指价格或通胀同（计划的）总需求之间的所有组合。本书到第 14 章前，都没有对两者做出这么明确的区分。

其他教科书并没有明确区分两者。在这些教科书中，（计划的）总开支和总需求在同样的意义上使用。

不管怎样，总支出或总需求（或计划的总开支）都是消费、投资、政府购买和净出口支出的总和。由于所有称谓都是指同一个总和，我们在本节中就直接用总需求这一术语。

## □ 消费支出

**消费支出**（consumption spending）是居民对最终商品和服务的购买支出。商品是你能触摸到的有形的东西，包括耐用商品和非耐用商品。耐用商品一般是指平均存续时间在 3 年或以上的商品，如小车、家具、家电等。非耐用商品是指那些平均使用期限低于 3 年的商品，如食物、餐饮、衣服、鞋子、汽油等。服务是无形的，不能用手触摸到，但确实存在，住宿、家务、交通和医疗等都属于服务的范畴。

目前，在消费支出中，大约有 10% 属于耐用消费品、30% 属于非耐用消费品、60% 属于服务。相比于 20 世纪中叶，这是一个相当大的变化。在 1950 年，差不多有 16% 的消费支出是耐用消费品，50% 为非耐用消费品，33% 左右为服务。这种改变表现得非常稳健。

## □ 投资支出

**投资支出**（investment spending）是企业（包括公司和非公司经营单位）花费的支出：购买新设备、建筑物以及库存变化。经济学家用**固定投资**（fixed investment）来指企业花在设备和施工建设上的支出。

**提示** ☞
厂房应该被计入哪一年的 GDP 中？这取决于人们建造该厂房的时间。施工年份是哪一年，就该被计入哪一年的 GDP 中。

设备有时也被叫做**生产耐用型商品**（producer durable goods），其中包括电脑、工业设备、交通设备等。**建筑物**（construction）既包括居住用房，也包括非居住用房。从销售一套现存住房中获得的房产中介费也包括在建筑物支出中。

目前，约有 45% 的投资支出用于设备，20% 用于非居住建筑，35% 用于居住建筑。库存变化通常只占不到总投资支出的 1%。这种比例在过去 60 年间变化不大。

**提示** ☞
注意不要混淆：经济学家对投资支出的定义并不包括购买股票、基金或其他金融资产。投资支出只包括企业的三种支出：购买新设备、建造厂房和库存变化。

## □ 政府支出

**政府支出**（government spending）是指政府机构（联邦政府、州政府和地方政府）对商品和服务的购买开支。经济学家有时也会用**政府对商品和服务的购买**

（government purchases of goods and services）来表示它。在最严重的一次混淆中，美国经济分析局把政府支出混淆成了**政府消费开支和总投资**（government consumption expenditures and gross investment），这似乎概述了我们本章要讨论的重要概念，但实际上却并非如此。所有术语都指向同一个意思：政府机构对商品和服务的购买。

政府支出是联邦政府、州政府和地方政府购买的总和。联邦政府构成了政府支出中的 35%～40%，剩下 60%～65% 由州政府和地方政府购买组成。

政府支出被分成两部分：政府消费开支和政府的总投资支出。政府消费开支是指政府购买那些不直接用于生产的商品和服务的开支，如教育、国防、司法等。政府总投资是指公共部门或私人部门直接用于生产其他商品和服务的商品购买支出。这类例子包括建筑物、设备和软件以及军用品等。

政府支出不包括政府的转移支付开支。转移支付是指政府不以换取商品和服务为目的的支出。通常的例子包括社会保险费支出、贫困家庭临时救济和佩尔捐助等。

因为转移支付不直接产生工作岗位，它被排除在政府支出之外。当你奶奶收到她的社会养老保险补助费（来自政府的转移支付）时，她并不需要为政府提供工作。

## □ 净出口

**净出口**（net exports）是指**出口**（exports）和**进口**（imports）之间的差额。出口支出是指美国以外的其他国家的居民、企业和政府机构购买美国国内生产的商品和服务的支出。进口支出是指美国国内的居民、企业和政府机构购买美国以外的其他国家所生产的商品和服务的支出。

出口可以是商品或服务，可以面对消费者、企业或政府机构。购买行为也可以发生在美国国内或国外。关键在于商品和服务在美国生产，被非美国居民购买去消费。例如，出口包括在美国制造的被销售到墨西哥的福特汽车，以及坐落于纽约的一家饭店给来自巴西的外地游客提供的美食。

进口也可以是商品或服务，主要面对美国国内的消费者、企业或政府机构。但购买行为却可以发生在美国国内或国外。关键在于商品和服务在国外生产，被美国居民购买去消费。例如，进口包括了美国居民在纽约购买的意大利酒，以及从伊利诺伊州出发旅游的一家美国人购买的飞往罗马的机票。

出口和进口支出包括购买**最终商品**（final goods）和**中间商品**（intermediate goods）的支出。经济学家用最终商品指出售给最终消费者的商品，中间商品指企业购买来生产最终商品的商品。一些最终商品在美国得到组装，零部件从国外进口。这些零部件即中间商品。美国制造商购买的国外零部件应计入进口商品。

今天，进口商品和出口商品中约有一半是耐用商品。差不多 20% 的出口商品和 35% 的进口商品是非耐用商品。剩下 30% 的出口和 15% 的进口属于服务。这种组合在 20 世纪 50 年代以来已发生变化：在 1950 年，出口和进口中的耐用商品分别约占 40% 和 25%；非耐用商品则分别约占 40% 和 50%，剩下的 20% 出口和进口均为服务。相比 60 年前，我们现在进口了更多的汽车。

（所有习题的答案，参见本书后面。）

1. 4 种支出类型分别针对哪些群体？

2. 定义投资时通常会犯什么错误？

3. 下列各种情形，分别属于消费、投资、政府购买、出口还是进口？（一些情形可能同属于两种类型。）

  a. 你支付给医生的诊疗费；

  b. 政府给得克萨斯退伍军人疗养院里的医生支付薪水；

  c. 美国军方购买密歇根州生产的导弹；

  d. 美国军方采购产自智利的水果；

  e. 你每月支付给房东的房租；

  f. 大通银行为在纽约的支行购买办公用桌；

  g. 你买了一件产自印度的衬衫；

  h. 加拿大公司购买美国出产的水果；

  i. 你居住的小镇的图书馆购进新的书籍；

  j. 你买了一本新书；

  k. 一家律师事务所购买新书以充实阅览室。

## □ 总支出的分布

  总支出是消费支出、投资支出、政府支出和净出口支出 4 类支出的总和。通常用下式表示：

$$AD = C + I + G + NX$$

图 7—1 和图 7—2 描绘了美国总支出在这 4 类构成要素之间的分布。因为很难获得更早期的数据，图中数据始于 1930 年大萧条时期。

回想一下在图 4—1 中，我们观察到 GDP 在第二次世界大战结束后出现了普遍增长。在图 7—1 和图 7—2 中，我们主要给出产出构成要素各自的走势。随着产出的增长，其构成要素中是否有些增长比总和快，份额出现上升？构成要素中是否有些增长比总和慢，份额出现下降？

第二次世界大战结束后约 30 年间，消费支出占总支出的份额稳定在 62% 左右。从 20 世纪 80 年代开始，消费的增长迅速快于 GDP 总量的增长。消费所占份额开始逐步升至目前的 70% 左右。

投资支出是总支出中波动最为剧烈的构成要素，会随商业周期不同阶段发生明显变化。投资支出通常占总支出的 15%~18%，尽管在经济衰退时期已有所下降。

政府的商品和服务购买支出约占总支出的 20%。第二次世界大战结束后，政府支出占总支出的份额相对比较稳定。

第 7 章

总需求

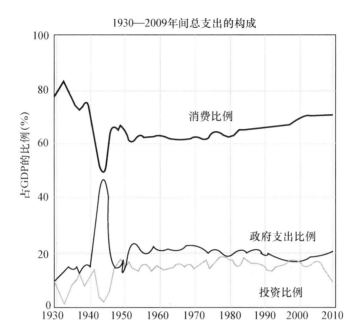

**图7—1 消费、投资和政府支出占 GDP 的比例，1930—2009 年**

消费、投资和政府支出以占总支出（GDP）的比例表示。大萧条和第二次世界大战期间，三者出现大幅波动，随后 60 年的表现相对稳定。20 世纪下半叶最明显的特征是消费支出占总支出的比例稳步上升。

资料来源：National Income & Product Accounts，Table 1.1.10.

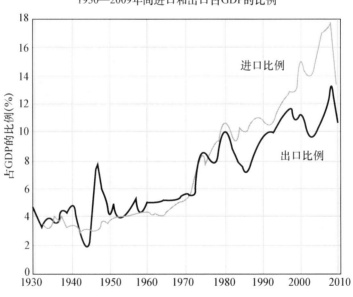

**图7—2 进口和出口占 GDP 的比例，1930—2009 年**

进口和出口以占 GDP 的比例表示。从 1950 年到 1980 年左右，出口和进口大体较为均衡。从 80 年代初开始，进口占 GDP 比例的上升速度明显快于出口比例的上升速度，因此净出口开始变成了负数。

资料来源：U.S. BEA（bea.gov），National Income & Product Accounts，Table 1.1.10。

　　一些特定时期需要引起注意。首先，在 1933 年（罗斯福新政开始实施之年）至

1940 年期间，政府的支出份额并没有出现上升，这是因为新政很大程度上只是立法努力，未涉及巨额支出。其次，观察 20 世纪 40 年代的情形。巨大的军需供应加上强制配给，使国民产出中的消费大幅转向军用品。

可能你已注意到消费、投资和政府支出加起来已超过 100%。为什么会这样？不妨观察图 7—2。

净出口支出等于出口减去进口，当出口大于进口时，净出口为正。但当进口大于出口时，净出口则为负。图 7—2 描述了进口和出口之间的差额自 20 世纪 70 年代中期以来迅速扩大的趋势。1980 年以后消费支出占总支出份额的上升大体伴随着净出口的下降。2007—2009 年间的普遍衰退在 2009 年出口和进口的迅速下降中得到反映。

习题 ☞

4. 消费、投资和政府支出的总和占总支出的份额超出 100%，但消费、投资和政府支出只是总支出的 4 个构成中的 3 个，它们的份额总和怎么可能大于 100%？

5. 许多人认为今天的美国经济比 20 世纪五六十年代更加开放。哪些数据支持这一说法？

## 消费支出的决定因素

什么决定了消费支出？记住我们考虑的是全体居民的消费支出，而非某个居民的消费支出。哪些因素导致总消费支出的上升或下降？

人们一般认为消费支出取决于以下几个因素：

(1) 可支配收入。更多的可支配收入意味着更高的消费支出。

(2) 财富。更多的财富意味着更高的消费支出。

(3) 利率（可能）。更高的利率（可能）意味着更低的消费支出。

(4) 信贷可得性。更低的信贷可得性意味着更低的消费支出。

(5) 对未来的预期。更乐观的预期意味着更高的消费支出。

下面我们按顺序讨论这 5 个决定因素。

### ☐ 可支配收入

可支配收入 YD 是指我们从生产商品和服务中获得的收入，加上从政府那里获得的转移支付 TR，再减去缴纳给政府的税收和各种费用 TA。换言之，YD 即指收入 Y 和净税收 T（税收 TA 减去转移支付 TR）之间的差额。因此，可支配收入

$$YD = Y + TR - TA = Y - T$$

提示 ☞

可支配收入没有一个通用表示方法。你的教科书可能会用 $YD$、$DI$、$Y_d$、$DPI$、

$Y_D$ 或其他符号表示。

当可支配收入上升时，人们倾向于花费更多开支购买商品和服务。当可支配收入下降时，人们倾向于花费较少支出购买商品和服务。这种关系可以表示如下：

$$\uparrow YD \rightarrow \uparrow C$$
$$\downarrow YD \rightarrow \downarrow C$$

经济学家也称，可支配收入和消费是直接相关的。这意味着它们两者同升或同降。

**提示** ☞

若你理解可支配收入时遇到困难，把它想成"带回家的钱"很有帮助。尽管这并非完全正确，可支配收入还包括政府转移支付，带回家的钱则不然，但这样做直观易懂。

## □ 财　富

**财富**（wealth）等于我们**资产**（asset）的价值和所欠**债务**（liabilities）之间的差额。即

　　财富＝资产－债务

若你拥有一套价值 24 万美元的房子，却欠银行 18 万美元抵押贷款，则你在房子上拥有的财富值为 24－18＝6 万美元。若你的资产价值为 3 万美元，而信用卡欠了 4 万美元助学贷款，则你的财富值为－1 万美元。

对于绝大多数美国人，住房是最大的单项资产。居民拥有的其他资产包括支票账户、储蓄账户、股票、国债、对冲基金、退休账户和实际资产等金融资产，还包括汽车、家具和珠宝等。

财富和收入不同。财富是指我们所有资财的价值，它取决于统计时点。经济学家称，财富是一个**存量**（stock variable），因为它的值在某个具体时点，比如 2010 年 1 月得到统计。收入是指我们生产商品和服务获得的报酬，它由一段时间决定。因此，经济学家称收入是一个**流量**（flow variable），它的值在某段时间，比如每个月得到统计。我们把部分收入储蓄起来时，财富便会增加。但这两个概念是有区别的：收入是我们的工作所得，财富是我们的资产净值。

由于现有资产增值、获得更多资产或负债减少，我们的财富值会出现增加。若你住宅附近的房价从 24 万美元涨至 40 万美元，则你的住宅价值也会上涨，从而使你拥有更多财富。若你把部分可支配收入用于购买股票，你将获得更多资产，使你的财富增加。或者，当你偿还一项汽车贷款后，你的债务会减少，你的财富值则相应增加。

由于资产贬值、资产减少或债务增加，我们的财富会出现下降。若你住宅附近的房价从 24 万美元跌至 20 万美元，则你的住宅价值也会下跌，从而使你的财富减少。若你把住房卖出去，把收回来的钱用来支付大学学费，则你的资产和财富将减

少。或者，你用信用卡为欧洲游支付3000美元，则你的财富也会减少。

财富增加，人们倾向于花更多开支购买商品和服务。财富减少，人们倾向于花较少支出购买商品和服务。这种关系可以表述如下：

$$\uparrow 财富 \to \uparrow C$$
$$\downarrow 财富 \to \downarrow C$$

经济学家通常称：财富和消费是直接相关的，两者同升同降。

---

习题 ☞

6. 财富和收入这两个概念有何区别？
7. 可支配收入下降，消费支出如何变化？财富减少，消费支出如何变化？

---

## □ 利 率

**利率**（interest rate）对总消费具有混合影响。对某些人来说，更高的利率会使他们减少消费；对另一些人来说，更高的利率会使他们增加消费。

但对贷款人而言，更高的利率会抑制借款行为和支出。对于借款消费的人们（如汽车购买者），消费支出在利率上升时会减少。

对储户而言，更高的利率会导致更高的支出。若你为了某个目的而储蓄，比如"从现在起，我要在3年内储蓄2万美元，以便能在生日时买下一套小公寓"，则利息收入增加意味着你每个月储蓄更少（花费更多）也能在3年内积累2万美元。

利率提高对总消费支出的净效应取决于经济体中借款人和贷款人的共同作用。最近几年来，贷款人起主导作用。因此，最近几年中，利率和消费支出朝相反方向变动。经济学家称：最近几年，利率和消费呈负相关。

## □ 信用可得性

2007—2009年间的经济危机表明，**信用可得性**（availability of credit）也很重要。若某人信用风险较高，但金融机构可索要一个和他风险相当的利率，则信用通常是可得的。对信用可得性的限制意味着某人愿意以与他或她的信用相匹配的利率借钱，但不能找到愿意以该利率给他或她贷款的人。

在通行利率水平下，信用可得性下降将使借款和支出减少，信用可得性上升将使借款和支出增加。也就是说，

$$\downarrow 信用可得性 \to \downarrow C$$
$$\uparrow 信用可得性 \to \uparrow C$$

经济学家通常称：信用可得性和消费直接相关，它们同升同降。

### □ 对未来的预期

消费者对未来经济走向的预期，尤其是对自己工作和经济条件前景的态度，会影响他们当前的消费决策。当人们担心会面临失业和工资减少风险时，经济学家称**消费者预期**（consumer expectations）变糟了。当人们对未来感到乐观时，经济学家称消费者预期改善了。

当消费者预期变糟时，人们倾向于削减支出。当消费者预期改善时，人们倾向于增加支出。我们可用以下方式表述这一点：

$$\downarrow 预期 \rightarrow \downarrow C$$
$$\uparrow 预期 \rightarrow \uparrow C$$

经济学家通常称：消费者预期和消费是直接相关的，它们同升同降。

**习题** ☞

8. 列出通常会影响消费支出的 5 种因素。针对每种因素，哪种变化（上升还是下降）会导致消费增加？

9. 若消费者今天获得 1 000 美元税收减免，但被告知下一年税收将增加 1 000 美元，这对他的消费支出有何影响？为什么？

## 消费函数和相关概念

宏观经济学通常用数学公式阐述问题。代数式是一种很有用的工具，接下来我们将上述对消费影响因素的讨论用代数公式表示和演算。

有的学生可能认为这样做不符合实际，但这只是一个分析模型，不需要太过现实。不妨举个飞机模型的例子。没人认为一个用轻质软木做成的 12 英寸大小的飞机模型，会包括一架波音 757 飞机的全部构造。若工程师想让波音飞机安全起飞、航行和降落，他就不得不考虑到实际中的行李架和漱洗室等细节方面。但对把握飞机和飞行基本原理而言，12 英寸大小的模型已经足够。

使用代数式也是出于同样考虑。消费支出取决于上述 5 种因素（且不考虑其他因素），为了突出宏观经济各层面相互作用的一些基本思路，我们不妨从一个简化模型开始。

### □ 消费函数

绝大多数会随时间推移发生变化的消费支出都和可支配收入有关。我们不是说全部，而是说绝大多数。出于该原因，也为了使数学模型更简单，经济学原理教科书着重分析消费支出和可支配收入之间的关系。经济学家称：消费支出的主要决定因素是可支配收入。

下面用数学公式表示消费支出 C 和可支配收入 YD 之间的关系。**消费函数**（consumption function）的一般形式，可用数学语言表示如下：

$$C=f(YD)$$

符号 $f$（·）读作"一个关于……的函数"，即"取决于"的意思。经济学家把上式读作"消费是一个关于可支配收入的函数"或"消费取决于可支配收入"。

**提示** ☞ ━━━━━━━━━━━━━━━━━━━━━━━━━━━━━━━━━

若你的教科书用 $C=f(Y)$，那也没错。本章末尾将解释为什么一些课本用可支配收入，另一些课本却用收入来表示其同消费支出的关系。

━━━━━━━━━━━━━━━━━━━━━━━━━━━━━━━━━━━━━━━━

数学上最容易处理的消费函数是线性消费函数。作图时，线性消费函数是一条直线。通常，一个线性消费函数具有如下形式：

$$C=<一个常数>+<另一个常数>\cdot YD$$

或者

$$C=a+b\cdot YD$$

例如，

$$C=50+0.8\times YD$$

上式是一个消费函数。也就是说，对于整个经济体，消费支出（某段时期内，如一个月或一年）等于一个常数 50（美元或十亿美元）加上可支配收入的 0.8 倍。

表 7—1 用该消费函数来计算每段时期的消费支出。注意数值都是虚拟的。经济学家称：这是一个假设的例子。在 1 月份，可支配收入为 1 000 十亿美元，因此该月的消费支出为 $50+0.8\times(1\,000)=850$，加上单位和美元符号，得消费支出为 850 十亿美元。

表 7—1                     用消费函数计算消费支出（十亿美元）

| | 可支配收入 | 代入公式 | 消费支出 |
|---|---|---|---|
| 1 月 | 1 000 | 50+0.8×1 000 | 850 |
| 2 月 | 1 200 | 50+0.8×1 200 | 1 010 |
| 3 月 | 500 | 50十0.8×500 | 450 |

当可支配收入在 2 月从 1 000 十亿美元升至 1 200 十亿美元时，消费支出也跟着上升。当可支配收入在 3 月份从 1 200 十亿美元降至 500 十亿美元时，消费支出也跟着下降。经济学家称，消费支出和收入同方向变动。

图 7—3 画出了这个消费函数。纵坐标和横坐标分别表示消费支出和可支配收入。函数式中的第一个常数 50 即横坐标截距，第二个常数 0.8 为直线斜率。

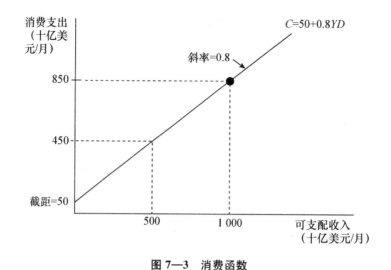

**图 7—3　消费函数**

消费函数描述居民消费支出和可支配收入之间的关系。图中消费函数公式为 $C=50+0.8YD$。纵轴截距为 50 十亿美元，斜率为 0.8。当每月可支配收入为 1 000 十亿美元时，消费支出为 850 十亿美元。当每月可支配收入为 500 十亿美元时，消费支出为 450 十亿美元。

**习题**

10. 假设消费函数为 $C=1\,000+0.75YD$，单位为每季度十亿美元。则

a. 当 $YD=2\,000$ 时，$C$ 为多少？

b. 当 $YD=3\,000$ 时，$C$ 为多少？

c. 当可支配收入为每季度 1 000 十亿美元时，消费支出为多少？

d. 画出这个消费函数，纵坐标的截距为多少？消费函数的斜率为多少？

## □ 储蓄

个人储蓄是指我们没有花在当前商品和服务消费上的可支配收入，即

$$S=YD-C$$

只要花在当前商品和服务消费上的支出小于可支配收入，我们便能有储蓄。储蓄的一方面目的是积累资产，增加支票账户、定期账户或退休金账户余额，或增加其他金融资产的价值。另一方面目的是降低债务或负债，如信用卡还款、学生贷款和购车贷款，等等。

只要知道可支配收入和消费，我们便能计算出储蓄余额。沿用上述例子，$C=50+0.8YD$，如表 7—2 所示，我们容易得出储蓄即可支配收入和消费之间的差额。在 2 月份，当可支配收入从 1 000 十亿美元增至 1 200 十亿美元时，储蓄便会增加。在 3 月份，当可支配收入从 1 200 十亿美元降至 500 十亿美元时，储蓄便会减少。

表 7—2　　　　　　　　　　计算储蓄余额（十亿美元）

| | 可支配收入 | 消费 | 储蓄 |
|---|---|---|---|
| 1 月 | 1 000 | 850 | 150 |
| 2 月 | 1 200 | 1 010 | 190 |
| 3 月 | 500 | 450 | 50 |

我们可以描绘出一条**储蓄函数**（saving function）线，由于储蓄等于可支配收入减去消费支出，即

$$S = YD - C$$

本例中，消费函数为 $C = 50 + 0.8YD$，代入储蓄函数有：

$$S = YD - C = YD - (50 + 0.8YD)$$
$$S = YD - 50 - 0.8YD$$
$$S = -50 + 1YD - 0.8YD$$
$$S = -50 + 0.2YD$$

图 7—4 描绘了该储蓄函数。纵轴表示储蓄，横轴表示可支配收入。常数项 -50 是纵轴截距，第二项系数 0.2 是直线斜率。根据表 7—2 中的储蓄余额，我们描绘出的储蓄函数线如图 7—4 所示。

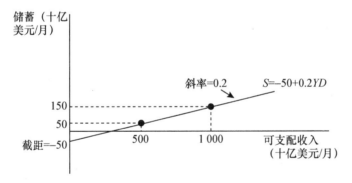

**图 7—4　储蓄函数**

储蓄函数描述居民储蓄和可支配收入之间的关系。图中消费函数公式为 $S = -50 + 0.2YD$。纵轴截距为 50 十亿美元，斜率为 0.2。当每月可支配收入为 1 000 十亿美元时，消费支出为 150 十亿美元。当每月可支配收入为 500 十亿美元时，消费支出为 50 十亿美元。

**习题** 👉

11. 假设消费函数为 $C = 1\,000 + 0.75YD$，单位为每季度十亿美元。

a. 若 $YD = 2\,000$（每季度 2 万亿美元），则 $S$ 为多少？

b. 若 $YD = 3\,000$，则 $S$ 为多少？

c. 若每季度可支配收入均比上一季度增加 1 万亿美元，则每季度的储蓄如何变化？

12. 画出上题中的储蓄函数线，纵轴截距和斜率分别为多少？

13. 为何偿还债务被视做是储蓄？

## □ 边际/平均消费倾向和边际/平均储蓄倾向

考察消费问题的一个重要概念是经济学家所谓的**边际消费倾向**（marginal propensity to consume）。边际意味着额外的，倾向意味着一种趋势。因此，边际消费倾向即指增加额外消费的趋势。

特别地，边际消费倾向告诉我们当可支配收入变动时，消费将如何变动。回想经济学家通常用希腊字母 $\Delta$ 表示变动。因此，边际消费倾向 $mpc$ 即

$$mpc = \frac{\Delta C}{\Delta YD}$$

不难发现，边际消费倾向等于消费函数的斜率。

**边际储蓄倾向**（marginal propensity to save）指额外增加的储蓄趋势。边际储蓄倾向 $mps$ 告诉我们当可支配收入变动时储蓄如何变动。$mps$ 即

$$mps = \frac{\Delta S}{\Delta YD}$$

不难发现，边际消费倾向等于储蓄函数的斜率。

概括地说，居民的可支配收入只有两种用途：消费和储蓄。因为每一美元的可支配收入要么用于消费要么用于储蓄，所以 $mpc$ 和 $mps$ 之和恒为 1。即

$$mpc + mps = \frac{\Delta C}{\Delta YD} + \frac{\Delta S}{\Delta YD} = \frac{\Delta C + \Delta S}{\Delta YD} = 1$$

边际消费倾向和边际储蓄倾向告诉我们消费者如何使用额外 1 美元可支配收入。若 $mpc$ 为 0.8（80%），则意味着额外增加的 1 美元可支配收入中有 80% 用于消费，剩下 20% 用于储蓄。同时，它也意味着若可支配收入额外减少了 1 美元，则消费将减少 80 美分，储蓄将减少 20 美分。

有时我们也想知道可支配收入中用于消费和储蓄的比率分别是多少。这便是**平均消费倾向**（average propensity to consume）和**平均储蓄倾向**（average propensity to save）。平均消费倾向 $apc$ 告诉我们，可支配收入中用于商品和服务消费的平均比例是多少。即

$$apc = \frac{C}{YD}$$

类似地，平均储蓄倾向 $aps$ 告诉我们，可支配收入中用于储蓄的平均比例是多少。经济学家也称之为居民储蓄比率或简称为**储蓄率**（saving rate），即

$$aps = 储蓄率 = \frac{S}{YD}$$

**习题** ☞

14. 假设消费函数为 $C = 1\,000 + 0.75YD$，单位为每季度十亿美元。

a. $mpc$ 为多少？$mps$ 为多少？

b. 若 $YD=2\,000$（每季度 2 万亿美元），则 $apc$ 为多少？$aps$ 为多少？

c. 若 $YD=3\,000$，则 $apc$ 为多少？$aps$ 为多少？

d. 随着可支配收入增加，平均消费倾向会出现下降，解释其原因。

## □ 征税或不征税， 可支配收入或收入

可支配收入等于收入加上转移支付，再减去税收。即 $YD=Y+TR-TA$。绝大多数教科书简单地将税收和转移支付之间的差额定义为净税收，从而可支配收入也就等于收入减去净税收，即 $YD=Y-T$。

**提示** ☞

上面两个 $YD$ 公式是同一回事，一些教科书忽略转移支付，直接定义 $YD=Y-T$。

注意不要弄错，一些教科书直接考虑政府税收，另一些教科书则预先假设不存在政府部门和税收，后面章节我们将引入政府部门和税收。

绝大多数经济学原理教科书都假设存在**定额税**（lump-sum taxes）。定额税是指不随收入变动而发生自动调整的一种税收。现实中，多数税收都不属于定额税，而属于另一种称做**比例税**（proportional tax）的税种，比例税以税基的一个比率来征收。

**提示** ☞

定额税在代数处理形式上比比例税简单，因此，多数基础教科书用定额税，而中级宏观教科书则用比例税。

如表 7—3 所总结的那样，不同税种会给经济变量带来不同影响。

表 7—3 不同税种的不同影响

| | 不征税 | 定额税 | 比例税 |
|---|---|---|---|
| 征税公式 | $T=0$ | $T=$常数 | $T=$税率$\cdot Y=tY$ |
| 例子 | $T=0$ | $T=100$ | $T=0.2Y$ |
| 语言表示 | 不征税 | 税收为常数 | 税收为收入的恒定比例 |
| 化简 $YD=Y-T$ | $YD=Y-0=Y$ | $YD=Y-T$<br>例子：$YD=Y-100$ | $YD=Y-tY=(1-t)Y$<br>例子：$YD=Y-0.2Y=0.8Y$ |
| $mpc=\Delta C/\Delta YD$ | $mpc=\Delta C/\Delta Y$ | $mpc=\Delta C/\Delta YD$ | $mpc=\Delta C/\Delta YD$ |
| $apc=C/YD$ | $apc=C/Y$ | $apc=C/YD$ | $apc=C/YD$ |
| 画出消费函数线 | $C$ 为纵轴，$Y$ 为横轴 | $C$ 为纵轴，$YD$ 为横轴 | $C$ 为纵轴，$YD$ 为横轴 |
| 化简 $C=a+bYD$ | $C=a+bY$ | $C=a+b\,(Y-T)$<br>$=a+bY-bT$<br>$=(a-bT)+bY$ | $C=a+b(Y-tY)$<br>$=a+b(1-t)Y$ |
| 纵轴截距 | $a$ | $a-bT$ | $a$ |
| 斜率 | $b$ | $b$ | $b(1-t)$ |

因为多数基础教科书不引入比例税，本章也不做详细讨论。由于假设不存在税收的教科书用一两章就推导出相关结论，因此我们也不对它们做详细讨论。本章后面部分假设税收是定额税，也就是税额是一个常数，不随收入变动而变动，只由政策决定。

## □ 消费函数的移动

本小节一开始我们便给出了普遍认为会影响消费支出的 5 种因素，它们分别是：

● 可支配收入。

● 财富。

● 利率（可能影响）。

● 信用可得性。

● 对未来的预期。

我们使用的消费函数为 $C=a+b \cdot YD$。

可支配收入 $YD$ 的变动将导致消费支出变动 $b \cdot \Delta YD$。即当 $YD$ 发生变动时，$\Delta C=b \cdot \Delta YD$。

这里，可支配收入因何变动并不重要。若收入 $Y$ 增加 100，则可支配收入也增加 100，则消费将增加 $b \cdot 100$。若净税收减少 100，则可支配收入增加 100，则消费也将增加 $b \cdot 100$。

其他因素，包括财富、利率、信用可得性和未来预期或除此之外的会影响消费的因素的改变，将通过 $a$ 的变化得到反映。若财富增加、利率下降、信用可得性增加或对未来的预期改善，则 $a$ 的值将变大。反之，若财富减少、利率上升、信用可得性减少或对未来的预期变糟，则 $a$ 的值将变小。

我们可以用图形描述这些效应。我们在图 7—5a 中描绘出消费函数线和可支配收入线，图中由可支配收入变动导致的消费的变化以消费函数线上点的移动表示，由其他因素变动导致的消费的变化以消费函数线的移动表示。

提示 ☞

记住理解图形的一般规则：若自变量用横轴或纵轴中的一者表示，则随着它的变动，我们将沿现存曲线移动；若自变量不用横轴或纵轴表示，则随着它的变动，我们将移动曲线本身。

当我们描画消费函数线和收入（不是可支配收入）函数线时，由收入变动导致的可支配收入的变化所引起的消费的变化，将使我们沿消费函数线移动，由税收变动导致的可支配收入的变化所引起的消费的变化，将使我们移动消费函数线本身。如前所述，由任何其他因素引起的消费的变动将通过消费函数线的移动表示。图 7—5b 描绘了这点。

习题 ☞

15. 以下各项陈述分别会对作为收入函数的消费造成怎样的影响？会使我们沿消费函数线移动还是移动消费函数线本身？若是移动消费函数线，则是上移还是下移？.若是沿消费函数线移动，则是左移还是右移？

a. 消费者体验费下降。

b. 税收减免。

c. 股价下跌。

d. 利率上升。

e. 信用可得性受限。

f. 消费者预期改善。

g. 消费者预期下一年的收入将减少，但目前尚未减少。

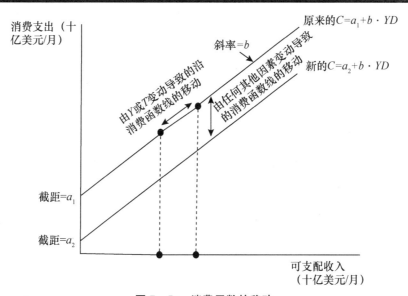

**图 7—5a　消费函数的移动**

当消费作为可支配收入的一个函数时，由可支配收入变动导致的消费效应通过沿消费函数线的移动表示。任何其他因素变动导致的消费效应则通过消费函数线的移动表示。

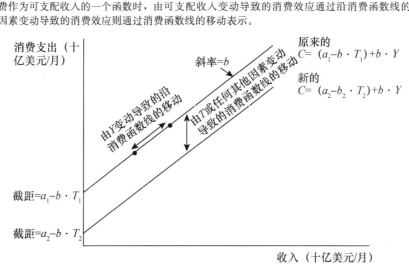

**图 7—5b　消费函数的移动**

当消费作为可支配收入的一个函数时，由收入变动导致的可支配收入变动所产生的消费效应，将通过沿消费函数线的移动表示。由税收变动导致的可支配收入变动所产生的消费效应，则通过消费函数线的移动表示。任何其他因素变动导致的消费效应也通过消费函数线的移动表示。

## 投资支出的决定因素

投资支出是指企业对**资本**（capital），包括新设备和新厂房的购买。注意我们在此考虑的是所有企业的总支出。哪些因素会使投资支出出现增加或减少？

通常，人们认为投资支出取决于下列四个因素：

- 利率。利率提高，投资支出减少。
- 所买的资本生产出的产品的预期收益。预期回报上升，投资支出增加。
- 资本价格。更高的资本价格，更少的投资支出。
- 资本使用成本。资本使用成本越高，投资支出越少。

上述因素可归结为两大类，即投资支出取决于利率和**资本的预期收益率**（expected rate of return on capital）。

**提示** ☞ ═══════════════════════════

记住：资本是指厂房和设备，不要误将货币理解成我们这里所说的资本，要想到企业用以生产商品和服务的有形资产。

═══════════════════════════════════

### □ 资本的预期收益率

资本的预期收益率是指使用资本所获得的净收益同购买该资本的成本之比，通常用百分比表示。严格地说，预期收益率的计算非常复杂，因此我把它留给金融专家，这里只需把握这个概念的意义即可。

举个例子。玛丽服装店正在寻找一个新的展架，该展架需要花费 500 美元。因此这个价位的展架质量一般，所以每到年底都必须进行更换。若购买该展架并将其投入使用，则能使收益增加 575 美元。由于售价为 500 美元，所以玛丽能额外获得 75 美元。因此，添置一个类似展架的预期收益率为75/500＝15％。

任何会改变预期收益率的因素都将影响投资支出，以下三个因素会影响预期收益率：

- 出售用该资本生产的产品所能带来的预期收益。更多的预期收益意味着更高的预期收益率。
- 资本价格。更高的资本价格意味着更低的预期收益率。
- 资本使用成本。资本使用成本越高，预期收益率越低。

这些因素和我们列出的影响投资支出的因素是一样的，这并非偶然。

利润最大化企业将会对比其收益和成本。购买该展架是否使利润增加？答案取决于预期收益率和利率的对比。收益是指购买和使用该资本增加的所得，成本是指借入资金购买该资产的成本。若收益大于成本，则应该购买该资产。若收益小于成本，则不应该购买该资产。

利润最大化企业遵循以下原则：

若预期收益率＞利率，则购买该资产；

若预期收益率<利率，则不购买该资产。

经济学家有时称之为**投资决策法则**（investment decision rule）。

## □ 何种利率？

当企业通过借入资金来购买资本时，经济学家称之为**外部融资**（external finance）。使用外部融资的成本即企业的借款利率。

接前面的例子，若玛丽服装店购买该展架，则预期收益是 75 美元，即占成本 500 美元的 15%。但若玛丽服装店必须以 18% 的利率借入资金来购买该展架，则融资成本即为 90 美元。因此，若玛丽服装店必须借钱才能购买该展架，则它就不应该添置该展架，因为 15% 的预期收益率低于 18% 的利率成本。

当企业只需通过出具支票便能购入资本时，情况会怎样？经济学家将企业通过使用自有资金来购买资本的行为称做**内部融资**（internal finance）。使用内部融资的成本是一种机会成本，它是企业放弃的原本可以获得的利息收入。

玛丽服装店预期从购买一个标价 500 美元的展架中能获得 15% 的收益率。假设银行的活期存款利率为 3%，因此也就意味着用企业自有资金购置该展架的机会成本为 3%。若玛丽服装店可以用支票形式购买该展架，则它便应该将其买下，因为 15% 的预期收益率远高于 3% 的机会成本。

**习题** ☞

16. 如何定义资本这一概念？

17. 假设购买和使用一台设备的预期收益率为 10%，试问在什么情形下利润最大化企业会购买该设备？

18. 假设贷款利率为 4%，则满足哪些条件的投资项目有利可图且应该付诸实施？

## □ 投资需求曲线

在利率较高的情形下，更少的投资项目——建造厂房和购买机器——的预期收益率会高于该利率水平。因此在较高的利率水平，企业将减少资本购买支出，投资支出也随之下降。

在利率较低的情形下，更多的投资项目——建造厂房和购买机器——的预期收益率会高于该利率水平。因此在较低的利率水平，企业将增加资本购买支出，投资支出也随之增加。

**提示** ☞

经济学家用投资来表示有形资本的购买。不要混淆，这里的投资和通常的股票、债券或其他金融资产无关。

**投资需求曲线**（investment demand curve）抓住了利率和投资支出之间关系的本质。图 7—6 描绘了一条投资需求曲线，纵轴表示利率，横轴表示投资支出数额，利率变动将使我们沿现存投资需求曲线移动。

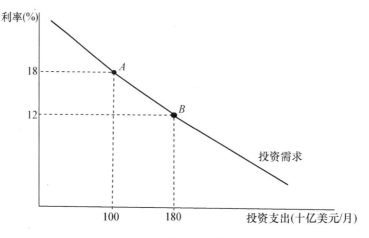

图 7—6　投资需求曲线

投资需求曲线描述对应于每个利率水平，企业花在有形资本（包括机器和厂房）上的资金数额。当利率变动时，我们将沿现存投资需求曲线移动。利率从 12% 升至 18%，将使每月投资支出从 1 800 亿美元降至 1 000 亿美元。当投资项目的预期收益率发生变动时，整条投资需求曲线将出现移动。

若有形资本的预期收益率出现变动，则投资需求曲线将发生移动。当企业对未来的预期更乐观时，它们认为投资收益会增加，这将提高预期收益率。有形资本使用成本的下降和资本获取成本的下降，会提高预期收益率。预期收益率的任何提高均会使整条投资需求曲线发生右移。

当企业对未来的预期更悲观时，它们认为投资收益会下降，这将降低预期收益率。有形资本使用成本的增加和资本获取成本的上升，会降低预期收益率。预期收益率的任何下降均会使整条投资需求曲线发生左移。

**习题** 👈

19. 以下各项陈述分别会对投资需求曲线产生什么影响？它们将使我们沿需求曲线移动还是移动需求曲线本身？若是需求曲线的移动，则将左移还是右移？若是沿需求曲线的移动，则经济体将沿需求曲线向左上方移动还是向右下方移动？

a.　利率上升。

b.　企业对未来的销售预期得到改善。

c.　生产耐用型设备的价格出现下跌。

## 政府支出的决定因素

政府对商品和服务的购买支出会出现变动，但政府支出的决定因素并非宏观经济学的关注点之一。相反，我们通常认为政府支出是外生因素，这意味着其决定因素和宏观经济的其他因素无关。

因此，我们一般隐含假设政府支出 $G$ 是一个常量，不随收入、利率或财富的变动而发生系统性的变动。

## 净出口支出的决定因素

净出口 $NX$ 指出口 $EX$ 和进口 $IM$ 之间的差额。出口支出主要取决于两个因素：国外居民收入和汇率。

当国外居民的收入增加时，国外居民的支出也会增加。国外居民购买的商品和服务中有些可能是美国生产的，因此国外居民的收入增加将使美国的出口增加。反之，国外居民的收入减少将使美国的出口下降。概言之，

$\uparrow$ 国外居民收入 $\rightarrow \uparrow EX$
$\downarrow$ 国外居民收入 $\rightarrow \downarrow EX$

**汇率**（exchange rate）是指两种货币之间的兑换比例。比如，美元和欧元之间的汇率是指购买 1 欧元所需支付的美元数额或购买 1 美元所需支付的欧元数额。

当汇率发生变动后，若需要用更多外币才能购买到相同数量的美元，则美国商品和服务的出口价格将会上升。国外居民将减少美国商品和服务的购买量，从而使美国出口下降。

当汇率发生变动后，若只需用较少外币便能购买到相同数量的美元，则美国商品和服务的出口价格将会下降。国外居民将增加美国商品和服务的购买量，从而使美国出口增加。概言之，

$\uparrow$ 1 美元的外币标价 $\rightarrow \downarrow$ 美国出口
$\downarrow$ 1 美元的外币标价 $\rightarrow \uparrow$ 美国出口

进口支出也主要取决于两个因素：美国居民的收入和汇率。当美国居民的收入增加时，美国居民的支出也会增加。美国居民购买的商品和服务中有些可能是国外生产的，因此美国居民的收入增加将使美国的进口增加。反之，美国居民的收入减少将使美国的进口下降。概言之，

$\uparrow$ 美国居民收入 $\rightarrow \uparrow IM$
$\downarrow$ 美国居民收入 $\rightarrow \downarrow IM$

当汇率发生变动后，若需要用更多美元才能购买到相同数量的外币，则国外商品和服务的进口价格将会上升。美国居民将减少国外商品和服务的购买量，从而使美国进口下降。当汇率发生变动后，若只需用较少美元便能购买到相同数量的外币，则国外商品和服务的出口价格将会下降。美国居民将增加国外商品和服务的购买量，从而使美国进口增加。概言之，

$$\uparrow 1\text{单位外币的美元标价} \rightarrow \downarrow \text{美国进口}$$
$$\downarrow 1\text{单位外币的美元标价} \rightarrow \uparrow \text{美国进口}$$

汇率会影响出口和进口。注意到单位美元的外币标价和单位外币的美元标价互为倒数这一点很重要，不妨举个例子。

假设购买 1 美元需要 0.80 欧元，则单位美元的标价为 0.8 欧元。即

$$\text{美元的欧元汇率} = \frac{0.8\ \text{欧元}}{1\ \text{美元}}$$

取上述分数的倒数即为单位欧元的美元标价。也就是

$$\text{欧元的美元汇率} = \frac{1\ \text{美元}}{0.8\ \text{欧元}} \times \frac{1.25}{1.25} = \frac{1.25\ \text{美元}}{1\ \text{欧元}}$$

因此，购买 1 欧元需要支付 1/0.8=1.25 美元。

由于美元的欧元汇率和欧元的美元汇率互为倒数，因此在单位欧元的美元标价下跌的同时，单位美元的欧元标价将上升。换言之，

$$\downarrow 1\text{单位外币的美元标价} \rightarrow \uparrow 1\text{单位美元的外币标价}$$
$$\uparrow 1\text{单位外币的美元标价} \rightarrow \downarrow 1\text{单位美元的外币标价}$$

经济学家将 1 单位外币的美元标价的下跌称做美元**升值**（appreciation），或者相对外币而言**美元出现升值**（rise of the dollar）。反之，将 1 单位外币的美元标价的上升称做美元**贬值**（depreciation），或者相对外币而言**美元出现贬值**（fall of the dollar）。

综上所述，出口和进口的决定因素概括如下。

出口取决于国外居民的收入和 1 美元的外币标价；进口取决于美国居民的收入和外币的美元标价。净出口等于出口和进口之间的差额。因此，我们有：

$$\uparrow \text{国外居民收入} \rightarrow \uparrow EX \rightarrow \uparrow NX$$
$$\downarrow \text{国外居民收入} \rightarrow \downarrow EX \rightarrow \downarrow NX$$
$$\uparrow \text{美国居民收入} \rightarrow \uparrow IM \rightarrow \downarrow NX$$
$$\downarrow \text{美国居民收入} \rightarrow \downarrow IM \rightarrow \uparrow NX$$
$$\uparrow 1\text{美元的外币标价} = \downarrow \text{外币的美元标价} \rightarrow \downarrow EX \text{ 且} \uparrow IM \rightarrow \downarrow NX$$
$$\downarrow 1\text{美元的外币标价} = \uparrow \text{外币的美元标价} \rightarrow \uparrow EX \text{ 且} \downarrow IM \rightarrow \uparrow NX$$

当美元升值或相对于外币出现升值时，美国的出口将下降，进口将增加，从而使净出口减少。当美元贬值或相对于外币出现贬值时，美国的出口将增加，进口将减少，从而使净出口增加。

习题 ☞

20. 以下各项陈述分别会对出口、进口和净出口产生什么影响？

a. 欧洲居民收入下降。

b. 美国居民收入下降。

c. 美元相对于欧元贬值。

## 小　结

本章囊括了许多内容，多数基础教科书会分几个章节介绍这些内容，下面的小结可能有助于你更好地理解它们。

| | 出现增加时 | 出现减少时 |
|---|---|---|
| 消费 | YD 增加<br>财富增加<br>利率下降<br>信用可得性增加<br>预期收益增加 | YD 减少<br>财富减少<br>利率上升<br>信用可得性减少<br>预期收益下降 |
| 投资 | 利率下降<br>预期收益率上升 | 利率上升<br>预期收益率下降 |
| 政府 | 外生决定 | |
| 净出口＝出口－进口 | 国外居民收入增加<br>美国居民收入下降<br>美元相对外币贬值 | 国外居民收入下降<br>美国居民收入增加<br>美元相对外币升值 |

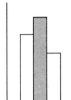

# 第8章

# 支出乘数

在短期宏观均衡中（根据第6章的分析），产出或实际GDP等于总需求。总需求或总支出等于消费、投资、政府支出和净出口支出的总和（根据第7章的分析）。但是，当初始支出发生变化时，产出会有什么不同呢？答案将在第8章揭晓——产出变化大于初始支出的变化。

某人的支出构成了其他人的收入。当我们的收入发生变化时，我们倾向于改变自己的支出。因此，支出的初始扩大会给其他人带来收入，其他人会把这些收入中的部分或全部花费掉，从而又给另一些人带来收入。这种循环会不断延续下去。这一系列事件被称做乘数过程。乘数描绘了由初始支出变化所导致的总支出的变化情况。乘数大小或数值取决于当我们的收入发生变化时，我们在国内商品上的开支发生了多大的变化。

**重要术语和概念**

| | |
|---|---|
| 乘数过程 | 比例税 |
| 乘数效应 | 比例税税率 |
| 凯恩斯交叉图 | 泄漏 |
| 乘数 | 边际进口倾向 |
| 乘数大小 | 开放经济体的乘数 |
| 定额税 | 封闭经济体的乘数 |

**重要公式**

$$乘数定义 = \frac{收入的变化总量}{支出的初始变化}$$

$$最简单的支出乘数 = \frac{1}{1-mpc}$$

$$\text{比例税下的乘数} = \frac{1}{1-(1-t) \cdot mpc}$$

$$\text{开放经济体的乘数} = \frac{1}{1-mpc+mpm}$$

## 乘数过程

支出的初始变化将使产出发生变化，产出的变化总量大于支出的初始变化。由于产出变化是支出的初始变化的 1 倍以上，经济学家通常称：当支出发生一个初始变化时，**乘数过程**（multiplier process）便开始发挥作用。

乘数过程是很直观的，只需要两个基础条件便能推出它的存在：

- 某人的支出即其他人的收入。
- 收入发生变化，则支出也发生变化。

支出改变收入，收入改变支出，支出又改变收入，收入又改变支出，如此循环往复，不断递推下去，便构成了乘数过程的本质。

乘数过程的作用是双向的。支出增加，则收入增加。那些获得更多收入的人，将花费更多支出。这样一来，其他人的收入便会增加，导致他们的支出也增加。其他人的支出增加，又会使另一些人的收入增加，而他们则又会增加支出。一轮一轮下去，循环往复直至无穷。经济体的收入变化总量是每一轮新增加收入的汇总，不难发现，支出的一个初始增加将大幅增加收入总量。

反之则反是。当某人的支出减少时，其他人的收入会下降。（记住：某人的支出即其他人的收入。）其他人的收入下降后，他们便会减少支出。这又意味着另一些人的收入会出现下降，而他们又会减少支出。一轮一轮下去，循环往复直至无穷。经济体的收入变化总量是每一轮新减少的收入的汇总，不难发现，支出的一个初始减少将大幅降低收入总额。

---

**提示** ☞
这里貌似颇难理解，但若你很好地领会了上述内容，则你便理解了乘数过程。

---

经济学家通常用更正式的数学公式来推导乘数过程。用文字简单地说：总支出的初始增加将使收入出现增加。当收入增加时，总支出将再次出现增加。总支出的每一次增加都将使收入增加。反过来，收入的每一次增加也都会使总支出增加。因此，收入变化总量即每一轮乘数过程中收入变化的汇总。

反之则反是。总支出的初始减少将使收入出现下降。当收入下降时，总支出将再次出现减少。总支出的每一次减少都将使收入下降。反过来，收入的每一次下降也都会使总支出减少。因此，收入变化总量也即每一轮乘数过程中收入变化的汇总。

---

**提示** ☞
注意第 6 章和第 7 章对概念所作的说明。一些教科书明确区分总需求和总支出，另一些教科书则不然。本章我们主要关注的是消费、投资、政府支出和净出口支出

的总额，总需求和总支出均指这一总额。

---

总需求的初始变化可能源于消费、投资、政府支出或净出口支出这四个总需求构成因素中的任何一个因素。总需求的后续变化则是指当收入发生变化时支出的变化。通常，会对收入变化做出回应的只有消费支出。（尽管并非一直都是这样，参见本章最后两小节。）阐述乘数过程的一种方式如图8—1所示。

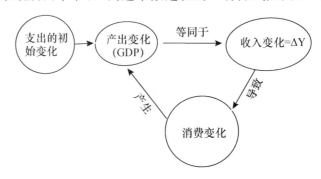

**图8—1 乘数过程**

乘数过程始于总支出的初始变化，随后将导致产出的变化，并使收入发生变化。收入变化又会导致消费支出的变化，后者反过来使产出和收入发生变化。同理，消费支出进一步发生变化……如此一轮一轮循环下去。

**乘数效应**（multiplier effect）也可以用**凯恩斯交叉图**（Keynesian cross diagram）来描述。如图8—2所示，由于存在乘数效应，当总需求增加时，均衡收入的增加将大于总需求的初始增加。

GDP的变化总量等于总支出的初始变化量和之后每一轮乘数过程中总支出的变化量之和。那么GDP会变化多少，也就是说乘数数值是多少呢？如我们将在下一小节分析的那样，答案取决于支出如何随收入的变化而变化。

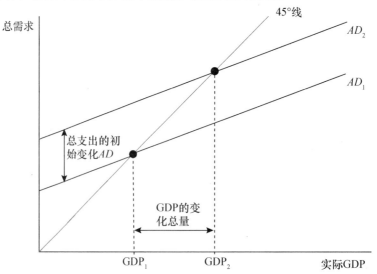

**图8—2 凯恩斯交叉图中的乘数效应**

乘数效应也可用凯恩斯交叉图描述。总需求的初始变化由两条需求曲线之间的纵轴距离表示，GDP的变化总量由两个均衡GDP之间的横轴距离表示。由于存在乘数过程，GDP的变化总量远大于总支出的初始变化。

宏观经济学思维

（所有习题的答案，参见本书后面。）

1. 当地方社区为铺路公司的服务支付一笔费用时，政府支出增加。铺路公司从供应商处购买焦油和砾石，并雇用新工人执行铺路任务。新员工在收到工资后，新买了家用电器并在地方餐馆聚餐庆祝。这一过程中的哪些活动属于支出的初始变化？哪些活动属于乘数效应？

2. 当地方学校的教师和训导员下岗时，政府支出会下降。因为刚刚失去工作，下岗的学校员工会取消他们的年度度假计划，并不再在外面用餐。由此导致地方餐馆的顾客减少，使后者不需要太多的服务员。餐馆辞退了部分雇员，被辞退的雇员将不得不减少度假开销。这一过程中的哪些活动属于支出的初始变化？哪些活动属于乘数效应？

3. a. 假设 $AD=100+0.8Y$，作一张凯恩斯交叉图，标出均衡实际GDP。

b. 假设总需求变为 $AD=250+0.8Y$，则新的均衡实际GDP为多少？在你针对 (a) 小题画出的凯恩斯交叉图上画出 $AD$ 线，并标出新的均衡实际GDP。

c. 当总需求曲线从 $AD=100+0.8Y$ 变为 $AD=250+0.8Y$ 时，支出的初始变化是多少？GDP 的变化总量是多少？

d. 填空：GDP 的变化总量大于支出的初始变化，是因为_____。

## 乘数大小

**乘数**（multiplier）告诉我们当出现总支出的某个初始变化时，GDP 的变化数量是多少。它是GDP 变化总量与总支出的初始变化之比。因为GDP 总等于 $Y$，所以乘数即 $Y$ 的变化总量与总支出的初始变化之比。概括如下：

$$乘数 = \frac{\text{GDP 的变化总量}}{\text{支出的初始变化}} = \frac{\text{收入的变化总量}}{\text{支出的初始变化}}$$

在图 8—2 中，乘数即两个均衡GDP 之间的横轴距离（GDP 的变化总量）和两条 $AD$ 线的纵轴距离（$AD$ 的初始变化）之比。

4. 若每年的GDP 变化总量和支出的初始变化分别为 4 000 亿美元和 1 000 亿美元，则乘数值为多少？

5. 若每年的GDP 下降总量和支出的初始下降分别为 5 000 亿美元和 2 000 亿美元，则乘数值为多少？

因为支出会随收入变化而变化，所以存在乘数过程。若在收入出现增加或减少时，人们不会改变支出情况，则乘数过程将不复存在。此时，GDP 的变化总量等于总支出的初始变化。

但支出确实会随收入变化而变化，出于该原因，乘数值将大于1。

那么，**乘数值**或**乘数大小**（size of the multiplier）究竟为多少？答案取决于支出如何随收入的变化而变化。

**提示** ☞

注意抓住问题的本质：乘数之所以存在，是因为某人的支出即其他人的收入，并且当人们的收入增加时，通常倾向于对支出进行调整。

多数教科书以最简单的例子开始，我们不妨也这么做。下面是两个前提假设：

● 假设1：税收不随收入变化而变化。此时，收入 $Y$ 的任何改变等于可支配收入 $YD$ 的改变，即 $\Delta Y = \Delta YD$。

● 假设2：当收入发生变化时，消费支出是 $C+I+G+NX$ 中唯一变化的要素。此时，当总支出发生初始变化后，支出的所有后续变化均指消费支出的变化。

根据第7章引进的**边际消费倾向**（marginal propensity to consume，$mpc$）定义，有

$$mpc = \frac{\Delta C}{\Delta YD}$$

上式两边同乘 $\Delta YD$，得到下式。下式直接给出了当可支配收入发生变化时的消费变化总量：

$$\Delta C = mpc \times \Delta YD$$

现在我们便能阐述乘数发挥作用的原理。为使例子更简单易懂，我们不妨使用数值例子。进一步给出以下假设：

● 总支出的初始变化（$\Delta$ 支出）为 +1 万亿美元。

● 边际消费倾向（$mpc$）为 0.8。

● 只有消费会随收入的变化而变化。

总支出初始增加1万亿美元将使产出和收入额外增加1万亿美元。由于我们假设税收不发生变化，所以可支配收入也将增加1万亿美元。

可支配收入增加1万亿美元后，居民支出会增加。消费的变化数量等于可支配收入和边际消费倾向之积，即1万亿美元乘以0.8等于8 000亿美元。8 000亿美元消费支出的增加会使产出和收入进一步增加8 000亿美元，由于税收保持不变，所以可支配收入也将进一步增加8 000亿美元。

上述过程会一直持续下去。当可支配收入增加8 000亿美元后，获得这笔收入的居民会增加他们的开支。消费增加的数量仍等于可支配收入的变化数量和边际消费倾向之积，即8 000亿美元乘以0.8等于6 400亿美元。同理，消费支出增加了6 400亿美元将使产出和收入再次增加6 400亿美元，又由于税收不发生变化，所以可支配收入又会增加6 400亿美元。

一轮一轮下去，某些人的支出增加构成了另一些人的收入增加，后者反过来又会增加他们的开支。表8—1描述了这里的4轮乘数过程。

宏观经济学思维

表 8—1

| 轮次 | 支出的初始变化（十亿美元） | $\Delta Y = \Delta YD$（十亿美元） |
|---|---|---|
| 1 | 支出的初始变化＝1 000 | 1 000 |
| 2 | $\Delta C = \Delta YD \cdot mpc = 1\,000 \times 0.8 = 800$ | 800 |
| 3 | $\Delta C = 800 \times 0.8 = 640$ | 640 |
| 4 | $\Delta C = 640 \times 0.8 = 512$ | 512 |

**乘数过程**（支出的初始变化＝1 万亿美元，$mpc = 0.8$）

**习题** ☞

6. 作一张类似于表 8—1 的表格。假设支出初始下降了 1 万亿美元，且 $mpc$ 为 0.75。在表格中完成前 3 轮乘数过程。

收入和产出的变化总量是每一轮乘数过程消费支出变化的总和。上例中，有

收入的变化总量＝1 000＋800＋640＋512＋…（单位：十亿美元）

计算上式之和需要一点数学常识。我们不妨将上式写成：

收入的变化总量＝1 000＋1 000×0.8＋800×0.8＋640×0.8
＋…（单位：十亿美元）

由于每一轮可支配收入的变化数量本身均是前一轮支出变化和 $mpc$ 之积，所以我们有：

收入的变化总量＝1 000＋1 000×0.8＋(1 000×0.8)×0.8＋[(1 000
×0.8)×0.8]×0.8＋…（单位：十亿美元）

化简上式，得

收入的变化总量＝1 000＋1 000×0.8＋1 000×$0.8^2$＋1 000×$0.8^3$
＋…（单位：十亿美元）

提取公因数 1 000，得

收入的变化总量＝1 000[1＋0.8＋$0.8^2$＋$0.8^3$＋…]（单位：十亿美元）

若你已经学过无穷项等比数列的求和公式，则很容易就能计算出上式之和。若你没有学过，则记住以下结果就行。即

$$1 + 0.8 + 0.8^2 + 0.8^3 + \cdots = \frac{1}{1 - 0.8}$$

因此，

$$收入的变化总量 = 1\,000 \times \left(\frac{1}{1 - 0.8}\right)$$
$$= 1\,000 \times \left(\frac{1}{0.2}\right)$$
$$= 1\,000 \times 5$$

$$=5\,000\text{(单位：十亿美元)}$$

通常，若假设税收不随收入的变化而变化，且假设消费支出是唯一会随收入的变化而变化的支出类型，则由总支出的初始变化导致的收入的变化总量如下所示。即

$$\text{收入的变化总量}=\text{支出的初始变化}\times\left(\frac{1}{1-mpc}\right)$$

同理，若假设税收不随收入的变化而变化，且假设消费支出是唯一会随收入的变化而变化的支出类型，则乘数值或乘数大小如下所示。即

$$\text{乘数}=\frac{1}{1-mpc}$$

上述乘数公式中包含了边际消费倾向 $mpc$，因为它表示当可支配收入发生变化时我们会对支出做出怎样的相应调整。

不难发现，乘数值将随 $mpc$ 的变大而变大。表 8—2 给出了一组不同 $mpc$ 所对应的不同乘数值。当 $mpc$ 变大时，每一轮乘数过程中的支出越大，由总支出的任何初始变化导致的收入变化总量也越大。

若 $mpc$ 等于 0，则乘数值将为 1。此时，只存在一轮乘数过程，支出和收入将不发生后续变化。收入的变化总量等于总支出的初始变化。

若 $mpc$ 等于 1，则乘数值将趋向无穷大。此时，每一轮乘数过程都和前一轮相同。在表 8—1 的例子中，每一轮乘数过程都将使支出额外增加 1 万亿美元。由于每一轮的支出数量不会出现下降，它们将不会收敛于一个有限值，因此产出和收入的变化总量将会趋向无穷大。

**表 8—2　乘数值（假设税收不随收入的变化而变化，且只有消费支出会随收入的变化而变化）**

| $mpc$ | 乘数 |
| --- | --- |
| 0 | 1 |
| 0.5 | 2 |
| 0.6 | 2.5 |
| 0.7 | 3.33 |
| 0.8 | 5 |
| 0.9 | 10 |
| 1 | 无穷大 |

总支出的任何初始变动都将产生乘数过程。乘数定义公式如下：

$$\text{乘数}=\frac{\text{收入的变化总量}}{\text{支出的初始变化}}$$

无论总支出的初始变化发生在投资支出、政府支出、出口支出还是自主消费支出上，乘数过程均会起作用。一些教科书对它们作了明确区分，即

$$投资支出乘数 = \frac{收入的变化总量}{投资支出的初始变化} = \frac{1}{1-mpc}$$

$$政府支出乘数 = \frac{收入的变化总量}{政府支出的初始变化} = \frac{1}{1-mpc}$$

$$出口支出乘数 = \frac{收入的变化总量}{出口支出的初始变化} = \frac{1}{1-mpc}$$

不难发现，上述定义其实都是同一回事。只要我们假设税收不随收入变化而变化，且假设消费支出是唯一会随收入变化而变化的支出类型，则乘数值公式如下所示：

$$乘数 = \frac{1}{1-mpc}$$

## □ 支出减少时的乘数效应

当支出减少时，会发生什么情况？相同的乘数过程仍然会起作用。支出减少通过解雇工人或降低工资等途径，使居民的收入减少。当居民失去工作或工资下降后，便会减少支出。居民的支出减少，其他居民提供的工作也许就不再需要，从而导致更多解雇或降低工资行为。这些居民发现收入减少后，显然会减少支出。如此一轮一轮循环下去。

当总支出减少后，每一轮乘数过程将经历四个阶段：支出减少、产出下降、工人遭解雇，以及收入减少。同理，产出和收入的减少总量也远大于支出的初始减少数量，但具体为多少呢？答案仍然取决于乘数大小。

这里，乘数公式和前文所述一样。即当我们假设税收不随收入变化而变化，且假设消费支出是唯一会随收入变化而变化的支出类型时，乘数值由以下公式决定。即

$$乘数 = \frac{1}{1-mpc}$$

假设每年的投资支出减少 3 000 亿美元，$mpc$ 为 0.75，且税收不随收入变化而变化。那么，每年产出和收入的减少总量将等于 3 000 亿美元 $\times [1/(1-0.75)] = 1.2$ 万亿美元。

---

**习题** ☞

7. 若支出的初始变化为 $-1\,000$，$mpc$ 为 0.75，则产出和收入的变化总量为多少？

8. 若支出的初始变化为 $+200$，$mpc$ 为 0.4，则产出和收入的变化总量为多少？

9. 若 $mpc$ 为 0，则乘数值为多少？解释其原因。

10. 若 $mpc$ 为 1，则乘数值为多少？解释其原因。

11. 当 $mpc$ 变大时，乘数值是变大还是变小？解释其原因。

决定乘数值或乘数大小的关键，是要知道当收入发生变化时国内商品和服务将如何变化。最简单的乘数，即假设税收不随收入变化而变化，且假设消费支出是唯一会随收入变化而变化的支出类型时的乘数值只取决于边际消费倾向 $mpc$。但当我们对税收和支出如何随收入变化而变化的假设有所不同时，乘数公式便会发生变化。

## 较复杂的乘数： 引入税收

当我们假设税收是**定额税**（lump-sum taxes）时，税收将不随收入变化而变化。定额税和收入无关，它只是一个固定的纳税额度。经济学家通常将定额税表示如下：

定额税 $T=\overline{T}$（例如,$T=1\,000$ 亿美元）

当税收是定额税时，乘数的简化形式 $1/(1-mpc)$ 仍然成立。

但若我们假设税收采取**比例税**（proportional taxes）的形式，则税收显然会随收入变化而变化。比例税是收入的一个常数比例。**比例税税率**（proportional tax rate）$t$ 是收入中用于赋税所占的比例。经济学家通常将比例税表示如下：

比例税 $T=tY$（例如,$T=0.2Y$）

此时，乘数的简化形式 $1/(1-mpc)$ 将不再成立。

当存在比例税时，可支配收入的变化将有别于收入的变化，税收的变化数量将等于比例税税率 $t$ 乘以收入变化之积。即

$$\Delta YD=\Delta Y-\Delta T=\Delta Y-t\cdot\Delta Y=(1-t)\cdot\Delta Y$$

习题 ☞

12. 若收入每年增加 1 万亿美元，且比例税税率为 20%，则年度税收收入如何变化？可支配收入如何变化？

13. 若每年收入减少 5\,000 亿美元，且比例税税率为 30%，则年度税收收入如何变化？可支配收入如何变化？

现在，乘数过程将略有不同地展开，但基本理念并无变化。

- 某人的支出即构成另外某些人的收入。
- 当某些人的收入发生变化后，其支出也会发生变化。

这里还需加上一条：

- 当某人的收入发生变化后，其纳税额度也会发生变化。

图8—3阐述了存在比例税时的乘数过程。

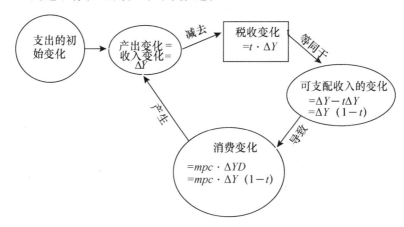

**图8—3　比例税下的乘数过程**

同样地，总支出的初始变化导致产出和收入的变化。当税收占收入一定比例时，税收将随收入变化而发生变化。收入变化减去税收变化即可支配收入的变化。可支配收入发生变化的人们会调整其消费支出。为满足消费的这一变化，产出将会增加或减少，由此导致新一轮乘数过程。

相对于定额税而言，存在比例税情形下的收入的变化总量相对较小。在每一轮乘数过程中，消费支出的变化将小于定额税下的情形。在比例税下，收入变化中有一定比例被用于纳税，使可支配收入的变化比定额税情形下要小。

经济学家用**泄漏**（leakage）一词描述比例税给乘数过程造成的影响。当存在比例税时，部分潜在支出将"泄漏"到经济体中。

表8—3给出了一个数值例子。我们的假设和前面一样，不过需增加比例税这一点。

- 总支出的初始变化＝＋1万亿美元。
- 边际消费倾向 $mpc=0.8$。
- 比例税税率 $t=0.3$。

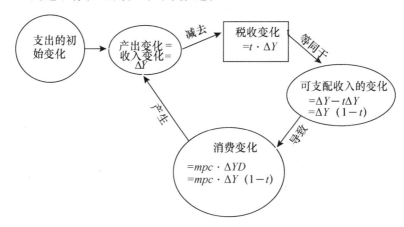

**表8—3　　比例税下的乘数过程（支出的初始变化＝1万亿美元，$mpc=0.8$，$t=0.3$）**

| 轮次 | 支出变化<br>（十亿美元） | $\Delta Y$<br>（十亿美元） | $\Delta T$<br>（十亿美元） | $\Delta YD$<br>（十亿美元） |
|---|---|---|---|---|
| 1 | 支出的初始变化—<br>1 000 | 1 000 | 0.3×1 000＝300 | 1 000－300＝700 |
| 2 | $\Delta C=\Delta YD \cdot mpc=$<br>700×0.8＝560 | 560 | 0.3×560＝168 | 560－168＝392 |
| 3 | $\Delta C=$392×0.8＝<br>313.60 | 313.60 | 0.3×313.60＝94.08 | 313.60－94.08＝<br>219.52 |
| 4 | $\Delta C=$219.52×0.8＝<br>175.62 | 175.62 | 0.3×175.62＝52.68 | 175.62－52.68＝<br>122.94 |

此时，产出和收入的变化总量将是2.273万亿美元，它同样是一个无穷等比数列之和。

$$收入的变化总量=1\,000+560+314+176+\cdots$$
$$=1\,000+1\,000\times(1-0.3)\times0.8+[1\,000\times(1-0.3)$$

$$\times 0.8] \times (1-0.3) \times 0.8 + \cdots$$
$$=1\,000+1\,000 \times (1-0.3) \times 0.8+1\,000 \times [(1-0.3)$$
$$\times 0.8]^2+\cdots$$
$$=1\,000 \times \{1+(1-0.3) \times 0.8+[(1-0.3) \times 0.8]^2$$
$$+\cdots\}(单位：十亿美元)$$

**习题** ☞

14. 作一张类似于表 8—3 的表格。假设支出初始下降了 1 万亿美元，且 $mpc$ 为 0.75，比例税税率为 20%。在表格中完成前 3 轮乘数过程。

这是一个无穷数列，该数列中：
$$1+(1-0.3) \times 0.8+[(1-0.3) \times 0.8]^2+[(1-0.3) \times 0.8]^3+\cdots$$
$$=\frac{1}{1-(1-0.3) \times 0.8}$$

因此，
$$产出和收入的变化总量=1\,000 \times \frac{1}{1-(1-0.3) \times 0.8}$$
$$=1\,000 \times \frac{1}{1-0.7 \times 0.8}$$
$$=1\,000 \times \frac{1}{1-0.56}$$
$$=1\,000 \times \frac{1}{0.44}=1\,000 \times 2.273$$
$$=2\,273(单位：十亿美元)$$

不难发现，当存在比例税时，收入的变化总量将大于定额税下的情形。支出的初始变化同样是 1 万亿美元，$mpc$ 也同样是 0.8，在定额税下 GDP 和 $Y$ 的变化总量为 5 万亿美元，但在 30% 的比例税下，其变化总量只有 2.273 万亿美元。

这里，乘数取值仍可通过如下定义公式得出：
$$乘数=\frac{GDP 的变化总量}{支出的初始变化}=\frac{Y 的变化总量}{支出的初始变化}$$

本例中，乘数为 2.273 万亿美元/1 万亿美元＝2.27。

当我们假设税收占收入一个固定比例，且假设消费支出是唯一会随收入变化而变化的支出类型时，则乘数公式如下所示：
$$乘数=\frac{1}{1-(1-t) \cdot mpc}$$

**提示** ☞

注意公式中的分母。若不小心将 $mpc$ 乘以（1－税率）当做分母，忽略前面还有一个"1－"，并直接取其倒数，则你会得到错误的乘数值。

宏观经济学思维

如简单乘数情形一样，$mpc$ 越大，乘数也越大。较大的 $mpc$ 意味着相对于较小的 $mpc$ 而言，当可支配收入增加时，消费者支出的比例更高。消费支出越大，产出和收入的变化总量也越大，从而乘数值也越大。

当我们纳入比例税税率 $t$ 时，税率越高，乘数值将越小。更高的税率对于任何给定的收入变化而言，可支配收入的变化将更少。在每一轮乘数过程的支出变化中，可支配收入的较小变化（由更高税率所致）将导致消费支出的较小变化。由于每一轮消费支出的变化变小了，产出和收入的变化总量也会跟着变小。因此，存在比例税情形下的支出乘数值更小。

表 8—4 给出了不同 $mpc$ 和税率组合所对应的不同乘数值。注意到当税率保持不变时，乘数将随 $mpc$ 变大而变大。当 $mpc$ 保持不变时，乘数将随税率升高而变小。

**表 8—4　比例税情形下的乘数值（假设存在比例税，且只有消费支出会随收入变化而变化）**

| $mpc$ | 税率 | 计算步骤 | 乘数值 |
|-------|------|----------|--------|
| 0.5 | 0.1 | $1/[1-(1-0.1)\times0.5]=1/0.55$ | 1.82 |
| 0.6 | 0.1 | $1/[1-(1-0.1)\times0.6]=1/0.46$ | 2.17 |
| 0.7 | 0.1 | $1/[1-(1-0.1)\times0.7]=1/0.37$ | 2.70 |
| 0.8 | 0.1 | $1/[1-(1-0.1)\times0.8]=1/0.28$ | 3.57 |
| 0.8 | 0.2 | $1/[1-(1-0.2)\times0.8]=1/0.36$ | 2.78 |
| 0.8 | 0.3 | $1/[1-(1-0.3)\times0.8]=1/0.44$ | 2.27 |
| 0.8 | 0.4 | $1/[1-(1-0.4)\times0.8]=1/0.52$ | 1.92 |

**习题** ☞

15. 若支出的初始变化 $=-1\,000$，$mpc=0.75$，税率 $=0.2$，则产出和收入的变化总量为多少？

16. 若支出的初始变化 $=+200$，$mpc=0.4$，税率 $=0.1$，则产出和收入的变化总量为多少？

17. 若税率 $=1$，则乘数值为多少？解释其原因。

18. 当税率提高时，乘数值是变大还是变小？解释其原因。

## 较复杂的乘数：引入进口

在推导最简单的乘数 $1/(1-mpc)$ 时，我们作了两个基础假设，即假设 1：税收不随收入变化而变化；假设 2：当收入发生变化时，消费支出是唯一一变化的要素。在这两个假设前提下，乘数公式恒成立。产出和收入的变化总量将等于总支出的初始变化的 $1/(1-mpc)$ 倍。前一小节中，我们对假设 1 作了修正，假设存在比例税。本小节，我们将对假设 2 进行修正，即当消费和进口均会随收入的变化而变化时，乘数公式是怎样的？显然，它会比简化形式复杂一些。

记住，进口是总需求的构成之一。当我们进口更多商品和服务时，更多的支出将流向国外，并扩大那里的就业水平。经济学家有时称：进口是一种泄漏。

这里，我们做出以下两个假设：

● 假设 1：税收不随收入的变化而变化。
● 假设 2：消费支出和进口将随收入的变化而变化。

此时，乘数过程将如何起作用？

总支出的初始变化将导致产出和收入发生变化。假设税收是定额税，则收入的变化 $\Delta Y$ 即可支配收入的变化 $\Delta YD$。

和往常一样，当居民可支配收入增加时，他们会对消费支出进行调整。由于居民购买的部分商品和服务是国外生产的，所以进口会发生变化。

国内商品和服务上的总支出的净效应是消费变化数量 $\Delta C$ 和进口变化数量 $\Delta IM$ 之间的差额。即

$$支出的变化 = \Delta C - \Delta IM$$

产出会对国内商品和服务的新需求做出调整，从而使相关居民的收入发生变化。类似地，消费和进口会发生进一步变化，其反过来又会使产出、收入和可支配收入发生变化。一轮接着一轮，乘数过程将不断持续下去。图 8—4 阐述了这一点。

相对于不存在进口的情形，收入的变化总量在存在进口的情形下较小。在每一轮乘数过程中，国内商品和服务需求的净变化将小于消费支出的变化。

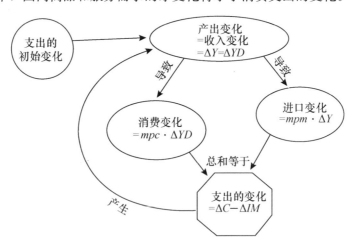

**图 8—4　进口和定额税下的乘数过程**

同之前一样，总支出的初始变化导致产出和收入的变化。由于税收是定额税，所以收入的变化等于可支配收入的变化。可支配收入发生变化的人们会调整其消费支出。同时，收入变化会导致进口变化。国内商品和服务上的总支出的净变化，等于消费支出的变化减去出口的变化之差。为满足总需求的这一变化，产出将做出相应调整，由此导致新一轮乘数过程。

## □ 一个数值例子

为了用数值例子阐述上面的推断，我们需要引进**边际进口倾向**（marginal propensity to import）的概念。边际进口倾向 $mpm$ 即为进口的变化数量同收入的变化数量之比。即

$$mpm = \frac{\Delta IM}{\Delta Y}$$

上式两边同乘以 $\Delta Y$，得到下式，即为收入发生变化时进口的变化总量：

$$\Delta IM = mpm \times \Delta Y$$

**提示** ☞

绝大多数教科书用 $mpm$ 或 $mpi$ 表示边际进口倾向，我们这里用 $mpm$ 表示边际进口倾向。

表 8—5 描绘了存在进口情形下的乘数过程，一些基础假设如下：

- 总支出的初始变化＝＋1 万亿美元。
- 边际消费倾向 $mpc = 0.8$。
- 边际进口倾向 $mpm = 0.3$。
- 实施定额税，因此 $\Delta Y = \Delta YD$。

**表 8—5**           存在进口和定额税情形下的乘数过程

（支出的初始变化＝1 万亿美元，$mpc = 0.8$，$mpm = 0.3$）

| 轮次 | 支出变化<br>（十亿美元） | $\Delta Y = \Delta YD$<br>（十亿美元） | $\Delta C = mpc \times \Delta YD$<br>（十亿美元） | $\Delta IM = mpm \times \Delta Y$<br>（十亿美元） |
|---|---|---|---|---|
| 1 | 支出的初始变化＝1 000 | 1 000 | 0.8×1 000＝800 | 0.3×1 000＝300 |
| 2 | $\Delta C - \Delta IM = 800 - 300 = 500$ | 500 | 0.8×500＝400 | 0.3×500＝150 |
| 3 | $\Delta C - \Delta IM = 400 - 150 = 250$ | 250 | 0.8×250＝200 | 0.3×250＝75 |
| 4 | $\Delta C - \Delta IM = 200 - 75 = 125$ | 125 | 0.8×125＝100 | 0.3×125＝37.5 |

**习题** ☞

19. 若每年收入增加 1 万亿美元，边际进口倾向为 15%，则进口的年度变化为多少？

20. 若每年收入减少 5 000 亿美元，边际进口倾向为 20%，则进口的年度变化为多少？

21. 作一张类似于表 8—5 的表格。假设支出初始下降 1 万亿美元，且 $mpc$ 为 0.75，边际进口倾向为 25%。在表格中完成前 3 轮乘数过程。

这里，产出和收入的变化总量仍然是一个无穷等比数列之和。即

$$\text{收入的变化总量} = 1\,000 + 500 + 250 + 125 + \cdots$$

$$=1\,000+1\,000\times(0.8-0.3)+[1\,000\times(0.8-0.3)]$$
$$\times(0.8-0.3)+\cdots$$
$$=1\,000+1\,000\times(0.8-0.3)+1\,000\times(0.8-0.3)^2+\cdots$$
$$=1\,000\times[1+(0.8-0.3)+(0.8-0.3)^2+\cdots](单位：十亿美元)$$

这是一个无穷数列的求和，该数列中，

$$1+(0.8-0.3)+(0.8-0.3)^2+\cdots=\frac{1}{1-(0.8-0.3)}$$

因此，

$$产出和收入的变化总量=1\,000\times\frac{1}{1-(0.8-0.3)}$$
$$=1\,000\times\frac{1}{1-0.5}$$
$$=1\,000\times\frac{1}{0.5}$$
$$=1\,000\times2=2\,000(单位：十亿美元)$$

根据前文可知，在实施定额税且不存在进口的情形下，支出的初始变化为 1 万亿美元，且 $mpc$ 为 0.8 时，产出和收入的变化总量将达到 5 万亿美元。此时，若存在进口且 $mpm$ 为 0.3，支出的初始变化为 1 万亿美元将使产出和收入的变化总量降至 2 万亿美元。

但这并不影响乘数的定义，即

$$乘数=\frac{收入的变化总量}{支出的初始变化}$$

乘数过程也一样：总支出的初始变化导致一轮又一轮的产出、收入和支出的变化。

不难发现，所改变的只是乘数值的计算公式，即假设税收不随收入变化而变化，且消费和进口均会随收入变化而变化，则乘数值的计算公式为：

$$乘数=\frac{1}{1-mpc+mpm}$$

经济学家称之为**开放经济体的乘数**（open economy multiplier）。

同样地，$mpc$ 越大，乘数值越大。这一结论并未改变，且不管乘数有多复杂，它也不会改变。在每一轮乘数过程中，居民消费的商品和服务越多，由总支出的初始变化导致的产出和收入的变化总量就越大。

在开放经济体中，我们需引进边际进口倾向 $mpm$ 这一新术语。$mpm$ 越大，乘数值越小。更大的 $mpm$ 意味着对任意给定的收入变化，进口的变化将更大。每一美元的进口都是我们经济体的一种泄漏。进口支出会刺激其他经济体的就业并增加它们的收入。因此，当其他条件不变时，我们花在进口上的支出越多，对国内商品和服务的需求的变化就越小。我们对国内商品和服务的需求的变化越小，每一轮乘数过程中产出和收入的变化也越小。每一轮乘数过程中产出和收入的变化越小，产出和收入的变化总量势必越小。因此，边际进口倾向越大，则支出乘数越小。

当进口会随国内居民收入的变化而变化时，GDP 和收入的波动幅度将更小。不管总支出、产出和收入是增加还是下降，该结论均成立。当总支出一开始增加时，我们的进口倾向意味着并非所有支出增加都花在国内商品和服务上，从而只刺激国内的就业和增加国内居民的收入。在不存在进口的情形下，乘数过程的作用将更小。

当总支出一开始出现下降时，进口倾向也意味着我们消费的国外生产的部分商品和服务将会减少，从而使进口下降。由于我们减少消费的商品和服务中部分是由本国生产的，所以国内产出也将下降。但因为部分支出原本花在进口上，当我们削减支出时，可能会导致其他经济体的失业率相应升高。因此在不存在进口的情形下，乘数过程对本国经济的影响相对而言将更小。

表 8—6 给出了与不同 $mpc$ 和 $mpm$ 组合相对应的不同乘数值。注意到当 $mpm$ 保持不变时，乘数将随边际消费倾向 $mpc$ 变大而变大。当 $mpc$ 保持不变时，乘数将随边际进口倾向变大而变小。

**表 8—6**  开放经济体下的乘数值（假设存在定额税，且消费和进口支出均会随收入变化而变化）

| $mpc$ | $mpm$ | 计算步骤 | 乘数值 |
|-------|-------|----------|--------|
| 0.5 | 0.1 | $1/[1-(0.5-0.1)]=1/0.6$ | 1.67 |
| 0.6 | 0.1 | $1/[1-(0.6-0.1)]=1/0.5$ | 2.00 |
| 0.7 | 0.1 | $1/[1-(0.7-0.1)]=1/0.4$ | 2.50 |
| 0.8 | 0.1 | $1/[1-(0.8-0.1)]=1/0.3$ | 3.33 |
| 0.8 | 0.2 | $1/[1-(0.8-0.2)]=1/0.4$ | 2.50 |
| 0.8 | 0.3 | $1/[1-(0.8-0.3)]=1/0.5$ | 2.00 |
| 0.8 | 0.4 | $1/[1-(0.8-0.4)]=1/0.6$ | 1.67 |

在存在进口的情形下，产出和收入的变化相对较小。经济学家称：开放经济体的乘数小于**封闭经济体的乘数**（closed economy multiplier）。当我们把部分收入花在进口商品和服务上时，产出和收入的波动——不管增加还是减少——都将变小。

**习题** ✍

22. 若支出的初始变化＝－1 000，$mpc=0.75$，$mpm=0.25$，则产出和收入的变化总量为多少？

23. 若支出的初始变化＝＋200，$mpc=0.4$，$mpm=0.1$，则产出和收入的变化总量为多少？

24. 若边际进口倾向等于边际消费倾向，则乘数值为多少？解释其原因。

25. 当边际进口倾向变大时，乘数值是变大还是变小？解释其原因。

## 小　结

注意乘数定义公式和乘数值计算公式之间的区别。乘数定义在任何情形下都不变，即

$$乘数 = \frac{收入的变化总量}{支出的初始变化}$$

它不取决于我们对哪些因素会随收入变化而发生变化的假设。

但乘数值的计算公式却取决于我们对哪些因素会随收入变化而发生变化的假设。在最简单的乘数情形中，我们假设只有消费会随收入变化而变化。在引进比例税时，我们假设消费和税收均会随收入变化而变化。关于开放经济体的乘数，则假设消费和进口会随收入变化而变化。

我们还可以使讨论更复杂化，即若消费、税收和出口均会随收入变化而变化，则情况会怎样？此时，我们需要推导另一个乘数值的计算公式。若投资会随收入变化而变化，则情况又会怎样？显然，乘数值的计算公式必须重新推导。

读者不一定要熟记上述各公式，重要的是把握其本质。乘数过程的本质到处都一样，即总支出的初始增加，将导致一轮又一轮的产出、收入和支出的变化。乘数的大小取决于总支出变化对收入变化的反应程度。总支出的变化越大，乘数值越大；总支出的变化越小，乘数值越小。

宏观经济学思维

第四部分

政策分析

# 宏观经济政策：概览

实际 GDP 取决于总需求，这是第 6 章分析得出的结论。总需求或（计划的）总开支取决于消费、投资、政府支出和净出口支出的总和，这是第 7 章分析得出的结论。当初始支出发生变化时，实际 GDP 将发生更多的变化，即存在乘数效应，这是第 8 章分析得出的结论。哪些政策举措会导致这些初始支出的变化呢？第 9 章将分析这一问题。

政府所采取的两种政策会改变实际 GDP：财政政策和货币政策。财政政策即政府支出和税收，由政府机构掌控。货币政策即对货币供给和利率的掌控，由中央银行把持。在美国，国会具有选举总统的权力，是财政政策的实施者；联邦储备委员会掌控着货币政策。

## 重要术语和概念

| | |
|---|---|
| 充分就业产出 | 中央银行 |
| 产出缺口 | 欧洲中央银行 |
| 衰退缺口 | 联邦储备体系 |
| 通胀缺口 | 扩张性财政政策 |
| 不充分的总需求 | 扩张性货币政策 |
| 财政政策 | 低息货币 |
| 货币政策 | 紧缩性财政政策 |
| 直接财政政策 | 紧缩性货币政策 |
| 间接财政政策 | 高价货币 |
| 货币供给 | 认知时滞 |
| 金融资产 | 实施时滞 |
| 利率 | 反应时滞 |
| 货币价格 | 金融危机 |

全球衰退                     《美国复苏与再投资法案》（ARRA）

联邦基金利率                  反事实

零利率下限                    异常值

不良资产救助计划（TARP）

## 均衡产出不等于充分就业产出的情形

在均衡状态，实际 GDP 等于总需求，这是第 6 章的结论。但这里均衡产出的决定因素并未提及充分就业。

回顾第 4 章提到的"充分就业"，它并不意味着失业率为 0%。在充分就业状态，劳动力市场不存在周期性失业或结构性失业。在美国，"充分就业"意味着失业率位于 4%～6% 这个区间。

能使劳动力实现充分就业的产量，经济学家称为**充分就业产出**（full-employment output）。均衡产出同劳动力是否实现充分就业无关，它只取决于总需求。通常，均衡产出低于充分就业产出。

**提示** ☞

注意分清前面章节提到的"易混淆概念"，一些教科书使用"（计划的）总开支"，其他章节则使用"总需求"。在这些教科书中，作者通常表示"均衡产出取决于总需求和总供给"。这种区别在第 14 章颇为重要。

充分就业产出水平是一个假设值，指 1 年中劳动力实现充分就业时经济体所能获得的产出。当经济体处于充分就业状态时，产出即为充分就业产出。

当均衡产出低于充分就业产出时，经济学家说存在一个**产出缺口**（output gap）或**衰退缺口**（recessionary gap）。均衡 GDP 和充分就业 GDP 之间的差额即为产出缺口的规模。若每年的充分就业产出为 15 万亿美元，均衡产出为 13 万亿美元，则产出缺口为 15－13＝2 万亿美元。因此，为了使劳动力达到充分就业，经济体每年需额外生产 2 万亿美元的商品和服务。图 9—1 描绘了一个产出缺口。

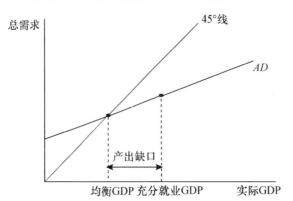

**图 9—1　产出缺口**

当均衡产出低于充分就业产出时，充分就业 GDP 和均衡 GDP 之间的差额称做产出缺口。

宏观经济学思维

当均衡产出大于充分就业产出时，经济学家说存在一个**通胀缺口**（inflation gap）。若每年的充分就业产出为 15 万亿美元，均衡产出为 16 万亿美元，则通胀缺口为 16－15＝1 万亿美元。

当经济体在充分就业上方运行时，便会出现通胀缺口。例如，工人超时工作。通胀缺口在战争年代最为常见，此时所有经济资源都被用尽，有时会超出它们的正常产能生产商品和服务。在通胀缺口中，失业率通常非常低，存在价格快速上涨的压力。

产出缺口比通胀缺口更为常见。当存在失业问题时，会出现产出缺口。由于**不充分的总需求**（insufficient aggregate demand），一些工人会处于失业状态。产出缺口出现在衰退或萧条时期，当经济复苏时会缩小。

产出缺口是决策者的重要考虑因素之一。缩小产出缺口需要增加总需求，但总需求的初始增加将小于产出缺口的规模。这是因为存在着乘数效应。增加的产出总量等于总需求增加额乘以支出乘数。

图 9—2 阐述了这点。假设产出缺口为 3 000 亿美元，支出乘数为 2.5。随着总需求初始变化量的增加，总需求曲线向上倾斜。总需求增加 1 200 亿美元时，GDP 将增加 1 200 亿美元乘以 2.5 即 3 000 亿美元。

## 习题 ☞

（所有习题的答案，参见本书后面。）

1. 画一张类似于图 9—1 的图形，用来描述通胀缺口。

2. 假设每年的实际 GDP 为 9 万亿美元，充分就业产出为 10 万亿美元。是否存在一个产出缺口或通胀缺口？失业率是高于、低于还是等于充分就业失业率？

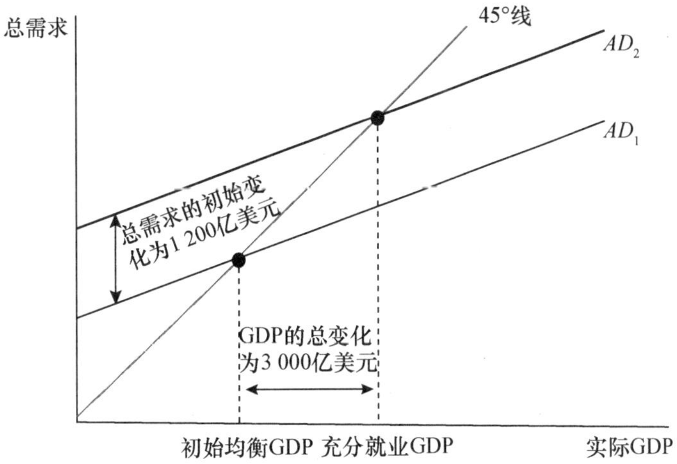

第 9 章

宏观经济政策：概览

**图 9—2 政策能够弥补一个产出缺口**

当支出乘数为 2.5 时，总需求的初始变化 1 200 亿美元将通过乘数效应弥补一个总额 3 000 亿美元的产出缺口。

137

# 财政政策和货币政策

财政政策和货币政策是用于弥补产出缺口的两种政策工具。**财政政策**（fiscal policy）是指政府支出、转移支付或税收的变动，在美国，这种变动必须得到立法机关的批准。**货币政策**（monetary policy）是指由中央银行（在美国即美联储）实施的货币供给和利率的变动。

## □ 财政政策

财政政策是指政府支出（$G$）、转移支付（$TR$）和税收（$TA$）的变动，旨在改变 GDP 和失业水平。

政府支出（$G$）指政府机构购买的商品和服务。例如，政府为公立学校聘任教师和教授、创办学校、支付军饷、采购军火、建造桥梁、维修道路，等等。

转移支付（$TR$）指政府机构不以交换商品和服务为目的的支出。例如，社会保障支出、失业保险福利、贫困家庭临时救济、佩尔助学金，等等。

税收（$TA$）指政府机关获取收入的重要手段之一。并非所有政府收入都被叫做税收。例如，财产税、销售税、收入税、营业税，以及联邦政府和州政府的国家公园门票收入、公共船舶停靠费，等等。

在美国，财政政策由联邦政府实施。国会要实施财政政策必须得到总统同意。经济学家通常用各届总统的名字来命名不同时期的财政政策，如布什政府财政政策、奥巴马政府财政政策等。将财政政策和总统名字牵扯在一起容易给人们带来"政府独立决定财政政策"的错觉。美国政治体制设计要求立法机关对财政政策提议进行审核，并需得到国会委员的通过和总统的签署。

财政政策能对总需求产生直接或间接影响。政府支出（$G$）的变动是一项**直接财政政策**（direct fiscal policy），因为 $G$ 是 $C+I+G+NX$ 的组成部分。转移支付（$TR$）和税收（$TA$）的变动是**间接财政政策**（indirect fiscal policy），因为 $TR$ 和 $TA$ 不直接包含在 $C+I+G+NX$ 中。转移支付和税收通过改变可支配收入来改变消费支出（$C$）。

习题 ☞

3. 直接财政政策和间接财政政策之间有何区别？

## □ 货币政策

货币政策是指货币供给（MS）或利率（$i$）的变动，由中央银行实施，旨在改变 GDP、就业或通胀。

**提示** 👉

我们可用 $MS$、$M^S$、$M_S$ 或 $M$ 等不同符号表示货币供给，用 $i$ 或 $r$ 表示利率。

**货币供给**（money supply）指能用来购买商品和服务的所有**金融资产**（financial assets）的总额。一项金融资产意味着拥有者有权要求所有权。股票、债券、储蓄账户和银行账户均属于金融资产。属于货币供给的金融资产具有很容易就能用来购买商品和服务的特点，如硬币、现金和支票账户等。第 11 章将更详细地讨论货币供给。

**利率**（interest rates）是指借贷资金的价格。利率通常用百分比而非美元的形式表示，因为并非每笔贷款都具有相同的数量级。借贷数量构成了贷款本金。一笔本金为 1 000 美元、年利率为 10% 的贷款，1 年内的利息成本为 1 000×10%＝100 美元。若本金增加到 85 000 美元而年利率保持不变，则 1 年内的利息成本为 85 000×10%＝8 500 美元。因此利率是借贷资金用本金的百分比来表示的价格。许多经济学家简称：利率是**货币价格**（price of money）。

货币政策由一个国家的**中央银行**（central bank）把持。中央银行是一国政府创立的金融机构。它可以为银行提供金融服务、管理金融机构和创造货币。

中央银行既可以是政府的一个机构，也可以独立于政府机构之外。欧元区的中央银行是**欧洲中央银行**（European Central Bank），美国的中央银行是**联邦储备体系**（Federal Reserve System，简称美联储），它们均在很大程度上独立于政府的控制。

美联储由国会于 1913 年设立，在 20 世纪 30 年代经历了重建。它由联邦储备委员会和 12 个地方联邦储备银行组成。

联邦储备委员会的 7 名成员（包括 1 名美联储主席和 6 名董事）的每届任期为 14 年，由总统委任并需得到议会通过。现任美联储主席为本·伯南克先生。12 个地方联邦储备银行分布于国家不同地区，它们和设在华盛顿特区的委员会组成了联邦储备体系。美联储一般简称为 Fed。

货币政策是一项间接政策。货币政策通过改变货币供给和利率来改变总需求。由于货币供给和利率本身并不是总需求的组成部分，因此它是一项间接政策。

**习题** 👉

4. 美联储是指什么？它分布在哪里？

5. 你以 5% 的利率从 ABC 贷款公司借入 1 万美元资金，对谁而言利率构成了一项成本？对谁而言利率构成了一项收益？

## 紧缩性政策和扩张性政策

试图增加总需求的行为被称做扩张性行为。**扩张性财政政策**（expansionary fiscal policy）是旨在增加总需求的财政政策，包括增加 $G$、增加 $TR$ 和减少 $TA$ 等。**扩张性货币政策**（expansionary monetary policy）是旨在增加总需求的货币政策，包括增加货币供给和降低利率等。扩张性货币政策有时也被叫做**低息货币**（easy money）政策。

试图减少总需求的行为被称做紧缩性行为。**紧缩性财政政策**（contractionary fiscal policy）是旨在减少总需求的财政政策，包括减少 $G$、减少 $TR$ 和增加 $TA$ 等。**紧缩性货币政策**（contractionary monetary policy）是旨在减少总需求的货币政策，包括减少货币供给和提高利率等。紧缩性货币政策有时也被叫做**高价货币**（tight money）政策。

简单总结如下：

扩张性财政政策：$\uparrow G$、$\uparrow TR$ 或 $\downarrow TA \rightarrow \uparrow AD$

扩张性货币政策：$\uparrow$货币供给或 $\downarrow$利率 $\rightarrow \uparrow AD$

紧缩性财政政策：$\downarrow G$、$\downarrow TR$ 或 $\uparrow TA \rightarrow \downarrow AD$

紧缩性货币政策：$\downarrow$货币供给或 $\uparrow$利率 $\rightarrow \downarrow AD$

**习题** ☞

6. 假设政府在增加 100 亿美元税收的同时增加 300 亿美元的转移支付，这是一项扩张性财政政策还是紧缩性财政政策？

7. 扩张性货币政策指什么？紧缩性货币政策指什么？

## 政策时滞

采取政策弥补产出缺口或通胀缺口将面临一些挑战，因为其中涉及政策时滞问题。经济学家通常认为存在以下 3 种政策时滞：

- 认知时滞。即认识到经济体出现问题存在一个时间滞后性。
- 实施时滞。即设计和实施一项政策存在一个时间滞后性。
- 反应时滞。即经济体对一项政策做出反应需要花费一定的时间。

由于认识到经济体出现问题需要花费一段时间，所以存在**认知时滞**（recognition lag）。政府机关和美联储必须花时间收集关于宏观经济体的信息，经济学家和其他分析人士也必须花时间来准确分析所收集来的各类数据。

相比于货币政策，财政政策的**实施时滞**（implementation lag）要更长。财政政策要得到国会批准必须先获得立法支持，这会花费一定时间。一项法案需要先起草，然后举行国会听证，并接受国会成员的投票。一项类似但通常有所不同的法案将通

宏观经济学思维

过议会途径经历相同的程序。一旦国会和议会都通过了这项法案，白宫和议会会联合举行一次会议，提交一项综合性的法案版本。这次会议起草的、得到国会和议会通过的法案将被提交给总统签署。但这还不够！尽管此时该政策有了立法依据，已经能被实施，若该法案要求减免税收，美国国税局还必须为全体雇主准备一份新的税务报表。若该法案要求增加支出，其实施机构（如交通部、能源部或国防部等）必须有权制定支出计划、决策项目、征求投标、拟订合约等。最后，该政策才能付诸实施。

相反，货币政策仅需中央银行决定改变利率或货币供给即可，这只要联邦储备委员会召开会议就相关问题达成一个共识即可。事实上，决定改变利率只需几分钟或者至多几个小时。货币政策的实施时滞可以用小时数或者至多用天数来衡量。

由于增加的支出要影响经济体需要花费一定时间，所以存在一个**反应时滞**（response lag）。当政府开始增加支出时，直接财政政策便开始增加均衡产出。间接财政政策一开始改变可支配收入，随后使消费和总需求开始发生改变。货币政策通过改变利率来作用于总需求。乘数效应也会发挥作用，但通常需要一定时间。

使用财政政策的缺点是实施时滞较长，优点是它集中针对经济体中相对较为弱势的部门和较不发达的地区。例如，一项鼓励购买美国国内生产的小车的政策，不仅会使汽车部门（近年来相对较弱的经济部门）受益，而且会使密歇根及其周边地区（失业率相对较高的地区）受益。

货币政策的一个优点是实施时滞较短，其缺点之一是影响范围会波及整个国家的所有地区和部门。若美国西部经济一派繁荣，中西部地区却处于衰退，则货币政策对中西部而言不见得有效。

---

**习题** ☞

8. 请定义 3 种不同类型的政策时滞。

9. 在增加政府支出（$\Delta G$）或降低税收（$\Delta T$）这两项扩张性政策之间，你认为哪个的反应时滞更长？

---

## 2007—2009 年经济大危机时期的财政政策和货币政策

尽管我们要在第 10 章至第 13 章才更详细地研究财政政策和货币政策，但现在已有足够的知识来分析 2007—2009 年全球经济危机期间发生的相关事情。不管你的教科书是否用一节内容专门阐述 2007 年发生的全球经济危机，当你读到本书这一部分故事时它无疑已经过时。

2007—2009 年间发生的全球经济危机被称做**金融危机**（financial crisis），当时总需求大幅下降，失业率急剧攀升，消费者价格出现短暂通缩。从许多方面看，这次金融危机都是 20 世纪 30 年代大萧条以来最严峻的。和当时一样，大萧条这种说法到处弥漫。事实上，2009 年是自 20 世纪 30 年代大萧条以来第一次出现全球产出下降的年份，经济学家称之为**全球衰退**（worldwide recession）。

"金融危机"的术语并无一个具体定义。它指一段时期，该时期内某个经济体中的金融资产和金融机构瞬间蒸发掉许多资产价值。不同学者对是否发生金融危机有不同定义。破产银行占全部银行的比例为多少？股市市值下跌了多少，下跌得多快？利率发生了什么变化？不管从哪个角度看，2008年秋季美国和其他国家都出现了一场金融危机。

GDP的下降要早得多，大约在2007年12月。经济史学家依旧对20世纪30年代大萧条的成因争论不休。无疑，在此后的70年中，他们仍将对大萧条的确切成因争论不休。但经济衰退的轮廓却很清晰：投资支出下降（起初是住房建造，接着是耐用品生产），随之而来的是消费、出口和进口支出下降。失业率从2007年的5%左右升至2009年的10%。若纳入沮丧的劳动力和兼职就业者（他们希望获得全职工作），则所录得的失业水平将高达20%，这是20世纪30年代以来的最高值。

2007—2009年的经济危机源于近20年来货币政策极其成功的运行。艾伦·格林斯潘1987—2006年间一直担任美联储主席。如某位作者描述的那样，格林斯潘被认为是美国经济平稳运行的操控者。20世纪末，人们（甚至经济学家）对满耳的关于美联储成功治愈商业危机之痛，萧条只存在于过去、如今已不复存在的自信和观念习以为常。

许多经济学家认为我们只需掌控好货币政策即可。财政政策被人们认为是可有可无的，因为它很可能会给经济带来麻烦。财政政策的政治色彩和滞后性质，使许多人确信它不能也不应经常被用来管理经济体的运行。

2007年9月，在金融市场发生混乱之后的数个星期后，美联储开始着手降低利率，这标志着金融危机的发端。美联储的目标利率是**联邦基金利率**（federal funds rate），该利率是银行间为满足美联储最低准备金条件而在隔夜借贷市场上借入资金的基准参照利率（对联邦基金利率更具体的介绍参见第12章）。2006年年中以来，联邦基金利率一直维持在5.25%。到2008年12月中旬，美联储分3次将该利率下降四分之一、二分之一和四分之三个基点，最终使联邦基金利率目标值被降至"0～0.25%之间"。美联储已将联邦基金利率调至**零利率下限**（zero lower bound），利率降低到了不能再降低的地步。

创造性成为这场游戏的代名词。美联储多次同美国财政部合作，制定救助经济的各项新举措。美联储的目标是维持金融市场稳定。决策者认为这样做的方法是增加金融体系中的流动性（现金）。因此美联储大肆扩大其愿意从银行处购买的金融资产项目。传统上看，美联储只会购买短期美国政府债券和银行支票。当时，美联储已做好购买更多金融资产的准备。2008年和2009年，美联储不仅购买短期政府债券，还购买大量抵押贷款打包证券和金融机构的其他债务资产。

除了美联储采取的创造性货币政策举措外，联邦政府也致力于采取一系列相配套的财政政策。尽管财政政策具有政治色彩，一些经济学家也竭力反对，但国会还是通过了两项庞大的财政政策措施。2008年10月，全球金融市场已处在崩溃的边缘，国会通过了一项高达7 000亿美元的**不良资产救助计划**（troubled asset relief program，TARP），该计划得到布什总统的签署实施。这项计划授权美国财政部购买银行和其他金融机构的"不良资产"，其目的在于给金融系统注入流动性，增加信贷供给。TARP 并非一项传统的财政政策，其并非旨在直接影响总需求。但人们普遍担心一旦金融市场出现崩溃（停止运行），企业将不能获得短期运营所必要的信贷，缺少这些信贷，它们将不能向供应商下订单和向工人支付工资，由此势必会给经济体造成更大损害。诸如"华尔街"和"主街"等称谓被用来描述金融机构（华尔街）和商业活动（主街）之间的相互作用。国会和布什总统相信 TARP 能够拯救华尔街和主街，使其不至于迅速走向崩溃。

第二项相机抉择的财政政策举措在 2009 年 2 月实施。国会通过了奥巴马总统提交的 7 870 亿美元的**《美国复苏与再投资法案》**（American Recovery and Reinvestment Act，ARRA）。这是一项传统的财政政策，由 3 年期暂时性税收减免和政府支出增加组成，总额高达 7 870 亿美元。其目标在于刺激总需求和防止 GDP 出现进一步下滑。

任何一项政策的实施效应都很难通过分析公开数据来评判。困难之处在于，政策效应不只是比较今天的经济形势和昨天的经济形势这么简单。政策效应通常需要比较目前经济形势和假设的经济形势，即若未采取该项政策，当前经济可能会出现什么状况？经济学家将这种假设称为**反事实**（counterfactual）情形。根据定义，反事实情形是不可观察的。它指"假如出现不同事实，将会发生什么情况"。假如 ARRA 未得到通过，则 2009 年 12 月的失业率将会如何？这就涉及失业率的反事实数值。

ARRA 在 2009 年 2 月被写入法律。它的第一波效应是 2009 年 4 月开始削减的个人收入所得税。ARRA 中增加政府支出的措施在 2009 年年中开始实行，在 2010 年达到顶峰，于 2011 年结束。ARRA 是否促进了经济增长呢？分析失业率或 GDP 增长的实际情况并不能回答这个问题（尽管许多人和少数经济学家会这么做）。为了确定 ARRA 是否有助于经济复苏，我们需要对实施 ARRA 后的经济形势和未实施 ARRA 时可能出现的经济形势进行比较。

但你可能会问，我们如何获得一个从未存在的经济体——缺了某项确实存在的财政措施的美国经济——中的 GDP 数值呢？经济学家通常用电脑模拟来估算 GDP 的反事实数值。他们所使用的计算模型比本书中给出的一些简单方程要复杂得多，但两者的基本原理都是一样的。总支出是消费、投资、政府购买和净出口支出的总额。因此，必须考虑到那些决定或影响 $C$、$I$、$G$ 和 $NX$ 的因素。由此，也必须构建一系列将总支出和实际 GDP、就业和失业等宏观经济变量联系在一起的复杂方程。

不同经济学家用到的方程会略有不同。有时它们之间的差别在于系数值，如边际消费倾向的大小。有时这种差异在于数学表达式，如影响消费的是收入、收入的自然对数还是收入的平方？有时它们之间的差异在于基本概念和假设，如总支出和实际 GDP 之间如何相互关联？

由于不同经济学家用到的方程会略有差异，所以你会听到不同的关于 GDP、就业和失业的反事实估算值。并不存在一个最佳估计值。因此，为了评估一项政策产生的效应，我们需要引进可能取值区间这一概念。

例如，假设失业率的反事实估计值落在 8%～15% 区间，其中除了两个估计值外所有估计值均落在 11%～13% 区间。因此，8% 的估计值落在其他所有估计值之外，经济学家便称之为**异常值**（outlier）。同理，15% 的估计值也是一个异常值。关于失业率的"实际"反事实估计值很可能落在 11%～13% 区间。

若失业率的实际值为 10%，则失业率低于 11%～13% 的反事实失业率。由此我们可推断政策效应使失业率降低了 1～3 个百分点。

相反，若实际失业率为 12%，则失业率落在反事实估计值范围内。若不实施该项政策，实际失业率可能更低，也可能更高。该项政策是否算得上一项成功的政策呢？我们只能推断，根据一些模型，答案是肯定的。根据其他模型，答案是否定的。

2007—2009 年经济危机期间的财政政策和货币政策是否算得上成功呢？这必须通过对比原本会出现的经济形势才能获得答案。绝大多数（但并非全部）经济学家认为，尽管经济仍很糟糕，但显然比未采取财政政策和货币政策的情况更好。

不幸的是，这并不等同于说经济体比以前更好了。接近 10% 的失业率显然比接近 5% 的失业率糟糕得多。

**习题** ☞

10. 经济学家所说的"零利率下限"是什么意思？一旦接近零利率下限，美联储将采取何种举措？

11. 经济学家所说的"失业率的反事实估计值"是什么意思？

12. 假设一项旨在促进就业的政策在失业率为 7% 时得到实施，1 年后失业率升至 10%，而失业率的反事实估计值为 12%。该政策在降低失业率上是否算得上成功？

宏观经济学思维

# 第 10 章

# 财政政策

财政政策，即政府支出、转移支付和税收的变动，会给 GDP 带来多重效应。政府支出乘数大于转移支付乘数和税收乘数。当经济步入萧条或从萧条中开始复苏之际，转移支付和税收会随之自动发生变化，而其他财政政策举措却需相机抉择。财政政策的变动会影响政府赤字和政府负债。政府债务不断增加的后果是社会争议的主要话题之一。

**重要术语和概念**

| | |
|---|---|
| 政府支出乘数 | 剩余 |
| 定额税 | 政府预算剩余 |
| 税收乘数 | 政府债务 |
| 转移支付乘数 | 结构性赤字 |
| 相机抉择的财政政策 | 高就业（周期调整后的）政府预算赤字 |
| 比例税 | 政府债券 |
| 自动（内置）稳定器 | 国库券 |
| 开销 | 短期国库券 |
| 收入 | 中期国库券 |
| 预算余额 | 长期国库券 |
| 财年或财政年度 | 挤出效应 |
| 赤字 | 协调 |
| 政府预算赤字 | 主权违约 |
| 预算平衡 | 经济紧缩计划 |

# 政府支出和税收乘数

支出乘数告诉我们当总需求发生变化时总产出和收入的变化程度。记住，乘数是指总产出和总收入同总需求或总支出的初始变化之比。即

$$乘数 = \frac{\Delta Y}{初始\ \Delta AD}$$

等式两边同时乘以初始 $\Delta AD$，我们得到：

$$\Delta Y = 初始\ \Delta AD \cdot 乘数$$

总产出和总收入的变化等于总需求的初始变化乘以支出乘数。

第 8 章已经给出支出乘数，若假设税收是一次性的，且只有消费会随收入变化而发生变化，即

$$支出乘数 = \frac{1}{1-mpc}$$

政府支出属于直接财政政策。总需求的初始变化即政府支出的变化。这正是第 8 章中**政府支出乘数**（government spending multiplier）等于支出乘数的原因，即

$$政府支出乘数 = \frac{1}{1-mpc}$$

当政府支出发生变化时，收入的变化总量等于政府支出的初始变化乘以支出乘数，即

$$\Delta Y = \Delta G \cdot \frac{1}{1-mpc}$$

若政府改变税收，情况会怎样？税收的改变属于直接财政政策。税收变化会直接影响总需求：税收下降，可支配收入增加，消费支出也跟着增加。税收不属于总需求的组成部分，但消费却是总需求的一部分。总需求的初始变化即为消费支出的变化。

所有经济学原理教科书都用**定额税**（lump-sum taxes），即不随收入变化而发生变化的税收的变化来讨论上述效应。当定额税发生变化时，消费支出会发生怎样的变化？答案取决于边际消费倾向，即 $mpc$ 的大小。只需两个步骤，就能确定消费变化程度：

- $YD = Y - T$，因此 $\Delta YD = -\Delta T$。
- $\Delta C = mpc \cdot \Delta YD$，因此 $\Delta C = mpc \cdot (-\Delta T) = -(mpc \cdot \Delta T)$。

总需求的初始变化等于 $mpc$ 与税收变化之积的相反数。税收下降，则总需求增加；税收增加，则总需求下降。

总收入将会如何变化？根据第 8 章我们知道：

$$支出乘数 = \frac{1}{1-mpc}$$

因此，由定额税变化导致的收入变化总量为：

$$\Delta Y = 初始\ \Delta AD \cdot \frac{1}{1-mpc} = -(mpc \cdot \Delta T) \cdot \frac{1}{1-mpc} = -\Delta T \cdot \frac{mpc}{1-mpc}$$

**税收乘数**（tax multiplier）即为收入变化总量除以税收的初始变化，即

$$税收乘数 = \frac{\Delta Y}{初始\ \Delta TA} = -\frac{mpc}{1-mpc}$$

---

**提示** ☞

一些教科书直接省略了税收乘数的负号，假设你已经意识到了税收降低将增加收入，税收增加将降低收入。

---

转移支付的增加对可支配收入会产生同税收下降一样的效应。转移支付减少和税收增加对可支配收入具有同样的效应。因此转移支付变化以和税收变化相同的方式影响总收入和总产出，但两者的作用方向相反。**转移支付乘数**（transfer payments multiplier）即收入变化总量除以转移支付的初始变化。

$$转移支付乘数 = \frac{\Delta Y}{初始\ \Delta TR} = \frac{mpc}{1-mpc}$$

假设边际消费倾向为 0.6，则政府支出乘数为 $1/(1-0.6)=2.5$。税收乘数为 $-0.6/(1-0.6)=-1.5$。转移支付乘数为 $+0.6/(1-0.6)=+1.5$。政府支出增加 7 000 亿美元，则收入将增加 $7\,000 \times 2.5 = 17\,500$ 亿美元。税收减少 7 000 亿美元将使收入增加 $(-7\,000) \times (-1.5) = 10\,500$ 亿美元。转移支付增加 7 000 亿美元将使收入增加 $7\,000 \times 1.5 = 10\,500$ 亿美元。

政府支出增加 1 美元比税收减少 1 美元或转移支付增加 1 美元对经济产生的影响要大得多。税收和转移支付乘数小于政府支出乘数，因为并不是每 1 美元税收下降或转移支付增加都会被用于消费支出。只要 $mpc$ 小于 1，消费支出的变化，即总支出的初始变化将小于税收或转移支付的变化。

**习题** ☞

（所有习题的答案，参见本书后面。）

1. 假设 $mpc$ 为 0.8，当政府支出增加 1 000 亿美元时，收入变化总量和产出变化总量是多少？当税收减少 1 000 亿美元时，收入变化总量和产出变化总量是多少？

2. 假设 $mpc$ 为 0.8，若国会将每年的政府支出削减 4 000 亿美元，会对 GDP 产生什么影响？相反，若国会将每年的转移支付削减 4 000 亿美元，会对 GDP 产生什么影响？

为弥补产出缺口，需采取怎样的财政政策？因为存在支出效应，所以总需求的初始增加将小于产出缺口。由于税收乘数和转移支付乘数小于政府支出乘数，弥补产出缺口需要比政府支出变化更大的税收或转移支付的变化。因此，通过降低税收或增加转移支付来弥补产出缺口，相对于通过增加支出来弥补产出缺口而言，将使政府的成本增加得更多。

为什么会这样？因为各种乘数大小不同，即

$$政府支出乘数 = \frac{\Delta Y}{初始 \Delta G}$$

$$税收乘数 = \frac{\Delta Y}{初始 \Delta TA}$$

$$转移支付乘数 = \frac{\Delta Y}{初始 \Delta TR}$$

对上述等式进行简单整理，可得：

$$初始 \Delta G = \frac{\Delta Y}{政府支出乘数}$$

$$初始 \Delta TA = \frac{\Delta Y}{税收乘数}$$

$$初始 \Delta TR = \frac{\Delta Y}{转移支付乘数}$$

假设产出缺口为 3 000 亿美元，边际消费倾向为 0.6，则上述 3 个乘数分别为：

$$政府支出乘数 = \frac{1}{1-0.6} = \frac{1}{0.4} = 2.5$$

$$税收乘数 = -\frac{0.6}{1-0.6} = -\frac{0.6}{0.4} = -1.5$$

$$转移支付乘数 = \frac{0.6}{1-0.6} = \frac{0.6}{0.4} = 1.5$$

由此可见，为了通过政府支出来弥补产出缺口，需要政府支出增加 1 200 亿美元，即

$$初始 \Delta G = \frac{\Delta Y}{政府支出乘数} = \frac{3\,000}{2.5} = 1\,200\ 亿美元$$

为了通过税收来弥补产出缺口，需要税收减免 2 000 亿美元，即

$$初始 \Delta TA = \frac{\Delta Y}{税收乘数} = \frac{3\,000}{-1.5} = -2\,000\ 亿美元$$

为了通过转移支付来弥补产出缺口，需要转移支付增加 2 000 亿美元，即

$$初始 \Delta TR = \frac{\Delta Y}{转移支付乘数} = \frac{3\,000}{1.5} = 2\,000\ 亿美元$$

注意到不管是通过税收、转移支付还是政府支出来弥补产出缺口，总需求的变

化总量都一样。当政府支出增加 1 200 亿美元时，总需求一开始也增加 1 200 亿美元。当税收减免或转移支付增加 2 000 亿美元时，可支配收入也增加 2 000 亿美元，因此消费支出（$mpc$ 为 0.6）增加 $0.6 \times 2\,000 = 1\,200$ 亿美元。这里，总需求一开始也是增加 1 200 亿美元。政府采取间接财政政策的成本为 2 000 亿美元。

**习题** ☞

3. 假设产出缺口为 2 万亿美元，边际消费倾向为 0.75。为弥补该产出缺口，需要增加多少政府支出？若通过税收变动来弥补该产出缺口，需要削减多少税收？

4. 假设存在 2 000 亿美元的通胀缺口，边际消费倾向为 0.5。为弥补该通胀缺口，需要减少多少政府支出？若通过转移支付变动来弥补该通胀缺口，需要削减多少转移支付？

# 相机抉择的财政政策和自动稳定器

**相机抉择的财政政策**（discretionary fiscal policy）是指不随收入变化而自动做出改变的政府支出、转移支付和税收。当国会为抵制衰退而做出增加支出的决议时，这便属于相机抉择的财政政策。当国会决定通过增加税收来减缓经济增长时，这也属于相机抉择的财政政策。2009 年 2 月奥巴马总统提议且得到国会通过的总额高达 7 870 亿美元的经济刺激法案，也是相机抉择的财政政策的一个例子。

政府支出、转移支付和税收的其他一些变动会随产出变化和收入变化而自动做出调整。例如，普遍实行的**比例税**（proportional tax），由于它是按照收入的某一比例来征收的，因此会随着收入增加而增加，随着收入减少而减少。

一些转移支付也会随着收入变动而出现变动。当人们因陷入失业而收入下降时，他们可以领取一定的失业保险金。当收入减少时，政府的失业保险金支出便会增加。

经济学家用**自动稳定器**（automatic stabilizer）或**内置稳定器**（built-in stabilizer）来表示那些随产出或收入变动而自动调整的政府支出、转移支付和税收变动效应。当税收和转移支付随收入改变而做出调整时，GDP 的波动便会变小。经济学家称：经济体在税收和转移支付扮演自动稳定器角色时会变得更加平稳。

不妨举个例子。假设税率为 25%。当收入增加 10 亿美元时，税收支付将跟着增加 $10 \times 25\% = 2.5$ 亿美元。可支配收入即为收入减去税收之差。因此，此时的可支配收入为 $10 - 2.5 = 7.5$ 亿美元。可支配收入增加了 7.5 亿美元，这显然小于 10 亿美元的收入增加总量。

为分析上述变化对均衡 GDP 的影响，不妨假设边际消费倾向为 0.8。若税收是一次性的，和收入没有关联，则乘数将等于 5。高达 10 亿美元的总需求或收入的增加，将通过乘数效应使实际 GDP 增加 50 亿美元。

但若实行 0.25 的比例税，且 $mpc$ 为 0.8，则乘数仅为 2.5（参见第 8 章比例税下的乘数计算公式）。高达 10 亿美元的总需求或收入的增加，通过乘数效应只会使实际 GDP 增加 2.5 倍，即增加 25 亿美元。由于比例税下实际 GDP 的变动小于不存在比例税的情形，经济学家称经济体在比例税下更加平稳。这正是比例税作为一个自动稳定器的意义所在。

**提示** ☞

注意不要混淆定额税下的政府支出乘数和比例税下的政府支出乘数，正如前面章节分析税收乘数时所做的区别一样。

当我们减少总支出时，情况会如何？同理，比例税会扮演一个自动稳定器的角色。

若总支出一开始出现大幅下降，产出和收入也会跟着下降。那些收入出现下降的家庭会发现他们的可支配收入减少了。但由于采用的是比例税，他们的税单也会随收入下降而减少。因此，可支配收入的下降幅度小于收入的下降幅度。

可支配收入减少的家庭会减少他们的支出，从而导致产出和收入的进一步下降。同样地，收入减少的家庭的可支配收入也会下降，但下降幅度小于后者。

乘数过程会循环往复地发挥作用。每个循环中，由于存在比例税，可支配收入的降幅都小于收入的降幅。因此，由某个总需求的初始下降所导致的支出、产出和收入的下降总额，在比例税下比在定额税下更小。

不妨回到上述数值例子。假设总支出一开始减少（而非增加）了10亿美元，在 $mpc$ 为0.8且实行定额税情形下，产出和收入的下降总额将等于50亿美元。但若是在0.25的比例税情形下，产出和收入的下降总额只有25亿美元。不管总支出是增加还是减少，GDP和收入的波动在比例税下都比在定额税下平稳得多。

**习题** ☞

5. 为什么比例税被叫做"自动稳定器"？它能使什么更加稳定？

6. 当定额税从8 000亿美元降至5 000亿美元时，能否作为一个自动稳定器的例子？请解释原因。

## 赤字和负债

一方面，政府支出和转移支付是政府的**开销**（outlays），即货币从国库中流出。另一方面，税收构成了政府的主要**收入**（receipts），即货币流入国库。

政府的**预算余额**（budget balance）是指政府收入和开销之间的差额。即

$$预算余额＝收入－开销＝TA－(G+TR)＝T－G$$

美国政府每年都会计算其预算余额，这里的"每年"指从某年的10月1日到次年的9月30日。例如，联邦政府2009年**财年**（fiscal year）即指2008年10月1日至2009年9月30日这段时期。

当货币流出（开销）大于货币流入（收入）时，便会出现**赤字**（deficit）。对赤字的这一定义随处可用，不管是个人理财、学校预算还是政府机构的预算。当政府

预算处于赤字时，预算余额为负。即当 $TA < (G + TR)$ 时，存在**政府预算赤字**（government budget deficit）。

当货币流出（开销）等于货币流入（收入）时，便会出现**预算平衡**（balanced budget）。同理，这一定义是到处通用的。当政府预算处于平衡时，预算余额为零。即当 $TA = G + TR$ 时，政府预算达到平衡。

当货币流出（开销）小于货币流入（收入）时，便会出现**剩余**（surplus）。当政府预算处于剩余时，预算余额为正。即当 $TA > (G + TR)$ 时，存在**政府预算剩余**（government budget surplus）。

---

**提示** ☞

通常用 $BB$ 表示预算余额，用 $BD$ 表示预算赤字，用 $BS$ 表示预算剩余。

---

**政府债务**（government debt）是 1789 年以来所有年份的赤字和所有年份的剩余之间的差额。政府债务通常以时间来衡量，即借入却尚未偿还的所有借款总额。

若政府在某年出现了赤字，则政府债务便会增加。反之，当政府出现剩余时，债务便会减少。

当存在扩张性财政政策——增加 $G$、增加 $TR$ 或减少 $TA$——时，预算余额会变得更糟：预算赤字增加或预算剩余减少。当存在紧缩性财政政策——减少 $G$、减少 $TR$ 或增加 $TA$——时，预算余额会得到改善：预算赤字减少或预算剩余增加。即

$$扩张性财政政策 \rightarrow \uparrow BD \text{ 或 } \downarrow BS$$
$$紧缩性财政政策 \rightarrow \downarrow BD \text{ 或 } \uparrow BS$$

自动稳定器，即能使税收或转移支付随收入变化而自动调整的政策，会使预算余额出现自发调整。当经济体步入衰退且国民收入下降时，税收收入也跟着下降，政府转移支付开始增加。政府收入下降和开销增加会使预算余额变得更糟。因此，当经济体步入衰退且国民收入下降时，预算赤字会自动增加，预算剩余会自动减少。

当经济体步入复苏且国民收入增加时，税收收入增加，转移支付则下降。政府收入增加和开销减少，这会使预算余额得到改善。因此，当经济体步入复苏且国民收入增加时，预算赤字会自动减小，预算剩余会自动增加。

由于预算余额会随经济周期的演进而出现自动调整，经济学家便对一般性预算赤字和**结构性赤字**（structural deficit）做了区别。结构性赤字（或剩余）是一个假设值，即"当经济体处于充分就业状态时的预算赤字"。

为了测算结构性赤字的规模，经济学家必须先从当前的政府赤字着手。若经济体处于充分就业状态，收入将是多少，开销又将是多少？结构性赤字等于充分就业开销减去充分就业收入。结构性赤字有时也被叫做**高就业政府预算赤字**（high-employment government budget deficit）或**周期调整后的政府预算赤字**（cyclically-adjusted government budget deficit）。在经济衰退时期，结构性预算赤字通常小于实际赤字。

**习题** ☞

7. 假设政府每年的支出为 2 万亿美元，转移支付为 1.4 万亿美元，税收收入为 3 万亿美元。预算余额为多少？是否存在预算赤字或预算剩余？

8. 为什么即使不存在相机抉择的财政政策，当发生一场经济衰退时，预算赤字仍会增加？

---

## 为政府赤字融资

当联邦政府出现赤字时，它仍然需要支付一些必要的开销。政府不能对最高法院的法官、陆军士兵或依靠社会保险抚恤金生活的老人说："实在抱歉，我们这次没钱发给你们。"政府必须想尽一切办法履行其财政义务。那么，政府到哪里去弄钱呢？

许多人会说"政府只需要开动印钞机就行了"，但事情并非如此简单。联邦政府的铸币局确实负责发行新的货币，但这并非只需联邦政府一个指令即可，发行的新货币也不能被政府用来支付开销。新货币被运往银行，以交换破旧、受损的货币。它们会流向 ATM 机和银行柜台，用于兑现消费者手上的支票账户。增发货币确实是一条人们晚饭闲聊的重大新闻，但它对政府筹集资金以支付开销帮助不大。

相反，当政府处于赤字状态时，它会通过借款来支付开销。政府在得到财政部长的签字许可后，便可发行政府借据。联邦政府发行的借据一般称做**政府债券**（government securities）或**国库券**（treasuries）。若政府承诺在 1 年或 1 年之内偿还借款，则这类借据称为**短期国库券**（treasury bill）。若政府承诺在 2 年、3 年、5 年或 10 年之内偿还借款，则这类借据称为**中期国库券**（treasury note）。若政府承诺在 30 年内偿还借款，则这类借据称为**长期国库券**（treasury bond）。短期、中期和长期国库券的总和构成了联邦政府的债务。

**提示** ☞

借据（IOU）是 "I owe you"（我欠你）这三个英文单词的缩写。

---

美国联邦政府赤字和债务在 2007—2009 年间的经济危机时期达到了最高水平。自动稳定器在一定程度上加剧了赤字的上升。两项相机抉择的财政政策需对政府赤字暴增负更大的责任，即布什政府在危机爆发时签署的 7 000 亿美元不良资产救助计

宏观经济学思维

划（TARP）和奥巴马总统上任几周后签署的高达 7 870 亿美元的《美国复苏与再投资法案》（ARRA）。这些举措都是经济衰退时期所采取的临时性政策，由此导致的政府赤字不属于结构性赤字。

图 10—1 描述了美国 1971 年以来联邦政府赤字和剩余的走势情况。预算赤字的部分变动是自动稳定器起作用的结果。政府预算在 1973 年接近于平衡状态，此后经济经历了一场严峻的衰退，使政府预算在 1974 年和 1975 年出现了赤字。预算赤字的另一些变动是相机抉择的财政政策起作用的结果。TARP 和 ARRA 总共使联邦政府支出在 3 年内增加了将近 1.5 万亿美元，使 2009 年的政府赤字临近 1.7 万亿美元，约占 GDP 的 12%。当时看来，若 ARRA 不再进一步扩大，赤字有望在 2012 年重新降至 GDP 的 4%左右。

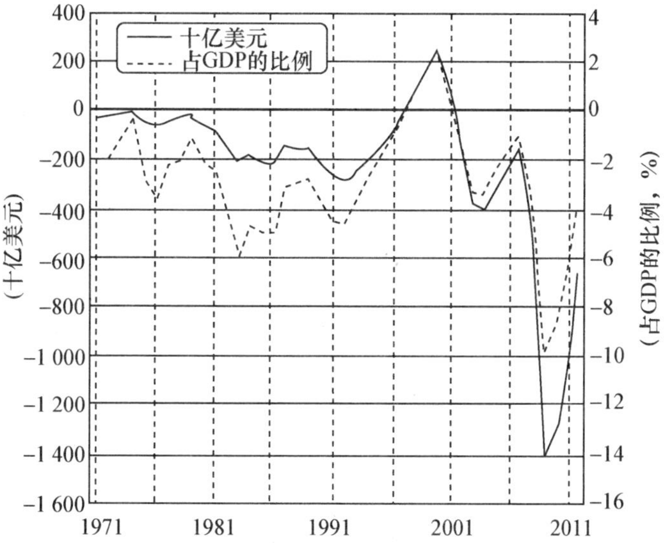

**图 10—1　美国联邦政府的预算赤字和剩余情况：1971—2012 年**

本图描绘了美国 1971 年以来的联邦政府赤字和剩余情况。2011—2012 年是估计值。实线表示预算余额（单位为十亿美元），虚线表示预算余额占 GDP 的比例。

注意到图 10—1 中也表明，美国政府预算在 20 世纪 90 年代末处于剩余状态。这种剩余部分反映了自动稳定器的作用，在 90 年代末美国宏观经济走势一片向好，这既降低了政府转移支付，也增加了政府税收收入。

**提示** ☞

联邦政府赤字和债务的资料来源，请参见联邦管理和预算办公室网站：http://omb.gov。在预算分类选择"历史图表"一栏即可。

图 10—2 描绘了 1939 年以来的美国政府债务走势情况。如图所示，1981 年之前，美国政府债务总额均低于 1 万亿美元。但由于 20 世纪 70 年代末期以来财政赤字不断积累，美国联邦政府债务几乎一路飙涨。这种上涨趋势只在 90 年代末的 4 年财政剩余时期被打断。

若未存在结构性赤字，则自动稳定器将使预算余额在衰退时期陷入赤字，在繁荣时期处于剩余。政府债务在经济糟糕时期得到积累，而在经济景气时期得以偿还。但这并非美国所发生的情形。相反，美国自70年代末以来，政府债务几乎一直都在不断积累。

作为GDP的一部分，政府债务依然低于第二次世界大战期间所达到的水平，但其占GDP的比例在过去近四分之一个世纪已经翻了一倍。

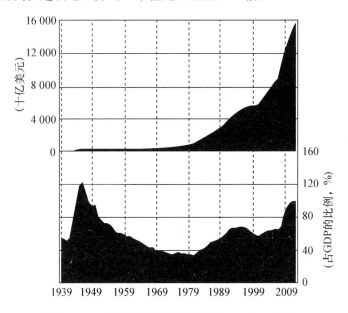

图10—2　美国联邦政府债务情况：1939—2012年

本图描绘了美国1939年以来的联邦政府债务情况。图的上半部分表示政府债务总额（单位为十亿美元），图的下半部分表示政府债务占GDP的比例。1981年以来政府债务的稳步上升反映出图10—1中巨额的预算赤字。1981年以来，只有在20世纪90年代中后期，当GDP增速大于政府债务上升速度时，政府债务占GDP的比例才出现下降走势。

## □ 对政府借贷的担忧

关于政府借贷，通常存在三种担忧。首先是它对利率的影响，其次是偿还政府债务的经济影响，再者是是否存在一个联邦借贷的上限水平。

## □ 利率影响？

若其他条件不变，当政府为偿还债务增加借款时，将会给利率上升带来压力。更高的利率导致更低的总需求。政府借款增加使利率上升，从而导致投资支出下降，即经济学家所谓的**挤出效应**（crowding out）。经济学家说，政府借款会挤出投资支出。

这里，其他条件保持不变很重要，因为政府借款增加并不总是会导致利润上升。中央银行可以通过保持利率不变来**协调**（accommodate）财政政策。一旦中央银行保持利率不变，增加的政府借款将不会挤出私人投资支出。

即使没有中央银行的协调措施，利率在政府借款增加时也有可能不会出现上升。

若在政府借款增加的同时，对美国国债的需求也跟着增加，则利率很可能不会变化。因为公众相信美国政府是一个可靠的借款人，其所发行的债券被视为世界上最安全的债务。正如 2008—2009 年期间全球金融市场所展示的那样，美国国债的安全性吸引了全世界的贷款人。美国政府借款的急剧增加并未导致利率出现上升。

### □ 经济效应？

关于政府借款的第二个担忧是偿还这些借款可能导致的经济效应。当政府开始偿还其债务时，是否会减少经济体的总支出水平？

答案同样要视具体情况而定。我们先来看反面例子。首先，不妨假设有一半的政府债务是欠其他政府机构的。因此，偿还这些债务并不需要从其他政府官员那里克扣薪水，只需要将某个机构的账户转到另一个账户即可。

其次，约有四分之一的政府债务的债权人是美国国内的居民和机构。偿还这部分债务确实需要政府拿出钱还给贷款人，但政府和国内贷款人都是同一个宏观经济体的组成部分，因此，偿还这些债务也不会抽干美国经济的货币，只需将货币从政府转到美国居民和机构即可。

事实上，约有四分之一的政府债务是欠美国之外的其他国家公民和机构的。偿还这些债务确实需要从美国经济中抽出大量货币和资金。

但是，从历史上看，美国之外其他国家的居民和机构确实非常乐意为美国政府的债务提供借款，因为他们认为美国政府债券是世界上最安全的资产。因此，除非国际社会对美国政府债券的这种偏好发生改变，否则当美国政府偿还这些国外贷款人的债务后，他们还会把这些钱重新借给美国政府，从而使货币重新流回到美国经济体中。

### □ 借款限制？

第三个担心多次被人们提及，即政府借款是否应该存在上限？过多的政府借款是否会使国家经济走向衰落？这一问题的答案更多具有政治色彩和心理倾向。

只要存在有意向的贷款人，政府便能借到资金。若贷款人认为政府的债务是在可控的范围内，他们便会提供资金。但若政府表现出它没能力偿债，或金融市场认定政府不会偿债，即存在**主权违约**（sovereign default）风险，则贷款人将把资金借给其他更可靠的借款人。

什么时候贷款人会拒绝出借资金？并无一个明确的答案。专家可能会援引各种各样政府债务占 GDP 的比例数值，来表明债务已达到上限水平。学者也可能会援引历史上的经验教训。但事实上的问题却是另外一回事：在债务占 GDP 的比例为多少时，贷款人会预期政府不会准时偿还借款？许多因素，包括政治因素、心理倾向和经济因素等，均会影响贷款人的判断。因此，对某个国家而言，债务比例可能为60%，对另一个国家而言，则可能高达 110%。

若政府不能筹资以偿还其债务，则它将面临两种选择。其一，政府可以实施一项**经济紧缩计划**（austerity plan），通过削减开销和增加税收来消除赤字和借款需求。但这项紧缩计划的短期后果是会使总需求出现急剧下降，从而导致经济衰退。

其二，政府可以接管中央银行，并要求它直接给政府提供资金援助，但这样做的后果是会导致通胀。若预算赤字过于庞大，很可能会造成恶性通胀。由于这一选项的后果很恶劣，所以任何负责任的政府（包括美国政府）均会竭力阻止国家对中央银行实行国有化。

---

**习题** ☞

9. 当联邦政府出现赤字时，它如何筹集资金弥补这些赤字？

10. 如何定义"结构性赤字"？ARRA 是否直接导致结构性赤字的增加？请解释原因。

11. 针对政府借款可能导致的负面影响，公众表现出了哪些担忧？

---

# 第 11 章

# 货币创造

改变货币供给是美联储常用的货币政策工具之一。但货币是如何创造的呢？当银行发放贷款时，便创造出了货币。美联储之所以能影响货币创造，是因为根据美国法律，各银行必须在美联储保持一定的"准备金"。对每家银行而言，这些准备金构成了储户存款总额的一定比例。当银行准备金增加时，货币创造增加的总量将远大于增加的准备金。

## 重要术语和概念

货币

交易媒介（支付手段）

计价单位

价值储存

商品货币

法定货币（符号货币）

硬币

现金

通货

联邦储备券

流动性

M1

M2

金融机构

银行

支票

存款总额

清算公司

在美联储的准备金余额

银行体系

库存现金

流通中

银行挤兑

比例准备金制度

法定准备金

法定准备金率

超额准备金

联邦基金利率

贴现率

贴现窗口

T 账目表

货币乘数

157

$$货币乘数 = \frac{1}{法定准备金率}$$

$$\Delta M = 初始 \ \Delta ER \times 货币乘数$$

# 何谓货币?

在我们探讨货币如何创造之前,必须先搞清楚货币是什么。在讨论货币是什么时,人们很容易相互混淆。经济学家所指的货币和绝大多数人理解的货币通常是有区别的。

## □ 货币的定义

货币(money)是指能被用来购买商品和服务的资产。资产是指当我们拥有时能获得价值的事物。一项资产要成为货币,必须具备 3 种基本功能,即交易媒介、计价单位和价值储存手段。

若一项资产被人们用来交换商品和服务,则它便成了一种**交易媒介**(medium of exchange),有时也被叫做**支付手段**(means of payment)。杂货商接受支票以交换各类杂货,因此支票是一种交易媒介。但杂货商通常不会同意人们用冰激凌和他交换杂货,因此冰激凌不属于一种交易媒介。

若一项资产被用来表示价格水平,则它是一种**计价单位**(unit of account)。一箱谷物制品的价格用美元表示,因此美元便成了一种计价单位。但通常不会用冰激凌的数量来表示这箱谷物的价格,因此冰激凌不属于一种计价单位。

若一项资产的价值不随时间流逝而消失,则它便成了一种**价值储存**(store of value)手段。一美元钱扔在抽屉里,不管隔多久还是一美元,因此它是一种价值储存手段。放在抽屉里的冰激凌很容易就会融化,因此冰激凌不能用做价值储存手段。

在不同国家和不同社会时期,不同的资产曾充当过货币这一角色。一个被人们经常引用的例子是第二次世界大战时期许多战俘集中营中盛行的香烟。由红十字会每月发放一次的香烟,被战俘当做一种交易媒介、计价单位和价值储存手段。因此,香烟成了一种货币。[①]

当作为货币的资产像香烟一样除充当货币之外还有更多用途时,经济学家称之为**商品货币**(commodity money)。商品货币的替代形式是**法定货币**(fiat money)或**符号货币**(token money),其本身并不具有使用性。在当今美国,所使用的法定货币有:硬币、纸币、旅行支票和支票账户余额。**硬币**(coin)包括便士、镍币、10 分硬币等。纸币就是纸钞。**现金**(cash)和**通货**(currency)是硬币和纸币的

---

① Radford, R. A. "The Economic Organisation of a P. O. W. Camp," *Economica* 12(November 1945): 189-201.

统称。

流通货币本身并无多大价值。你不能把它当香烟吸，不能把它当黄金用来打造成项链，也不能把它当笔记本用于书写。它只有作为货币时才具有价值。

在美国，硬币由美国造币厂铸造，纸币由作为财政部分支机构的铸币局发行。新发行的纸钞被运往美联储，由美联储负责分配到各银行机构。每张纸钞上均印有**联邦储备券**（Federal Reserve Note）的字样，并被打上美国财政部的钢印，表明它既是美联储也是联邦政府的一项法定通货。

许多人错误地认为信用卡也算一种货币，但信用卡只代表一种债务关系，而不是一项资产。债务意味着我们欠其他人钱。当我们刷卡消费时，我们实际上是向信用卡公司借钱消费。不管我们是否每个月都保持信用卡余额平衡，只要使用信用卡，便会产生债务关系。因此，信用卡不属于货币。

## 习题 ☞

（所有习题的答案，参见本书后面。）

1. 请描述货币的 3 个重要特性。根据这些特性，为什么说信用卡不属于货币？
2. 以下各项所指是否属于货币？若是，应属商品货币还是法定货币？
   a. 18 世纪西非地区使用的贝壳；
   b. 使用代币的城市里的小车和地铁代币；
   c. 伊利诺伊州芝加哥市使用的欧元。

## □ 衡量货币

**流动性**（liquidity）用于描述一项资产兑现成现金的便利程度。一些资产的流动性较高，其他一些资产的流动性较低。流动性资产指很容易就能兑换成现金的资产，在将该资产兑换成现金的过程中，只需花费较短的时间，且支付较少的成本。由此可见，现金显然是最具流动性的资产。支票账户余额是一项流动性极高的资产，因为你只需要一台 ATM 机便能将它们取现出来。

非流动性资产指不易于兑换成现金的资产，在将它兑换成现金时，需花费较长时间或支付较高成本。一所房屋是一项非流动性资产，退休金余额也一样。因为要将这两者兑换成现金，必然会产生较大的费用，还需要一定的延误时间。

由于各类资产的流动性不一样，哪些金融资产可归为货币或不可归为货币并非一目了然。由美联储确定哪些资产可被归类为货币。当前，美联储会定期公布两种货币供给情况，即 M1 和 M2。**M1** 包括最具流动性的资产，**M2** 则由 M1 和其他一些能以相对较低的成本兑换成现金的流动性稍低于 M1 的资产构成。

M1 主要包括：

- 非银行公众所持有的现金和纸币；
- 旅行支票；
- 非银行公众在商业银行的活期存款；
- 信用社和储蓄机构持有的其他活期存款。

M2 主要包括：

- M1；
- 储蓄存款（包括货币市场的存款账户）；
- 10 万美元以下的定期存款，但不包括养老金账户；
- 零售货币市场的共同基金余额，也不包括养老金账户。

图 11—1 描绘了 1960 年以来美国经济体的货币供给情况。图中可见，M1 在 20 世纪后半叶，每年差不多以 5％ 的速率增长，M2 的增长速率高达 7％，并且在 2010 年超出了 8.5 万亿美元。

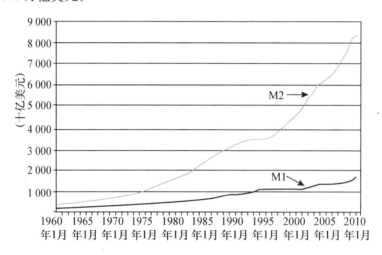

**图 11—1　美国历史上的 M1 和 M2 走势：1960—2010 年**

M1 包括硬币、纸币、旅行支票和支票账户余额。M1 从 1960 年的 1 000 亿美元多增至 2010 年的 1.7 万亿美元左右，年均增长率约为 5％。M2 包括 M1、储蓄账户、小额定期存单和货币市场共同基金。M2 从 1960 年的不到 3 000 亿美元增至 2010 年的 8.5 万亿美元左右，年均增长率接近 7％。

### □ 货币和其他资产的区别

根据定义，货币是指可用作交易媒介、计价单位和价值储存手段的金融资产。在美国，货币通常是指现金和支票账户余额。这便是通常所谓的货币。那么哪些不能算作货币呢？

- 货币不等同于财富；
- 货币不等同于收入。

财富是指我们所有资产减去所有负债的余额。人们常说"我希望在退休之前能积累一大笔钱"，但这句话其实并不确切，因为说到底他们所需要的其实不是钱，而是财富。

人们可能希望获得股票、一大笔退休金、一栋房子或金银项链，但这些东西均不属于货币。货币是我们所持有的一项资产，但并非我们所有的资产都属于货币。

收入是我们付出劳动或其他要素生产商品和服务所获得的报酬。人们常说"我希望获得一份高工资的工作"，但他们所需要的其实不是工资，而是收入。

无疑，我们中多数人都获得货币报酬，以现金形式或以支票形式。但人们是否将部分收入存入退休基金呢？有一部分工资以非货币资产的形式被存入了退休基金，因此，货币只是我们获得的报酬之一，我们的收入并不都由货币支付。

**习题** ☞

3. M1 指什么？M2 指什么？哪一种货币供给（M1 和 M2）在 20 世纪后半叶出现迅猛增长？

4. 以下各项陈述分别是指货币、收入还是财富？

a. 我每月薪水为 3 000 美元；

b. 我的薪水中包含许多扣除项，使我只能获得 2 000 美元月薪；

c. 到 50 岁时我要争取成为百万富翁；

d. 我的支票账户里收到一笔 900 美元的款项；

e. 我出售了一项价值 300 美元的艺术品；

f. 当金融市场崩盘后，我的退休基金蒸发了 25％。

## 银行和支票清算

存在许多类型的**金融机构**（financial institutions）——促进资金在借款人和贷款人之间流转的公司。但是，银行、信用社和储蓄机构（下文均简称为银行）具有特殊性。**银行**（bank）具有以下三项基本功能：

- 吸收消费者的存款；
- 向借款人发放贷款；
- 为股东谋求利润收入。

当你把钱存入支票账户却需要支付房东房租时，你会怎么做？你会开一张支票或在网上划出一笔钱给房东。如此一来，交房租的钱便从你的支票账户转到了你房东的账户上。这其中隐含着什么经济学道理呢？

**支票**（check）是由支票开具人所开具的一种支付凭证，用以通知支票开具人的开户银行，在见到支票时从银行账户中划出一定额度货币给另一个规定的账户。因此，若你开了一张写有"给房东罗德"的 800 美元的支票，这意味着你运用支票这种金融工具从账户中向罗德的账户转入 800 美元。网上划拨资金仅仅是支票的电子形式，它同样表明你要求开户行向某个账户转入一定额度的金钱。

经济学家用存款来表示支票账户余额。这可能会有一些混淆，因为人们习惯用存款表示存入银行账户的资金。**存款总额**（total deposits）是指任何一个账户在某个特定时点的余额，例如，在周三下午 5 点，玛丽账户的存款总额为 4 231.77 美元，乔伊账户只有 310.03 美元，罗德账户却有 53 309.56 美元。

当账户结算时，资金将从支票开具人的账户被划转到支票接收人的账户中。若所有人的开户行都一样，不妨假设为 A 行，则整个结算过程将会非常简单。你只要通知你的开户行 A 行，让它从你的账户里转出 800 美元到 A 行罗德的账户里即可。A 行将把你的账户减少 800 美元，而把罗德的账户增加 800 美元。这便是结算过程。由此可见，A 行的存款总额并未发生变化，只是不同户主的账户余额发生了变化。

但若你的账户和罗德的账户不在同一个银行，该怎么办呢？这时，便需要采取某种方式在不同银行间进行清算。此时，两家银行会转向某家**清算公司**（clearing house），即专门从事不同银行之间资金交割的机构。在美国，银行清算公司由美联储充当。

提示 ☞

注意，美联储是联邦储备体系的简称，它并不是一个联邦政府机构。美联储是美国的中央银行，由国会设立，但独立运行。

和你在 A 行的账户一样，你的开户行 A 行在清算公司（联邦储备银行或美联储）也开设了一个账户，该账户的余额称为**在美联储的准备金余额**（reserve balance at the Fed）。

开户行在美联储的准备金余额类似于你在开户行的账户余额。你的存款是一项为你所有的资产，你随时都可以取现。你显然可以通知开户行从你的账户中划出一笔资金，当开户行接到你开具的支票时，便会这么做。

同理，银行在美联储的准备金是银行资产。银行显然可以通知作为清算公司的美联储从其账户中划出一笔资金。当美联储接到银行要求将一笔资金转入另一个银行账户的申请时，便会这么做。

不妨仍以你偿付的 800 美元房租为例。你的支票账户的开户行是 A 行，你的房东罗德的开户行是 B 行。你通知你的开户行（不管以支票形式还是网络形式）从你的账户中扣划 800 美元到罗德的账户中。此时，会发生什么情况？

- A 行将你的支票账户减少 800 美元；
- A 行通知美联储从其准备金账户中转 800 美元到 B 行的准备金账户中；
- B 行向房东罗德的支票账户中转入 800 美元。

这样一来，A 行的存款余额和在美联储的准备金账户均减少了 800 美元。由于你的支票账户扣除 800 美元，导致 A 行存款减少。由于 A 行在美联储的准备金账户转出了 800 美元，导致其存款准备金也减少。

相反，现在 B 行的存款余额和在美联储的准备金均增加了 800 美元。由于 B 行罗德的支票账户收到 800 美元，导致 B 行存款增加。由于 B 行在美联储的准备金账户转入了 800 美元，导致其存款准备金也增加。

整个银行体系发生了什么变化呢？**银行体系**（banking system）——全部银行作为一个整体——的存款总额和准备金总额并未发生变化。存款总额未发生变化，是因为只是从你的账户转出 800 美元到罗德的账户中。准备金总额未发生变化，是因为只是从 A 行的准备金账户转出 800 美元到 B 行的准备金账户中。因此总体上看，银行体系的存款总额和准备金总额均保持不变。

类似过程在你存入一笔资金时同样成立。假设你的老板给你开了一张 500 美元的支票，而他的开户行是 B 行。情况会怎样？

- 你在 ATM 机上存入 500 美元；

- A 行向你的支票账户转入 500 美元；
- A 行通知美联储从 B 行转入 500 美元准备金到其准备金账户中；
- B 行收到通知，告知其在美联储的准备金账户余额减少了 500 美元；
- B 行在你老板的支票账户里扣除 500 美元。

若你老板的支票账户余额不足 500 美元怎么办？此时，支票将会作废，这意味着它不会得到兑现。上述转账步骤将会倒过来走一遍，并且每一步骤都需扣除一定费用。也就是说，B 行将会把支票交还给 A 行，并向你的老板收取一定的费用，因为他的支票账户余额不足以开具一张 500 美元的支票。美联储将把 500 美元归还给 B 行的准备金账户，A 行也会从你的账户中扣掉 500 美元，并向你收取一定费用。如此一来，你显然会对你的老板的做法感到很生气。

支票作废（由于账户资金不足）的可能性，是银行有时会在一段时间里限制某个账户，规定户主存入一笔资金的几天后才能使用该笔存款的原因所在。在以往时期，银行需要花费一周时间才能辨别一张支票是否会因其开票人的账户余额不足而作废。支票必须重新从接收银行运往美联储，并继续运到其最初的开票行。若一张支票在旧金山的某家银行开具，并被发往纽约的某家银行，则它必须穿越整个国家的距离。因此，一张巨额支票或异城支票需要 10 天左右的冻结期是有一定道理的。今天，所有这些都通过电子实施，在 ATM 收到一笔存款后的 24 个小时内，你便可从开票行提取这笔款项。

**习题 ☞**

5. 支票指什么？支票和网络支付之间是否存在区别？

6. 假设你的开户行是旗行（Tree Bank），你想给开户行是海弗银行（Hive Bank）的某慈善机构开一张 100 美元的捐款支票，请问该慈善机构如何获得这笔捐款？

7. 当你给题 6 中的慈善机构开具一张 100 美元的支票时，会给以下各项带来什么影响？
   a. 你的支票账户余额；
   b. 慈善机构的支票账户余额；
   c. 银行体系的存款总额；
   d. 旗行在美联储的准备金账户余额；
   e. 海弗银行在美联储的准备金账户余额；
   f. 银行体系的准备金总额。

## □ 银行准备金总额

银行在美联储的准备金账户是银行维持一定准备金的一种途径。另一种途径是银行在其仓库、出纳员抽屉或 ATM 机里保持一定的准备金。我们用**库存现金**（vault cash）来表示银行内部所有留存的现金总和。

银行通常只会将准备金中的很少一部分以库存现金的形式持有。这主要出于两个原因：首先库存现金不会给银行创造利息收益，其次可能存在失窃风险。平均而

第 11 章

货币创造

言，只有约 5％ 的准备金以库存现金形式持有。

由于库存现金相对于银行在美联储的准备金而言非常之少，准备金的绝大多数变动均指后者的变动。经济学家通常将"在美联储的准备金余额"简称为"准备金"。

只有**流通中**（in circulation）的现金才能称为货币。出纳员抽屉和 ATM 里的现金或锁在仓库里的现金不能被称做货币。你的手持现金可被称做货币。经济体（非银行公众）流通中的现金需求即所谓的"货币"。

银行准备金，包括库存现金和银行在美联储的准备金余额，称做银行资产。银行的目的是为了盈利，因此，银行有激励持有收益相对较高的资产。库存现金的收益率为零。2008 年 10 月之前，美联储都不向银行准备金余额支付利息，因此其收益率也为零。如今，美联储规定向银行准备金存款支付一个非常低的 0.25％ 的利率。因此，银行在美联储准备金账户的收益率不再为零，但仍然非常低。由于如此之低的回报率，银行有动机保持一个非常低的准备金水平。

尽管银行有激励保持较低的准备金水平，它们却不得不因为考虑到储户的取款需求而保持必要的准备金。银行客户希望银行能持有足够的准备金，以便随时满足他们的提款需求。我们很难设想会出现以下情况：由于开户行 A 行的准备金不足，使你不能给房东罗德支付 800 美元房租。若公众知道其开户行由于准备金不足而不能满足客户的提款需求，则他们可能会一窝蜂地涌向银行，造成**银行挤兑**（run on the bank）现象。若你看过影片《欢乐满人间》，你肯定会对银行挤兑现象有所印象。银行客户（亲自或通过网上银行）涌向银行，要求兑现他们的存款。

因此，一些人可能会认为银行应该将所有存款都作为准备金，但其实并不需要这么做。银行只要持有能满足给定某一天的取现需求的准备金即可。因为并非每个人都会在同一天内取走他们的所有存款，所以银行能在只持有部分存款的同时，满足人们所有的即时取款需求。经济学家将准备金低于存款总额的银行体系称为**比例准备金制度**（fractional reserve system）。

美联储监管法规规定了银行所必须保持的准备金的最低限度，即所谓的银行**法定准备金**（required reserves）。法定准备金不是一个确定的数额，而是银行存款总额的一个比例。除了一些规模最小的银行（存款总额低于 5 000 万美元）之外，美国的法定准备金至少须占存款总额的 10％。经济学家称之为**法定准备金率**（required reserve ratio）。由此，法定准备金率乘以银行存款总额即为法定准备金余额。

据此，一家存款总额为 5 000 万美元的银行，必须在美联储留有 500 万美元的法定准备金；一家存款总额为 7 500 亿美元的银行，则必须在美联储留有 750 亿美元的法定准备金。

银行也可能会留有高于法定准备金的准备金余额。准备金总额和法定准备金之间的差额称做**超额准备金**（excess reserve）。其各自的符号一般表示如下：

- 准备金总额：$TR$；
- 法定准备金：$RR$；
- 超额准备金：$ER$。

其中，$ER=TR-RR$。

美联储并不会在同一天将某家银行的存款总额和准备金总额进行一次对账。相反，一般每隔一个月美联储会将两者进行一次对账。这使银行出于某些原因未能保持法定准备金时，有足够的时间增加其准备金总额，以满足美联储的准备金要求。

当一家银行发现其准备金余额低于法定准备金时，它可以采取以下 3 种做法增加准备金：

- 收回一项贷款，即要求借款人马上归还贷款；
- 从其他银行借入准备金；
- 从美联储借入准备金。

通常，银行不会通过收回贷款来补偿准备金要求。许多贷款合约，如抵押贷款合约，不允许银行随意收回贷款，但一些商业贷款却允许银行这么做。但银行若要求借款人马上归还贷款，则势必会破坏双方之间的业务关系，这会带来高昂的交易成本，因此银行很少会这么做。

另一方面，从其他银行借入资金以满足准备金要求却非常普遍。银行之间的准备金借贷通常属于隔夜拆借，目的仅仅是弥补准备金要求。在美国，某银行出于这种目的而向其他银行借款的隔夜拆借所收取的利率，被称为**联邦基金利率**（federal funds rate）。

银行也可以直接到美联储那里借款以弥补准备金余额不足。为此，银行需给美联储支付的利率称为**贴现率**（discount rate）。借贷行为通常发生在所谓的**贴现窗口**（discount window）。但实际上并不需要一个像银行柜台一样的窗口，所有过程都借助电子平台实现。有趣的是，在美国一些历史悠久的旧式美联储分行，如克利夫兰的联邦储备银行，贴现窗口通常被当做古董一样保存了下来。

习题 ☞

8. 为什么银行有激励保持相对较低的准备金水平？为什么美联储要设置一个最低存款准备金要求？

9. 假设法定准备金率为 10%，一家银行的存款总额为 5.45 亿美元，准备金总额为 6 000 万美元。请问法定准备金为多少？超额准备金为多少？

10. 假设法定准备金率为 10%，一家银行的存款总额为 5.45 亿美元，准备金总额为 5 000 万美元。请问法定准备金应该为多少？为满足这一要求，银行可以采取哪些方式进行弥补？

# 银行通过放贷创造货币

货币供给是如何创造的？这一问题的答案初看起来与常理相反——货币并非通过造币厂印行得到创造。尽管美国铸币局确实负责发行纸币，造币厂也确实负责铸造硬币，但它们的行为并不会创造货币，也就是说它们不会增加经济体中的货币总量。

当你从 ATM 机取出 100 美元现金时，流通货币便增加了 100 美元，而你的支票账户却减少了 100 美元。因此，货币总量，即硬币、通货、旅行支票和支票账户余额的总和并未增加。

**提示** ☞

记住，库存现金不能计入货币供给。ATM 机和出纳员抽屉里的通货或银行库存现金并未进入流通领域，因此不能计作货币。

类似地，当更多纸币被印发出来或更多硬币被铸造出来时，经济体的货币并未增加。新发行的纸币只是被用来替代破旧不堪而遭废弃的旧纸币，新铸造的硬币也只是替代旧硬币。它们被运往银行以交换银行在美联储的准备金。银行反过来会将它们兑现给客户以充当存款。

那么货币是如何创造出来的呢？注意，货币包括了支票账户余额。当银行为多换借据而增加支票账户余额时，货币便被创造出来了。换言之，银行通过发放贷款来创造货币。

## □ 货币创造过程概览

创造货币的过程如下所述：当一家持有一定超额准备金的银行向客户扩大放贷时，只要贷款顺利通过，银行便会增加该客户的支票账户余额。货币由此得以创造。

**提示** ☞

银行也可以通过出借现金来创造货币，虽然库存现金不算货币，但公众手上持有的现金却属于货币。然而，几乎每笔贷款都是采取增加存款余额的形式发放的。

银行能创造的贷款总额要受到哪些制约呢？法定准备金率。银行必须在美联储持有占存款总额一定比例的准备金。客户会用从银行借来的钱购买商品，向某人开具支票由开户行承兑，或采取网上转账。若收款人的开户行不在同一家银行，准备金将被转入另一家银行。此时，后一家银行将拥有一定的超额准备金，第一家银行则不然。若第一家银行没有超额准备金，它便不能发放其他贷款。

我们不妨从某家具备超额准备金的银行开始，看看货币是如何通过银行体系得以创造的。主要过程如下所示：

- A 行持有超额准备金；

- A 行向某客户发放一笔额度等于超额准备金的贷款；
- A 行将这笔贷款转入该客户的支票账户，货币便得以创造；
- 客户有了这笔存款后，向开户行为 B 行的某人开具了一张支票；
- A 行的超额准备金被转入 B 行，B 行的准备金得到增加；
- 新创造的货币被转入 B 行该客户的支票账户；
- B 行必须把新存款的 10% 作为法定准备金，剩下的 90% 超额准备金可以借贷出去；
- B 行将所有超额准备金贷给了某位客户；
- B 行将这笔贷款转入该客户的支票账户，更多货币得以创造；
- 客户有了这笔存款后，向开户行为 C 行的某人开具了一张支票；
- B 行的超额准备金被转入 C 行，C 行的准备金得到增加；
- 新创造的货币被转入 C 行该客户的支票账户；
- C 行必须把新存款的 10% 作为法定准备金，剩下的 90% 超额准备金可以借贷出去；
- C 行将所有超额准备金贷给了某位客户；
- C 行将这笔贷款转入该客户的支票账户，更多货币得以创造；
- 如此循环往复下去。

每当银行向客户发放一笔贷款时，货币便得以创造。从 A 行意识到有超额准备金并将其贷出去开始，货币便依次在 A 行、B 行、C 行及其他银行得到不断创造。该过程会一直持续下去。由此可见，银行通过将超额准备金放贷出去来创造货币。

习题 ☞

11. 为什么说印行纸币和货币创造不是同一回事？

12. 旗行有一些超额准备金，为什么它有激励将这些超额准备金作为贷款发放出去呢？在什么情况下，旗行会持有这些超额准备金？

13. 根据以下描述，在哪一时点货币得到创造？"你去银行办理一项助学贷款，手续办完后银行柜员给你开了一张支票，你可以凭该支票到大学财务处交学费，你把支票交给财务负责人，他扣除学费和相关费用后，将支票余额存到你的大学支票账户里。"

14. 若你的开户行没有超额准备金，它是否能向你发放贷款？为什么？

## □ T 账目表

描述货币使用过程的常用方法是所谓的 **T 账目表**（T-accounts），因为它的形式看上去像字母 T。每个机构，不管是银行还是美联储，都有一张 T 账目表。T 账目表可以清楚列出该机构的资产、负债和净资产等内容。回顾前文，我们知道资产是指我们所拥有的财产的价值，负债是指我们欠其他人的钱。净资产是指资产和负债两者间的差额。用公式表示，即

$$净资产(NW) = 资产(A) - 负债(L)$$

由此可见，资产增加会使净资产增加；负债增加会使净资产下降。

习惯做法是将资产内容记在 T 账目表的左栏，将负债和净资产记在 T 账目表的右栏。T 账目表不记明资产、负债和净资产的总值，只记明它们的变化值。由于净资产是资产和负债之间的差额，当资产和负债的变化值相同时，净资产将保持不变。

你的支票账户余额完全归你所有，即它是你的财产之一。但对你的开户行而言，它却是一种债务。银行欠你的负债等于你的账户余额。类似地，银行在美联储的准备金余额是它的一项资产，但却是美联储的负债，美联储欠某银行的负债等于该银行的准备金账户的余额。

首先，我们不妨用 T 账目表来描述结算过程。假设你给你的房东罗德开具了一张 800 美元的支票，你的开户行是 A 行，罗德的开户行是 B 行。图 11—2 以 T 账目表的形式描绘了这一变动。A 行将从你的支票账户中扣除 800 美元，它在美联储的准备金账户也将被扣除 800 美元，B 行向罗德的支票账户转入 800 美元，它在美联储的准备金账户转入 800 美元。其中，A 行的准备金账户扣除的 800 美元被转入了 B 行的的准备金账户。

| A行 | |
|---|---|
| 资产 | 负债 |
| 在美联储的准备金 　　　−800 | 你的支票账户余额　　−800 |

| B行 | |
|---|---|
| 资产 | 负债 |
| 在美联储的准备金 　　　+800 | 罗德的支票账户余额　　+800 |

| 联邦储备银行 | |
|---|---|
| 资产 | 负债 |
| | A 行的准备金 　　　　　　−800 |
| | B 行的准备金 　　　　　　+800 |

**图 11—2　从 A 行向 B 行转入一张 800 美元的支票**

T 账目表表示资产（左栏）、债务和净资产（右栏）的变动情况。当你开具一张 800 美元的支票给罗德时，A 行将从你的支票账户里扣除 800 美元，B 行将向罗德的支票账户里转入 800 美元。美联储也从 A 行的准备金账户里扣除 800 美元，并转入 B 行的准备金账户，这在美联储的 T 账目表和 A 行、B 行的 T 账目表中均有记录。

在各个机构内部，资产变化额等于负债变化额。因此，净资产并未发生改变。A 行的资产和负债均减少 800 美元，B 行的资产和负债均增加 800 美元。美联储的资产总额和负债总额不发生变化，只是在 A 行和 B 行之间做了一些转出转入而已。

**习题**

15. 以下各项对谁而言构成一项资产？对谁而言构成一项负债？

a. 你在旗行的支票账户的余额；

b. 旗行在美联储的准备金账户的余额；

c. 你皮夹里的 5 美元钱；

d. 旗行 5 美元的库存现金。

16. 用 T 账目表表示你老板的开户银行海弗银行向你在旗行的支票账户转入 500 美元导致的资产和负债的变动过程。

17. 用 T 账目表表示你从在旗行的支票账户向某慈善机构在海弗银行的支票账户转入 100 美元导致的资产和负债的变动过程。

## □ 用 T 账目表描述货币创造

我们现在用 T 账目表描述货币是如何被创造出来的。这一过程其实和我们前面所描述的并无不同，但现在我们用一个数值例子和 T 账目表表示银行如何创造货币。

假设 A 行持有 10 000 美元的超额准备金（第 12 章我们将分析美联储如何增加或减少银行的超额准备金总额）。图 11—3 描绘了货币创造过程的前面几个步骤。A 行将 10 000 美元借给服装店老板玛丽，玛丽想用这笔钱添置展架等。玛丽填好贷款登记资料后，便产生了一张欠 A 行的借据。这张借据构成了银行的一项资产。银行由此便持有了一笔未收回的债务，它向玛丽的支票账户转入 10 000 美元，货币得以创造。

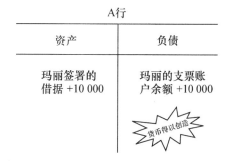

**图 11—3　货币创造过程中的第一笔贷款**

A 行向服装店老板玛丽贷款 10 000 美元，现在其持有一张玛丽签署的借据（该借据即为一项金融资产），A 行将款项转入玛丽的支票账户，由此便创造了 10 000 美元货币。

现在，玛丽便能用这笔 10 000 美元的贷款向多莉展架店购买服装展架了。由于多莉的开户行是 B 行，所以这 10 000 美元的支付额必须通过清算公司结算。图 11—4 描绘了这些过程。A 行从玛丽的支票账户里扣除 10 000 美元。美联储从 A 行的准备金账户中向 B 行的准备金账户转入 10 000 美元，B 行向多莉的支票账户转入 10 000 美元。这样一来，新货币便得以创造，如图 11—4 所示。由此可见，只在经济体和银行体系内部才存在货币流动。

由于多莉的支票账户余额增加了 10 000 美元，B 行的存款现在也增加了 10 000 美元。由于美联储规定的法定准备金率为 10%，所以 B 行的法定准备金将增加 1 000 美元。B 行的存款总额增加 10 000 美元，法定准备金增加 1 000 美元，两者之间的差额 9 000 美元即 B 行的超额准备金。

|  | A行 |  |  | B行 |  |
| --- | --- | --- | --- | --- | --- |
|  | 资产 | 负债 |  | 资产 | 负债 |
|  | 玛丽签署的借据 +10 000 | 玛丽的支票账户余额 +10 000 |  | 在美联储的准备金 +10 000 | 多莉的支票账户余额 +10 000 |
|  | 在美联储的准备金 -10 000 | 玛丽的支票账户余额 -10 000 |  |  |  |

|  | 联邦储备银行 |  |
| --- | --- | --- |
|  | 资产 | 负债 |
|  |  | A行的准备金 -10 000 |
|  |  | B行的准备金 +10 000 |

**图 11—4　第一笔借款花费以后**

玛丽给多莉开了一张 10 000 美元的支票，这需要通过美联储结算。A 行中玛丽的账户被扣除 10 000 美元，B 行中多莉账户则转入 10 000 美元。美联储也从 A 行的准备金账户里向 B 行的准备金账户转入 10 000 美元。

B 行新增存款总额＝10 000 美元

B 行新增法定准备金＝10 000 美元×0.10＝1 000 美元

B 行新增超额准备金＝10 000－1 000＝9 000 美元

B 行是一家营利性机构，在美联储的准备金的收益率为 0.25%，但贷款收益率要高得多，因此它会将 9 000 美元超额准备金作为贷款发放出去。

假设 B 行将 9 000 美元贷给了乔伊，乔伊是一名学生，正需要用这笔钱支付州立大学一学期的学费和住宿费。图 11—5 描绘了这一贷款过程。乔伊填写了一份贷款申请资料，由此便产生一张欠 B 行 9 000 美元的借据，这张借据构成了 B 行的一项资产。银行由此便持有了一笔未收回的债务，它向乔伊的支票账户转入 9 000 美元。货币得以创造。

|  | B行 |  |
| --- | --- | --- |
|  | 资产 | 负债 |
|  | 乔伊签署的借据 +9 000 | 乔伊的支票账户余额 +9 000 |

货币得以创造

**图 11—5　货币创造过程中的第二笔贷款**

B 行的超额准备金增加了 9 000 美元，它把这笔钱贷给了乔伊，由此创造出 9 000 美元货币。

现在，乔伊便能用这 9 000 美元的贷款向州立大学支付相关费用，州立大学的开户行是 C 行。美联储通过从 B 行的准备金账户中向 C 行的准备金账户转入 9 000 美元来完成这笔转账交易。

C 行新增 9 000 美元存款，准备金账户也新增了 9 000 美元。由于美联储规定的法定准备金率为 10%，所以这笔转账的法定准备金将增加 900 美元，剩下的新增准备金为超额准备金。C 行可以将这笔 8 100 美元的新增超额准备金作为贷款发放出去，由此创造新的货币供给。

只要银行新增准备金超出法定准备金并可以自由地将超额准备金作为贷款发放出去，上述货币创造过程就会一直持续下去。玛丽完成一笔 10 000 美元贷款时所创造的货币供给仍然存在，乔伊借贷的 9 000 美元同样如此，如此循环往复，从而使创造的货币总额远大于初始借款人所借入的超额准备金数额。

## 习题☞

18. A 行持有 9 万美元的超额准备金，它将其作为贷款发放给某客户。该客户将这笔贷款支付给某位房屋建筑商。建筑商的开户行也是 A 行。请问：A 行是否贷出了它的这笔超额准备金？原因何在？

## 货币乘数

有多少货币被创造出来？若银行贷出了全部超额准备金，且所有货币均被存入支票账户而非保持现金形式，则当法定准备金率为 10% 时，一笔总额为 10 000 美元的初始贷款将创造的货币总额如下所示：

$$
\begin{aligned}
\text{创造的货币总额} &= 10\,000 + 9\,000 + 8\,100 + 7\,290 + \cdots \\
&= 10\,000 + [(1-0.10) \times 10\,000] + [(1-0.10) \times (1-0.10) \times \\
&\quad 10\,000] + [(1-0.10) \times (1-0.10) \times (1-0.10) \\
&\quad \times 10\,000] + \cdots \\
&= 10\,000 + (0.9 \times 10\,000) + (0.9 \times 0.9 \times 10\,000) \\
&\quad + (0.9 \times 0.9 \times 0.9 \times 10\,000) + \cdots \\
&= 10\,000 \times (1 + 0.9 + 0.9^2 + 0.9^3 + \cdots) \\
&= 10\,000 \times \left(\frac{1}{1-0.9}\right) = 10\,000 \times \left(\frac{1}{0.1}\right) \\
&= 10\,000 \times 10 \\
&= 100\,000
\end{aligned}
$$

当法定准备金率为 10% 时，一笔 10 000 美元的初始贷款创造的货币总额为 100 000 美元。

由此可见，货币创造总额等于初始超额准备金变动的某个乘数倍。经济学家将该乘数称为**货币乘数**（money multiplier）。货币乘数的定义如下：

$$
\text{货币乘数} = \frac{M \text{ 的变化总额}}{ER \text{ 的初始变化额}}
$$

本例中，货币乘数为 10，因为由超额准备金的初始变化所创造的货币总额是它的 10 倍。

一般而言，若所有银行将其所有超额准备金作为贷款发放出去，且所有货币都存在支票账户中而非保持现金形式，则货币乘数如下所示：

$$货币乘数 = \frac{1}{法定准备金率}$$

反过来，由超额准备金的初始变化（$\Delta ER$）所创造的货币总额如下所示：

$$\Delta M = 初始\ \Delta ER \times 货币乘数$$

若法定准备金率为 10%，则货币乘数为 10。若法定准备金率为 5%，则货币乘数为 20。若法定准备金率为 15%，则货币乘数约为 6.67。

**习题** ☞

19. 假设银行将所有超额准备金作为贷款发放出去，且所有贷款都以支票账户形式保存。根据下列各项陈述，指出货币乘数分别为多少？有多少货币被创造出来？

a. 超额准备金的初始增加额为 40 万美元，法定准备金率为 10%；

b. 超额准备金的初始增加额为 40 万美元，法定准备金率为 12%；

c. 超额准备金的初始增加额为 20 万美元，法定准备金率为 10%。

20. 若银行决定持有部分超额准备金，而非将它们全部放贷出去，请问由初始贷款所创造的货币总额是否等于法定准备金率的倒数倍？原因何在？

# 第 12 章

# 货币市场

货币市场体现货币和利率之间的关系。中央银行改变利率的举措也会改变经济体中的货币供给。改变经济体中货币供给的各种举措，显然会使利率发生改变。由于存在这种关系，货币政策不能孤立地追求货币供给目标或利率目标。

**重要术语和概念**

| | |
|---|---|
| 货币市场 | 名义货币需求 |
| 货币需求 | 货币价格 |
| 货币供给 | 均衡利率 |
| 均衡货币数量 | 均衡货币存量 |
| 货币存量 | 贴现率 |
| 非货币资产 | 最后贷款人 |
| 财富组合 | 联邦公开市场操作（FOMO） |
| 交易动机 | 折扣债券 |
| 投机（机会成本或利率）动机 | 货币供给目标 |
| 真实货币需求 | 利率目标 |

**重要图形**

货币市场图

## 货币市场概述

为分析货币和利率之间的关系，我们主要关注货币市场。当经济学家论及**货币**

市场（money market）时，这个市场同其他市场具有很多相似之处。**货币需求**（demand for money）主要取决于居民和机构想以货币形式持有部分财富的意愿。**货币供给**（supply of money）主要取决于能创造货币的机构，如通过将超额准备金作为贷款发放出去的银行。当然，也存在**均衡货币数量**（equilibrium amount of money），或经济学家通常所谓的**货币存量**（money stock），即货币供给等于货币需求时的货币数量。

通常存在两种混淆。第一种混淆是货币市场这一称谓。当经济学家论及货币市场的称谓时，他们会把主要关注点放在需求和供给因素上。但或许在你办理银行账户或共同基金业务时，你已经听说过货币市场这一概念。地方银行的货币市场账户属于一种储蓄型账户，它以短期国债和其他债券的当期收益为基础向储户支付利息。货币市场账户不在我们这里讨论的货币市场范畴之内。

造成第二种混淆的原因是忘记了货币的准确定义。在美国，现金和支票账户是货币的通常形式。货币不等于收入和财富，它只是我们持有财富的一种形式。我们可以用货币这种金融资产来购买商品和服务。对货币的需求和想要更多的收入和财富无关，它关系到我们如何把已有财富在货币和其他资产之间进行分配。

为理解货币市场，我们将分析货币供给、货币需求、货币市场均衡，以及能改变均衡货币数量的货币供给和货币需求移动。下面我们依次讨论这几个方面。

## □ 货币需求

货币需求和我们如何持有财富有关。经济学家把我们持有的资产分为两类：货币资产和非货币资产。货币资产指现金和支票账户余额。**非货币资产**（non-money assets）指除货币资产以外的其他资产，如股票、债券、住房、退休金账户、珠宝和黄金等。货币需求关系到我们如何管理自己的**财富组合**（wealth portfolio），即在所有财富中，我们决定以货币资产形式持有多少，以非货币形式持有多少。

在绝大多数教科书中，非货币资产统指债券。但这样做具有误导性，因为债券事实上只是非货币资产的诸多形式之一。这一做法只是一种简化，一种关注重要因素以使复杂问题简单化的思维方式。况且，这种称呼也一目了然。货币和债券讲起来一清二楚，学生很容易就能辨别货币资产和非货币资产之间的区别。这里，我们也沿用这种惯常做法：简单地说，财富可以有两种形式，货币或债券（指所有非货币资产）。

表 12—1 描述了持有货币和持有债券各自的优缺点。货币可直接用于交易，用来购买商品和服务，但却不能获得利息收益。债券能获得利息收益但不能被直接用于交易，它们不能用来购买商品和服务。

**表 12—1**　　货币与债券的比较

|  | 优点 | 缺点 |
|---|---|---|
| 货币 | 能用于购买商品 | 收益率＝0 |
| 债券（非货币资产） | 收益率＞0 | 不能用于购买商品 |

宏观经济学思维

利率和收益率是同一回事。若银行给你支付 3% 的利率，则你的收益率为 3%。

注意，我们在此做了另一个简化假设，即假设货币的收益率为零，债券的收益率为某个正数。一些人确实持有付息支票账户，这是否使我们自相矛盾呢？答案是否定的。我们这里的思路非常简单，即将财富分为两类：一类是可被用来购买商品和服务（通常没有利息或利息很低）的货币资产，另一类是不能直接被用来购买商品和服务（通常能获得某个收益率）的非货币资产。

表 12—1 给出了影响货币需求的两个因素或两种动机：交易和收益率。只有货币而非债券才能被用于交易。我们从事的交易越多，就需要持有越多的货币形式的资产。因此，交易增加会导致货币需求增加。经济学家称之为**交易动机**（transactions motive）。

经济学家通常用收入作为交易的近似替代，因为我们没有衡量交易的直接指标。一个近似替代能够代替另一个变量，因为两者的变动方向相似，即使它们之间也有差别。因为交易倾向于随着收入的上升或下降而增加或减少，所以它是交易的一个合理替代。

企业和政府机构也持有大量财富。在你看待货币需求问题是，不要想当然地行事，想想企业会怎么做很有帮助。

收入上升（由于和更多的交易相关联）导致居民和企业的货币需求增加。人们想持有更多货币，因为他们想购买更多东西，而货币正是我们购买商品和服务所必不可少的。企业想持有更多货币，因为它们需要支付更高的工资和薪水，所以在发工资前它们的银行账户里必须有一大笔存款。

收入下降导致货币需求减少。由于人们持有的货币减少了，他们将减少花费，从而在银行的账户余额也减少。企业裁员后，所需支付的工资将减少，由此只需要在银行账户里存有少量存款即可。上述关系可概括如下：

↑收入 → ↑交易 → ↑货币需求
↓收入 → ↓交易 → ↓货币需求

记住，想要更多货币不等同于想要更多财富或收入，这和我们如何在货币和债券之间分配财富有关。

利率是影响货币需求的另一个因素。关于利率的作用，经济学家有多种说法，一些教科书称之为**投机动机**（speculation motive），另一些教科书则称之为机会成本动机或利率动机。以货币形式持有资产存在一个机会成本，我们持有一美元钱就只有一美元资产，不像债券一样能赚取利息收益。债券（非货币资产）的收益率越高，以货币形式持有资产的机会成本也就越高，因此我们将希望持有更多债券形式的资

第 12 章

货币市场

175

产。利率上升，我们将把更多的资产由货币形式转为债券形式，导致货币需求下降。

反之则反是。随着债券收益率和货币收益率之间的差异不断缩小，我们将会把更多的财富从债券形式转为货币形式，导致货币需求增加。

这是否符合现实？我们确实会这么做吗？答案是肯定的。先撇开货币和债券不谈，我们不妨借用更熟悉的词汇，即支票账户和储蓄账户。你可以直接用支票账户里的资金交房租或购买杂货。但为了用储蓄账户完成这些交易，你首先必须从 ATM 机中取出现金或通过网银将资金从储蓄账户转到支票账户。若储蓄账户利率为 1.5％，支票账户利率为 1％，则 1 000 美元储蓄账户存款 3 周内能比支票账户多获得 0.3 美元的利息收益。因此，将资金从储蓄账户转到支票账户并不合算。

若支票账户无利息，储蓄账户利率很高（比如高达 16％，这正是 20 世纪 80 年代初的情形），情形又将如何？那么，储蓄账户中的 1 000 美元 3 周的利息收益将高达 10 美元。这样的话，你将会有足够动机去好好经管你的货币。你将会在支付每月第一笔开销并将该月基本开销存入支票账户后，将剩下的所有资金存入储蓄账户（这样做不过是举手之劳而已），随后到月末临近时，你会去银行从储蓄账户里转出一部分必要开销到支票账户中。

你每月的开销也许大同小异，但是当债券收益率比货币收益率高出 16％ 时，你势必会减少货币需求而增加债券需求，你会将更多资金从支票账户（货币资产）转出，转入储蓄账户（债券资产）。当债券收益率只比货币收益率高出 0.5％ 时，你很可能会把资金存在支票账户（货币资产）里不动，不去增加储蓄账户（债券资产）余额。概括如下：

$$\uparrow 债券利率 \rightarrow \downarrow 货币需求$$
$$\downarrow 债券利率 \rightarrow \uparrow 货币需求$$

影响货币需求的第三个因素是价格水平。若你每周的家庭开销只要 25 美元，则相对于每周 150 美元的开销，你只在支票账户里存更少钱即可。平均价格水平，比如 CPI 越高，货币需求越大。平均价格水平越低，货币需求越小。即

$$\uparrow 平均价格水平 \rightarrow \uparrow 货币需求$$
$$\downarrow 平均价格水平 \rightarrow \downarrow 货币需求$$

---

**提示** ☞

一些教科书通过分析**真实货币需求**（real money demand）$MD/P$ 来描述价格和货币需求之间的关系。其他教科书主要关注**名义货币需求**（nominal money demand）$MD$，正如我们这里一样。

---

经济学家用一条货币需求曲线来描述收入、利率、价格和货币需求之间的关系。如图 12—1 所示。纵轴表示利率，我们可视其为**货币价格**（price of money），因为利率表示以货币形式持有资产的机会成本。横轴表示货币需求量。利率越高，所对应的货币需求量越低；利率越低，所对应的货币需求量越高。货币需求曲线向下倾斜。

收入增加或价格上涨会使货币需求曲线向右移动。此时，对应于任一利率水平，我们想持有更多的货币形式的资产。收入减少或价格下降会使货币需求曲线向左移

动。此时，对应于任一利率水平，我们想持有更少的货币形式的资产。

## 习题

（所有习题的答案，参见本书后面。）

1. 我们持有财富的形式通常有哪几种？
2. 货币需求是指什么？货币市场是指什么？
3. 持有货币和持有债券各有哪些优缺点？
4. 以下各项分别是如何影响货币需求的？请问各自的影响是沿货币需求曲线移动，还是货币需求曲线本身的移动？

   a. 收入增加；

   b. 利率升高；

   c. 价格上升。

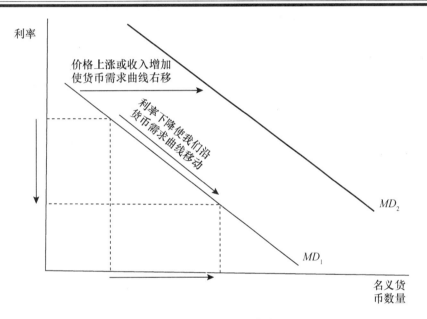

**图 12—1　货币需求曲线**

由于存在投机动机，利率下降将使货币需求量增加，导致沿货币需求曲线的移动。由于存在交易动机，收入增加将使货币需求曲线右移，图中从 $MD_1$ 移到 $MD_2$。平均价格上涨也会使货币需求曲线发生右移。

## □ 货币供给

货币供给是指居民、企业和政府机构可得的货币数量。经济学家通常称"美联储确定货币供给"。严格来说，这并不正确。美联储只是制定货币供给目标，银行才真正创造了货币。银行通过将超额准备金作为贷款发放出去来创造货币。因此，事实上是银行而非美联储决定了货币供给。但美联储的货币政策决定了银行体系中有多少超额准备金。所以经济学家常说：美联储决定了货币供给。

我们把货币供给曲线画成一条垂线。因为我们假定美联储将货币供给 MS 规定在某个水平，市场力量不能促使货币供给量随利率变动而改变。美联储可能会改变其看法，重新设置货币供给水平，但此时我们已有了一条新的对应于该货币供给的垂直的货币供给曲线。

　　货币供给曲线确实是垂直的吗？货币供给是否完全和利率变动无关？老实说，并非一定如此。记住，货币是通过银行将超额准备金放贷出去才得以创造的。因此，只有我们假设银行总是将所有超额准备金放贷出去，由这些贷款创造的货币供给才和利率变动无关。

　　事实上，一些银行确实持有部分超额准备金。在利率非常低时，银行并不能通过贷款利率完全补偿贷款风险，因此它们会持有部分超额准备金。这样一来，对应于一个给定的超额准备金水平，利率越低，银行创造的货币越少。货币供给曲线将会向上倾斜，而非垂直不变。

　　那么，为何几乎所有教科书都把货币供给曲线画成一条垂线？因为不管货币供给曲线是垂直的还是向上倾斜的，我们关于货币市场的一般结论都不会发生变化。

## □ 货币市场均衡

　　像任何市场一样，当货币需求量等于货币供给量时，货币市场达到均衡。在商品和服务市场上，我们寻找均衡价格和均衡产量的组合。对货币市场而言，价格指非货币资产的利率，它测算了以货币形式持有财富的机会成本。我们的问题是，当货币需求等于货币供给时，利率为多少？

　　图12—2阐述了货币市场均衡。货币供给曲线是一条垂线，其对应数值由美联

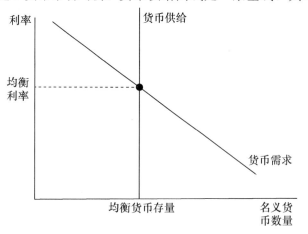

**图12—2　货币市场均衡**

当货币供给量等于货币需求量时，货币市场达到均衡。利率将等于均衡利率水平。货币供给曲线是垂直的，因为我们假设美联储设定货币供给。货币需求曲线向下倾斜，因为非货币资产的收益率是我们持有货币资产的机会成本。

储确定。货币需求是一条向下倾斜的直线，较低的利率对应于一个较高的货币需求。**均衡利率**（equilibrium interest rate）即货币需求等于货币供给时的利率水平。均衡货币数量，经济学家有时候也称之为**均衡货币存量**（equilibrium money stock），即货币需求等于货币供给时的货币数量。

**提示** ☞

由于货币供给不随利率变动而发生变化，均衡货币存量和货币供给不变，很多时候两者可互换使用。

**习题** ☞

5. 为什么我们把货币供给曲线画成一条垂线？

6. 我们常说"美联储决定货币供给"。货币供给实际上由谁决定？

□ **均衡调整**

货币市场如何达成均衡？这里，货币市场和债券市场之间的相互关系是关键。记住，货币和债券只是两种资产（我们用债券指所有不能直接用来购买商品和服务的非货币资产）。

若利率如图 12—3 所示，处在均衡利率上方，则货币需求将低于货币供给。通常，我们持有的货币数量将等于货币供给量，但我们对自己目前的财富分配状态并不满意。我们想减少货币资产持有量，增加债券资产持有量，因为债券收益率是如此之高。

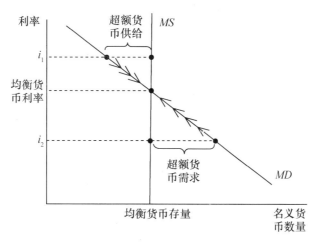

**图 12—3  货币市场均衡的调整**

当利率 $i_1$ 高于均衡利率时，存在超额货币供给。我们把财富从货币转向债券将压低利率，并增加货币需求量。反之，当利率 $i_2$ 低于均衡利率时，存在超额货币需求。我们把财富从债券转向货币将推高利率，并减少货币需求量。

因此，当利率高于均衡利率时，我们将会把财富从货币转向债券，我们用货币去购买更多的债券（非货币资产）。债券购买量的增加将推升债券价格。债券只是一种借据，一个在未来支付一定数额资金给债券持有人的承诺。当债券价格上升时，为了购买相同数量的债券，我们将需要花费更多的钱。为了将来获得一笔相同的债券本金，支付 1 000 美元而非 800 美元，意味着这笔未来支付由较低的收益率构成。也就是说，当债券价格上升时，该债券的收益率将下降。我们将更多的财富由货币转成债券，将导致债券价格上升和债券收益率下降。利率将持续下降，直到其等于均衡利率为止，此时我们将乐意持有均衡利率所对应的货币资产数量。

若利率低于均衡利率水平，又将如何？此时，我们的货币需求将高于货币供给。通常，我们会希望持有更多的货币资产和更少的债券资产，因为债券收益率相对较低。

因此，当利率低于均衡利率时，我们将会把财富从债券转向货币，我们出售债券（非货币资产），把现金存入支票账户。抛售债券将压低债券价格。债券价格下跌后，其收益率会上升。我们将更多财富由债券转成现金，会导致债券价格下跌和利率回升。更高的利率使我们沿货币需求曲线移动到一个货币需求量更高的点，我们更乐意持有现在的货币和债券组合。利率将持续上升，直到等于均衡利率为止，此时我们将乐意持有均衡利率所对应的货币资产数量。

一些教科书以不同方式描述货币市场调整过程，它们主要聚焦于贷款和银行贷款利率，但得出了同样的分析结论。当利率高于均衡利率时，更少居民和企业愿意向银行贷款。银行是一家通过发放贷款和收取贷款利率来追求利润最大化的企业。若在利率高于均衡利率时不采取应对举措，银行的贷款额势必会下降。如此一来，银行盈利将会减少，为避免这点，银行会通过降低利率来刺激贷款需求。利率下降后，更多居民和企业会有意愿去银行贷款，银行会持续降低利率，直到其等于均衡利率水平为止。

若利率低于均衡利率，则情况会怎样？此时，居民和企业的贷款需求将高于银行的贷款供给。美联储会重新设定货币供给目标，通过法定准备金等措施，限定银行所能发放的最高贷款额度。银行也会提高贷款利率，压制贷款需求，直到利率达到均衡利率水平。

### □ 均衡利率的变动

货币需求曲线或货币供给曲线的移动，将会改变均衡利率水平。当收入或价格发生变动时，货币需求曲线将发生移动。收入（交易的近似替代）或价格的上升，会使货币需求曲线右移。对应于任意利率水平，存在一个更高的货币需求量。利率将会持续上升，直到货币需求量再次等于均衡货币存量。图 12—4 阐述了这点。收入或价格的下降，会使货币需求曲线左移，降低均衡利率水平。

若美联储增加货币供给，则货币供给曲线将会出现右移，如图 12—5 所示，利率下降。若美联储减少货币供给，则货币供给曲线将会出现左移，利率上升。

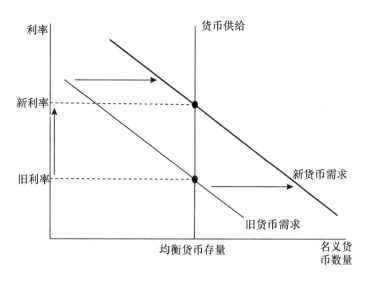

图 12—4　货币需求增加

货币需求增加将使利率上升，均衡货币存量不变，因为它由美联储设定。

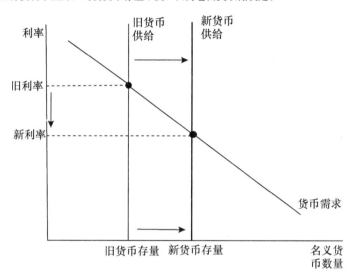

图 12—5　货币供给增加

当美联储增加货币供给时，均衡利率下降，均衡货币存量增加。

习题 ☞

7. 假设货币市场一开始处于均衡，随后货币需求增加。请描述货币市场重新达到均衡的过程。

8. 作一张货币市场图，阐述收入下降的影响。

## □ 美联储如何改变货币供给

传统上，美联储可以用以下三种政策工具改变货币供给：

- 改变法定准备金率。
- 改变贴现率。
- 美联储公开市场操作。

每种工具均通过对银行超额准备金的影响来改变货币供给。（请回顾第 11 章，该章分析了银行如何使用超额准备金来创造货币供给。）

## ☐ 改变法定准备金率

若美联储提高法定准备金率，则银行超额准备金将减少。若银行超额准备金减少，则放贷能力将下降，所能创造的货币也减少。因此，若法定准备金率提高，货币供给将减少。反之，若法定准备金率降低，货币供给增加。

若存款总额为 2 万亿美元，法定准备金率为 12%，则银行必须将 2 万亿美元的 12%，即 2 400 亿美元作为法定准备金。假设美联储将法定准备金率降至 10%，则 2 400 亿美元的法定准备金中有一部分便成了超额准备金。此时的法定准备金为 2 万亿美元的 10%，即 2 000 亿美元，所以超额准备金为 400 亿美元。银行可以把多出来的这笔 400 亿美元的超额准备金放贷出去，创造更多的货币。

20 世纪 60 年代，美联储大约每年会对法定准备金率进行一次调整。但 1992 年后，法定准备金率一直保持不变。改变法定准备金率被经济学家视做一项生硬的工具：即使一个较小的变动，也会导致货币供给发生大幅变动。因此，尽管法定准备金率仍是改变货币供给的一项政策工具，但它几乎很少被动用。

## ☐ 改变贴现率

法定准备金不足的银行可通过向其他银行或美联储借款来满足美联储的准备金要求。**贴现率**（discount rate）指美联储向其他银行索取的贷款利率。贴现率提高会抑制银行向美联储贷款，使其转向其他银行寻求贷款，降低银行体系中的超额准备金，由此减少货币供给。贴现率降低会鼓励银行向美联储贷款，提高银行体系中的超额准备金，进而增加货币供给。

**提示** ☞
不管银行是否持有超额准备金，超额准备金永远不可能为负数。若银行准备金总额低于法定准备金，则其准备金不足，但我们一般不说该银行的超额准备金为负数。

为何从美联储借款会改变货币系统的超额准备金余额？不妨考虑以下例子。假设有两家银行，A 行持有 1 亿美元准备金，但法定准备金要求为 1.2 亿美元，即它存在 2 000 万美元短缺；B 行持有 3 亿美元超额准备金，但法定准备金要求为 2.5 亿美元，即它存在 5 000 万美元的短缺。若 A 行向 B 行借入 2 000 万美元以弥补准备金短缺，则两家银行总共只有 3 000 万美元超额准备金。若 A 行向美联储借入 2 000 万美元以弥补准备金短缺，则两家银行总共有 5 000 万美元超额准备金。因此，从美联储借款而非从其他银行借款，将增加货币系统的超额准备金。

美联储同其他国家的中央银行一样，被视做是**最后贷款人**（lender of last resort），也就是当其他机构都不能向银行提供贷款时，仍然能提供贷款的机构。但向美联储借款通常是其他银行已不愿向该行放贷的信号，这种信号会引起政府银行监管机构的极大注意。结果，从历史上看，在贴现窗口向美联储借款的额度总是相对较低的。

多年以来，美联储一直单独（和利率无关）设定贴现率，但贴现率的变动只对货币供给产生较小影响。在认识到贴现率只是一种效力有限的货币政策工具之后，美联储于 2003 年宣布贴现率将根据一个方程来设定。2003—2008 年间，贴现率被设定为"联邦基金目标利率上扬 100 个基点（100 个基点即 1%）"。2008 年危机爆发前，贴现率为联邦基金目标利率上扬 25 个基点，即当联邦基金利率为 0.5% 时，贴现率为 0.75%。

## □ 联邦公开市场操作

美联储改变货币供给的主要工具是**联邦公开市场操作**（Federal Open Market Operations，FOMO）。联邦公开市场操作指美联储在货币市场上公开买卖美国短期国债、票据和债券的行为。

许多人用国库券指代美国短期国债、票据和债券。为了简化，绝大多数教科书用债券指代短期国债、票据和债券。

理解 FOMO 为何能影响货币供给，需把握以下 3 个关键：

● 美联储能在增加某家银行准备金账户余额的同时，不降低另一家银行的准备金账户余额；

● 货币是指现金加上支票账户余额；

● 银行通过将超额准备金放贷出去来创造货币。

当美联储购买债券时，货币供给增加。当美联储从公众，包括居民、企业和政府机构手中购入债券时，公众将获得支票。支票被存入银行，从而创造出更多货币。结算支票时，这笔钱将被划入银行在美联储的准备金账户。法定准备金率低于 1，使银行准备金余额高于法定要求。银行由此便有了新增超额准备金。显然，银行能将这笔新增超额准备金放贷出去，进一步增加经济体的货币供给。

若美联储出售债券，情况会怎样？这样一来，债券购买方将调整他们的财富组合，增加债券持有量，减少货币持有量。美联储持有较少债券和银行准备金账户余额。债券购买方开户行的客户支票账户余额减少，在美联储的准备金账户余额也相应减少，放贷能力下降。由此可见，当美联储抛售债券时，货币供给下降。概言之：美联储从公众手中购入债券，MS 增加；美联储向公众抛售债券，MS 减少。

习题 ☞

9. 若美联储将法定准备金率由 10% 提高到 15%，将会对超额准备金和货币供给产生哪些影响？

10. 假设美联储向你抛售总额高达 98 000 美元的债券，

a. 这将会对你的交易需求、你的开户行和美联储产生哪些影响？

b. 这将会对超额准备金和货币供给产生哪些影响？

### □ FOMO 和利率

联邦公开市场操作不仅会改变货币供给，而且会使利率发生改变。美联储在公开市场购入债券，意味着其行为某种程度上符合市场供求作用规律。美联储从公众手中购入债券，债券需求增加。同任何其他产品一样，需求增加会使价格上涨。因此，美联储购入债券会使债券价格上涨。

当债券价格上涨时，利率会下降。以下例子可以阐述这点。不妨考虑**折扣债券**（discount bond）的情形，折扣债券是指以低于面值发行的债券。例如，你现在以9 500美元购入一张1年期的面值为10 000美元的债券，意味着你在1年后将获得10 000美元的面值收入。这样一来，你将获得10 000－9 500＝500美元的收益，即收益率为500/9 500＝5.26%。

若你需支付9 800美元购买该债券，情况会如何？此时，你的绝对收入为10 000－9 800＝200美元，即收益率为200/9 800＝2.04%。绝对收益减少，初始支出增加，都会降低你的收益率。因此，

↑债券价格↔↓利率

当美联储抛售债券时，情况会如何？当美联储向公众抛售债券时，债券供给增加。同任何其他产品一样，供给增加会使价格下跌。因此，美联储抛售债券会降低债券价格。若债券价格下跌，则利率上升。

↓债券价格↔↑利率

注意，这里同样的行为会产生两种效应。若美联储从公众手中购入债券，则货币供给增加，同时利率下跌。若美联储向公众抛售债券，则货币供给减少，同时利率上升。概言之，

美联储从公众手中购入债券→↑货币供给且↓利率
美联储向公众抛售债券→↓货币供给且↑利率

**习题** ☞

11. 阐述为何当美联储从公众手中购入债券时，货币供给会增加，利率会下跌。

## 为何美联储必须在货币和利率之间进行选择

中央银行可以设定使货币供给达到某一特定水平的目标，经济学家称之为**货币供给目标**（money supply target）。此外，中央银行也可以设定使关键利率达到某一特定基准的目标，经济学家称之为**利率目标**（interest rate target）。货币供给和利率

宏观经济学思维

之间的关联意味着，中央银行必须在两者之间进行权衡。这种权衡可以借用图 12—6 阐述。

若美联储单独设定货币供给目标和利率目标，则两者之间很可能会相互抵触。如图 12—6 所示，若将货币供给目标设定在 $MS_1$ 上，则均衡利率为 $i_1$；若美联储想将利率维持在 $i_2$，则只能使货币供给降低到 $MS_2$。

选择货币供给目标或利率目标的各自效果，可以通过货币需求移动来分析。收入增加或价格上升，导致货币需求增加。图 12—7 中，上半部分阐述当美联储设定货币供给目标且货币需求同时增加时的情形，即随着货币需求增加，若货币供给仍维持在 $MS_1$ 不变，则利率必定会上升。在既定货币供给目标下，在收入增加或价格上涨时，美联储必须允许利率出现上升。

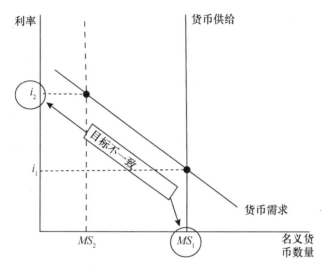

**图 12—6　美联储必须在货币目标和利率目标之间进行选择**

若美联储将货币供给目标设在 $MS_1$ 上，则它不能将 $i_2$ 作为利率目标。为使货币供给目标保持 $MS_1$ 不变，则利率必须下跌到 $i_1$。若美联储想达到 $i_2$ 的利率目标，则货币供给必须降低到 $MS_2$。

反之，若美联储选择利率目标，则情况如何？图 12—7 中下半部分阐述了美联储设定利率目标时的情形。为使利率固定不变，美联储必须增加货币供给，以应对货币需求的增加。因此，在既定利率目标下，当收入增加或价格上涨时，美联储必须允许名义货币供给同时增加。

习题

12. 画一张货币市场图，阐述货币供给目标和利率目标相一致的情形。

13. 假设一开始美联储使货币供给目标和利率目标相一致。随后，收入出现下降。请问：此时为何初始货币供给目标和利率目标开始不一致？用图形阐述你的答案。

14. 若美联储设定了一项货币供给目标，并保持该目标不变，则当价格下跌时，利率会发生什么变化？反之，若美联储设定了一项利率目标，并保持该目标不变，则当价格下跌时，货币供给会发生什么变化？

## 后文提示

在下一章，我们将分析货币政策的实施情况。20世纪80年代，为抑制70年代出现的高达两位数的通胀率，美联储采取了货币政策目标。自90年代初以来，美联储使用了一项利率目标，即将联邦基金利率设在一个目标值上。当今绝大多数国家的央行均是如此：它们设定一个利率目标，允许货币供给发生变动，以便和该利率目标相一致。

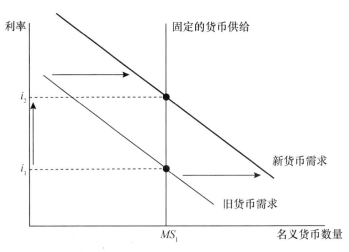

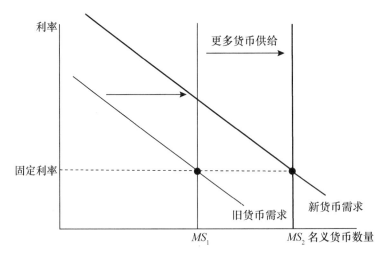

**图 12—7　货币需求增加的影响**

当货币需求增加且央行货币供给目标如图中上半部分所示时，利率必须上升。当货币需求增加且央行利率目标如图中下半部分所示时，货币供给必须增加。

宏观经济学思维

# 第 13 章

# 货币政策和利率

联邦基金利率是美联储货币政策的关注焦点，但也存在许多其他利率类型。长期利率通常（但并不总是）随短期利率变动而变动。实际利率通常随名义利率变动而变动。经济学家只是将它们统称为利率，这种简化一般不会出错，但有时也会遇到一些问题。利率变动会影响总需求。货币数量论只注重用货币供给增长解释通胀现象，却忽视了总需求的变动情况。美联储应该遵循一个既定规则还是实施自由裁量举措，是各方争论的焦点。

## 重要术语和概念

| | |
|---|---|
| 联邦公开市场委员会（FOMC） | 倒转收益曲线 |
| 美联储观察人士 | 名义利率 |
| 经济目标 | 实际利率 |
| 通胀目标 | 利率 |
| 利率目标 | 交易方程式 |
| 货币供给目标 | 流通速率 |
| 政策工具 | 货币数量论 |
| 短期利率 | 货币主义 |
| 长期利率 | 规则 |
| 风险溢价 | 自由裁量 |
| 收益曲线 | 美联储信誉 |
| 正常收益曲线 | 通胀预期 |

## 重要公式

交易方程式：$MV = PY$

## 货币政策目标和工具

美国的货币政策掌控在**联邦公开市场委员会**（Federal Open Market Committee），即 FOMC 手中。联邦公开市场委员会有 12 个有投票权的成员。

- 联邦储备委员会主席。
- 联邦储备委员会 6 名其他成员。
- 纽约联邦储备银行主席。
- 其他 4 家地方性联邦储备银行的主席（轮流任期一年）。

剩下 7 名地方性联邦储备银行主席只是出席联邦公开市场委员会会议、发表演讲、提供意见和评论，但不参与投票。

联邦公开市场委员会每隔 6 周召开一次会议。每次会议结束后，都会发表一份公开声明，陈述联邦公开市场委员会关于接下来几周货币政策方向的决定。利率将提高、降低还是保持不变？货币供给增加将加快、减缓还是不变？那些比较关注联邦公开市场委员会举动的人们通常被称做**美联储观察人士**（Fed watchers），因为他们关注美联储的一举一动。

对美联储举措的描述很容易相互混淆，这主要源于对同一术语，即"目标"的不同使用。当我们说起美联储的目标时，我们是在说当前经济条件下的经济调控目标，还是针对利率和货币供给的目标？遗憾的是，往往相互混淆。

明确区分如下：

- 宗旨：稳定价格。
- 目标：将通胀率控制在 2％～3％。
- 策略：将短期利率设置在 4％。
- 途径：从公众手中购入国库券。

美联储有 3 个基本目标：就业最大化、稳定价格和维持适当的长期利率。每个目标都是对宏观经济的衡量。

当美联储有特定的、要完成的就业、通胀或长期利率水准时，它们便构成了美联储的具体目标。经济学家称之为**"经济目标"**（economic targets）。当经济学家提及美联储的**通胀目标**（inflation-targeting）时，意味着美联储有试图通过货币政策达成的通胀率基准。

目标也指货币政策目标，包括货币供给和利率。货币政策目标是一种策略：若美联储试图通过设定利率实现这一目标，经济学家便称之为**利率目标**（interest rate target）；若美联储试图通过设定货币增长率来实现这一目标，经济学家便称之为**货币供给目标**（money supply target）。

正如第 12 章所述，美联储有许多途径来实现利率目标或货币供给目标。主要包括法定准备金率、贴现率的调整和美国政府债券的公开市场买卖。一些经济学家用**政策工具**（tools）来表示美联储能采取的不同途径。

总之，如何称呼取决于你所使用的教科书，美联储的目标可以指经济目标（通

宏观经济学思维

188

胀程度、就业水平和长期利率标准），也可以指货币政策目标（货币供给增长数量和短期利率标准）。美联储可以通过不同政策工具来实现货币政策目标。

（所有习题的答案，参见本书后面。）

**习题** ☞

1. FOMC 指什么？它有什么作用？
2. 以下各项陈述分别属于宗旨、目标、策略还是途径？
a. 美联储试图将通胀率维持在 2％～3％；
b. 美联储想将货币供给增长率控制在 4％；
c. 美联储想将短期利率控制在 1％。

# 利　率

像绝大多数当今国家的中央银行一样，美联储目前主要运用利率工具。美联储的目标利率是联邦基金利率，即商业银行隔夜拆借市场上的利率。美联储希望通过提高或降低联邦基金利率来调控其他利率。

**提示** ☞

联邦基金不是一种政府资金，它只是为了满足美联储规定的准备金要求，商业银行之间所进行的准备金贷款。

经济体中存在各种各样的利率。对于不同商品和服务，均存在一个不同的价格。同理，每笔贷款也对应于不同利率。我们可以试图列出现实生活中各种不同的价格，但我们很快就会发现，这样做不仅徒劳而且没必要。理发、书籍、钢笔、纸张、鸡翅、啤酒、热水瓶、咖啡杯、裙子、短裤，等等，都有各自不同的价格。要想全部列出，这个单子将会很长很长。

类似地，我们可以将利率分成易于处理的几大类，最常见的类别如下：

- 国库券利率，指联邦政府借款利率。
- 企业债券利率，指公司通过向公众发行债券（借据）筹集资金需支付的利率。
- 企业优惠利率，指信誉最好的企业向最大的商业银行借款需支付的利率。
- 储蓄存款利率，储蓄账户存款所获的利率。
- 信用卡利率，当你的信用卡未全额还款时，需要支付的利率。
- 住房抵押贷款利率，指购买房子的贷款利率。
- 房屋贷款利率，指你把房屋拿去作为抵押，向银行借款需支付的利率。
- 汽车贷款利率，指为购车向银行借款需支付的利率。
- 贴现率，指商业银行为满足准备金要求向美联储借入资金需支付的利率。
- 联邦基金利率，指商业银行隔夜拆借市场的借贷利率。

每种利率既表示借款方支付的利率，也表示贷款方获取的利率。不管称之为借方利率还是贷方利率，数值均相同。对借款方而言，该利率构成了借款成本。对贷

第 13 章

货币政策和利率

189

款方而言，该利率构成了贷款收益。

## □ 联邦基金利率和国库券利率

若美联储想降低联邦基金利率，它不能要求商业银行"降低它们之间在隔夜拆借市场上的借贷利率"。联邦基金利率是一种市场利率，它取决于联邦基金的供求的相互作用，而非美联储的直接指示。

持有超额准备金的银行构成了联邦基金的供给方，法定准备金不足的银行构成了联邦基金的需求方。联邦基金利率是使联邦基金市场出清的均衡利率。

当美联储想增加银行体系的准备金余额时，它可以选择降低联邦基金利率。银行持有的准备金增加，需要借款以满足准备金要求的银行会减少，对联邦基金的需求跟着减少。随着银行体系中的准备金增加，更多银行有能力贷出超额准备金，从而增加联邦基金的供给。图13—1阐释了这点。需求减少和供给增加都指向同一种效应，即联邦基金利率下降。

美联储如何提高银行体系的准备金数量呢？答案是购买国库券。购买国库券会增加国库券需求，使其价格上涨且收益率下降。因此，美联储购买短期国库券会改变两种利率，使短期国库券利率和联邦基金利率均下降。

反之则反是。若美联储试图降低准备金，则有能力将超额准备金放贷出去的银行会减少，联邦基金供给也跟着减少。美联储可以选择提高联邦基金利率。美联储通过抛售国库券来降低银行准备金余额。抛售短期国库券会增加它们的供给，使价格下降且收益率上升。因此，美联储抛售短期国库券，将使短期国库券利率和联邦基金利率上升。

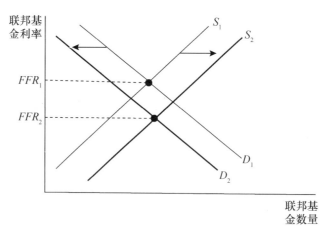

**图13—1　降低联邦基金利率**

当美联储增加银行体系的准备金时，联邦基金需求下降，联邦基金供给增加，由此使联邦基金利率下降。

**习题** ☞

3. 为什么美联储不能简单要求商业银行"改变联邦基金利率"？

4. 当美联储抛售国债（或短期国库券）时，货币供给和利率如何变化？

宏观经济学思维

## □ 各类利率

各类贷款之间可以相互替代。当短期国库券利率上升时，持有短期企业债券的人将售出部分企业债券，购入短期国库券。短期债券抛售将使该类债券的供给增加，价格下降，收益率增加。因此，当某类资产利率上升时，其他替代性资产的利率也会跟着上升。经济学家称：利率倾向于同升同降。

但是，由于不同借款人对持有不同借据有不同偏好，各类贷款之间并非是完全可替代的，彼此之间的利率也不尽相同。联邦基金利率可能只有 0.5%，长期政府债券利率可能是 4%，信用卡利率则可能超过 20%。

利率不总是相等的，这有许多原因。风险，也就是人们认为一笔贷款不被偿还的可能性，存在差异。若借款人无法偿还贷款，他就违约了。违约风险越高，借款人需支付的利率也越高。

由于风险因素很关键，利率将视借款人身份，如政府机构、企业或居民而定。政府机构有权通过征收税收来偿还贷款，这降低了它们违约的可能性，因此政府机构的借款利率通常是最低的。

利率也随偿还期限不同而不同。经济学家用**短期利率**（short-term rates）和**长期利率**（long-term rates）分别指短期贷款和长期贷款的利率。长期利率通常高于短期利率，它通常由预期未来短期利率加上风险溢价构成。

不妨假设持有 10 000 美元的某人，面临以下选择：她可以把这笔钱贷给某人 10 年，也可以把这笔钱贷给某人 1 年，1 年后再把这笔钱贷给另外某人 1 年，如此循环往复。10 年后，无论采取上述哪种方式，她都想获得相同的收益。换言之，她想使 10 年期贷款的年度收益率等同于分 10 年系列的年度平均收益率。因此，经济学家称：长期利率（10 年期贷款的年度收益率）应该反映出当前和未来的预期短期利率。

决定长期利率的第二个因素是贷款人因一笔贷款的长期性想要获得的补偿。几年期间，许多事情都可能发生变化。借款人的经济条件可能变得更糟糕，短期利率可能出人意料地出现大幅上升。经济学家称：由于货币在长期内被冻结，贷款人想获得一个**风险溢价**（risk premium）收益。

把握短期利率和长期利率之间的关系，可以借助于一条收益曲线。**收益曲线**（yield curve）表示某个特定日期某个借款人发行的不同偿还期限的债券收益率或回报率。最常见的收益曲线是美国国库券收益曲线。

图 13—2 描绘了两条收益曲线。长期收益曲线通常在短期收益曲线上方。**正常收益曲线**（normal yield curve）的长期利率高于短期利率。偶尔长期利率会低于短期利率，此时的收益曲线称为**倒转收益曲线**（inverted yield curve）。

美联储对短期利率的改变通常被视做是暂时性的，这会使短期利率的变动高于长期利率。例如，在 2007 年 8 月至 2008 年 12 月期间，联邦基金利率自 5.25% 跌至 0.25%，下跌了 500 个基点，但 10 年期国库券利率只是下降了 200 多个基点，即从 4.6% 下降到 2.5%。长期利率并未下降这么多，因为绝大多数人认为美联储降低联邦基金利率只是暂时现象。

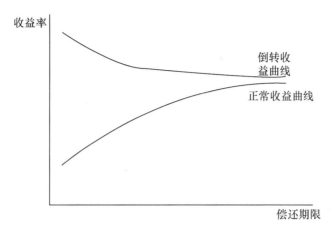

**图 13—2　收益曲线**

收益曲线表示针对某一特定借款人，在某一具体日期利率随贷款偿还期限不同而发生的变化。正常收益曲线的长期利率高于短期利率，倒转收益曲线的长期利率低于短期利率。倒转收益曲线通常很少见。

**习题** ☞

5. 列出生活中常见的 3 种不同类型的利率。

6. 根据下列各项陈述，回答问题：

a. 假设今天的 1 年期利率为 4％，我们预期一年后的 1 年期利率仍是 4％，两年后也是如此。你能指出今天的 3 年期利率为多少吗？

b. 假设今天的 1 年期利率为 4％，我们预期一年后的 1 年期利率仍是 4％，但两年后的 1 年期利率为 8％。请问 3 年期利率会发生什么变化？解释其原因。

c. 假设今天的短期利率为 8％，且收益曲线是倒转的。请问未来预期的短期利率会发生什么变化？

## □ 实际利率

当通胀率为 1％时，定期账户的存款利率为 3％并不糟糕，因为你的财富的增长速度快于价格的上涨幅度。但是当通胀率为 7％而利率为 3％时，情况却比较糟糕，因为价格的上涨速度明显高于名义财富的增长速度。

经济学家用实际利率这一概念表示名义利率和通胀率之间的对比。你在新闻或银行利率报价牌上读到的利率都是指**名义利率**（nominal interest rate），即实际中人们索要或支付的利率。名义利率经通胀因素调整后被称为**实际利率**（real interest rate）。计算实际利率的一般公式是：

$$实际利率(r) = 名义利率(i) - 通胀率$$

**提示** ☞

通常，我们用 $i$ 表示名义利率，用 $r$ 表示实际利率，但一些教科书也用 $r$ 表示名义利率。

前文所述的联邦基金利率和债券利率都是一种名义利率，但会对总需求产生作用的利率却是实际利率。

不妨考虑投资支出。若投资一项工程的实际收益率高于实际利率，则企业会投资该工程。实际收益率假设价格和成本不会因通胀而出现上涨，它通常由名义利率减去通胀率得到。

注意，上述计算类似于比较名义收益率和名义利率，但名义收益率的计算需考虑到通胀率随价格和成本变动而变动的情况。若实际收益率高于实际利率，则名义收益率也必然高于名义利率。

## □ 利　率

经济学家通常将各种类型的利率统称为**利率**（"the" interest rate），好像只存在一种利率一样。这样做意味着所有利率将沿相同方向变动，收益曲线将随所有利率的上升或下降而向上倾斜或向下倾斜，但其形状改变得相对较慢。

做出这种假设的原因很充分，即这样做总是正确的。若美联储提高短期利率，且整条收益曲线以大体相同的形状向上倾斜，则"利率已经提高"这种说法是一个可以接受的简化。

但有时收益曲线也会发生迅速变化。若美联储提高短期利率而保持长期利率不变，则我们将有一条平缓甚至倒转的收益曲线。若美联储降低短期利率而保持长期利率不变，则收益曲线将具有正常形状，但会更加陡峭。两种情况下，美联储都只改变短期利率而保持长期利率不变。

这时候，笼统地说利率可能会具有误导性。若我们忽视长期利率和短期利率的不停变化行为，则会得出货币政策影响宏观经济的错误结论。投资支出主要对长期利率做出回应。若美联储改变利率使收益曲线变得更陡峭或更平坦，货币政策的效果将会大打折扣。

### 习题 ☞

7. 名义利率为 5%，通胀率为 6%，实际利率为多少？

8. 若通胀率上升，名义利率不变，则实际利率如何变化？保持其他因素不变，则会对投资支出产生哪些影响？

9. 什么时候笼统地称利率会出现问题？

## 货币政策和宏观经济

货币政策如何影响宏观经济？扩张性货币政策，即增加货币供给或降低利率，会使产出增加。紧缩性货币政策，即减少货币供给或提高利率，会使产出下降。总需求的两种构成因素，即投资支出和净出口，对利率变动非常敏感。消费支出可能会（也可能不会）对利率变动反应敏感。

## ☐ 利率和投资支出

在第 7 章，我们首次提及利率和投资支出之间的关系。当长期利率下降时，更多企业会发现借款采购设备或投资建设项目更加有利可图，由此使投资支出增加。

当长期利率提高时，较少企业会发现借款采购设备或投资建设项目更加有利可图，由此使投资支出下降。

不知道你有没有注意到我们提到的是长期利率？若美联储通过购买国库券降低短期利率，而保持长期利率不变，从而使收益曲线更陡峭，则会发生什么情况？此时，货币政策的效果将大打折扣。若长期利率没有下降，投资支出增加额度不会太大，因为它只是使收益曲线发生了移动而已。

## ☐ 利率和净出口

利率和净出口之间的关联需通过汇率起作用。我们将在第 16 章更详细地讨论汇率问题。基本理念是：汇率仍然只是由需求和供给决定的一种价格，美国的汇率是指单位外币的美元价格。外币需求主要来自那些想用美元兑换外币的居民和机构。外币供给主要来自那些想用外币兑换美元的居民和机构。供求变动对价格的影响和第 3 章所述的没有任何区别：需求下降，供给增加，价格下跌。

在利率发生变动时，人们会将财富从收益率较低的资产转向收益率较高的资产。若美国国内的利率提高，则美国居民会将部分资产从国外转入国内。这会降低外币需求，从而使外币的美元标价下降。

同样地，国外居民也会对美国利率的上升做出回应，他们会将部分资产从国内转到美国。这会增加外币供给，从而使外币的美元标价进一步下降。美元上升、美元走强或美元升值，这三种说法均表示外币的美元标价下降。

如我们在第 7 章所述，美元走强意味着单位外币的美元标价降低，会降低进口商品和服务的成本，从而刺激进口。美元走强同时意味着单位美元的外币标价升高，使其他国家购买美国商品和服务的成本增加，由此会减少美国的出口。进口增加，出口减少，净出口势必下降。

反之则反是。当美国国内的利率下降时，美国居民会将部分资产从国内转向国外。这会增加外币需求，从而使外币的美元标价上升。

同样地，国外居民也会对美国利率的下降做出回应，他们会将部分资产从美国转入国内。这会减少外币供给，使外币的美元标价进一步上升。美元下降、美元走弱或美元贬值，这三种说法均表示外币的美元标价上升。

美元走弱意味着单位外币的美元标价升高，会提高进口商品和服务的成本，抑制进口。美元走弱同时意味着单位美元的外币标价降低，从而使其他国家购买美国商品和服务的成本下降，刺激美国出口。进口减少，出口增加，净出口势必增加。

## □ 利率和消费支出

利率对消费支出的影响并不确定，我们也是在第 7 章首次触及这一问题。借款方和贷款方对利率变动会有不同反应，因此，总消费支出是增加还是下降将取决于借款方和贷款方的总体效应。

利率下降，借款方倾向于借入更多资金；利率上升，借款方倾向于借入更少资金。因此，当利率下降时，耐用消费品，如小车、家电和家具等的支出倾向于增加；当利率上升时，耐用消费品的支出倾向于下降。

另一方面，当利率下降时，贷款方倾向于储蓄更多而放贷更少。贷款人通常将利率视同于贷款收益率，利率下降意味着贷款人为实现未来相同的目标需储存更多的资金。因此，当利率下降时，贷款方会降低支出；当利率升高时，贷款方会增加支出。

由于借贷双方对利率变动有着不同的反应，我们不能确切地说消费支出将随利率变动而发生怎样的变化。

### 习题 ☞

10. 紧缩性货币政策为何会降低产出？

11. 若短期利率变动不会引起长期利率变动，题 10 的答案是否仍然成立？解释其原因。

# 通胀和产出：货币数量论分析

在第 14 章和第 15 章，我们将分析理解通胀和产出的两种方法，它们均依据凯恩斯的以下简化和假设：$AD=C+I+G+NX$，以及产出取决于总需求。另一种方法是从**交易方程式**（equation of exchange）开始讨论。即

$$MV=PY(\text{或 } MV=PQ)$$

其中，$M$ 表示经济体中的货币数量，即 M1 或 M2。$V$ 表示**流通速率**（velocity），即 1 美元在 1 年内的流通次数。$P$ 表示一般价格水平，如 GDP 平减指数。$Y$ 或 $Q$ 表示实际 GDP，是交易的近似替代。注意，$PY$ 或 $PQ$ 表示名义 GDP。

我们并不是通过在支票上做记号，然后将其投放到经济体中，1 年后再回收，看看流通了多少次来计算流通速率的。相反，流通速率即名义 GDP（$PY$）和货币供给（$M$）之比：$V=PY/M$。因为我们不能单独计算流通速率，所以根据定义，该等式恒成立。

交易方程式可改写成：

$$\%\Delta M+\%\Delta V=\%\Delta P+\%\Delta Y$$

即，货币供给变化率加上流通速率变化率之和，等于价格变化率加上实际 GDP 变化率之和。或者，用更一般的形式表示，即

货币供给增长率＋流通速率增长率＝通胀率＋实际 GDP 增长率

重新整理，我们得到：

通胀率＝货币供给增长率＋流通速率增长率－实际 GDP 增长率

同理，根据定义，该等式也恒成立。尽管我们不能单独计算流通速率，它仍是名义 GDP 和货币供给之比。

若我们再增加两个假设，则可以得到关于通胀决定因素的一个理论。第一个假设是，年复一年或季复一季，货币流通速率增长率保持不变。第二个假设是，实际GDP 也不随时间发生变动。若这两个假设都得到满足，则通胀率的变化将取决于货币供给增长率的变化。这便是著名的**货币数量论**（quantity theory of money）。货币数量论是所谓的**货币主义**（monetarism）这一学术流派的核心理论。经济学家经常将货币主义和著名经济学家米尔顿·弗里德曼连在一起。

弗里德曼曾有以下名言，"通货膨胀无论在哪里都只是一种货币现象"。他这句话意味着：非同寻常的货币增长会带来高通胀，比往常更慢的货币增长则会产生低通胀。

当我们理解恶性通胀，即通胀率达到或超过 20％的通胀时，货币数量论很管用。恶性通胀通常伴随着货币供给的急速增长。

货币数量是否有助于我们解释通胀和产出的短期波动仍充满争议。货币数量论并未解释货币供给变化如何导致实际 GDP 的变化。而且，流通速率既不是常数，也不是一成不变的，它会随时间推移发生变化，不管是周期性变化还是结构性变化。这意味着货币供给增长的短期波动既可能会也可能不会导致通胀率的短期波动。

**习题**

12. 假设货币流通速率为每年增长 4％，实际 GDP 每年增长 2％，货币供给增长率为 3％，请问通胀率是多少？

13. 假设货币增长率每年为 400％，保持其他条件不变，请问通胀率是多少？

14. 当货币供给增长率提高时，若货币流通速率增长率下降，则货币供给增长率的加快是否必然会引发更高的通胀率？

## 规则和自由裁量

学者和美联储观察人士中颇为盛行的一个争议是：在何种程度上决策制定权应被授予决策者。决策者是否应制定一项**规则**（rule），由该规则确定如何改变货币政策变量，使其可控，并一直遵循该规则？或者，决策者是否应该**自由裁量**（discretion），视具体经济情况的改变来确定货币政策变量如何做出相应调整？

若联邦公开市场委员会遵循一项规则，则它只需设定一项简单的规则，比方说"将货币供给增长率设定在每年5%上"。或者，它也可以设定一项复杂的规则，例如：

- 当通胀率上升0.5%时，利率提高1%；当通胀率下降0.5%时，利率降低1%。
- 当GDP增长率放缓0.5%时，利率降低0.25%；当GDP增长率加速0.5%时，利率提高0.25%。

一旦联邦公开市场委员会同意设定类似规则，每期会议只需简单地报道各项经济事件和发展趋势即可。货币政策决定已经由该规则事先确定了。

但若联邦公开市场委员会实施自由裁量政策，则每期会议将不仅仅是报道经济事件及其发展趋势，还必须确定如何实施货币政策。此时，没有一项规则会告诉联邦公开市场委员会，当通胀率上升0.5%时利率如何调整，因此会议将着重解决该问题："通胀率已经上升了0.5%，我们该怎么做？"

---

**提示** ☞

说美联储采取自由裁量政策，并不意味着它的决策完全随机且不符合逻辑，而只是说它并不需要遵循一条严格的货币政策规则。

---

规则还是自由裁量的争议比这里的讨论所表明的要复杂得多。但从本质上说，它们均着眼于各自的相对优缺点。

一些人认为，规则比自由裁量更好，因为此时的政策决定更具预测性。商业企业对未来的政策决定更加确定。对未来经济趋势的更大确定性倾向于鼓励企业增加投资。

但其他人却认为，自由裁量比规则要好得多，因为此时决策者将握有更大的灵活性。现实经济所发生的事情具有高度复杂性，这使罗列出来的政策规则很难奏效。自由裁量则可以视经济形势而定，制定正确的政策应对措施，意识到现实世界的复杂性，因此能获得比简单应用规则更好的经济成果。

规则和自由裁量之间的争议也是一项关于**美联储信誉**（Fed credibility）的讨论。信誉，即别人是否相信你会按照所说的那样去做，是美联储影响我们对未来将发生什么的看法的能力的核心。

我们认为未来通胀率的走势如何构成了经济学家所谓的**通胀预期**（inflation expectation）。若我们的通胀预期很高，则我们相信未来的价格通胀率会很高。若我们的通胀率很低，则我们相信未来的价格通胀率会相对较低。

企业界的通胀预期部分建立在参与主体对美联储货币政策走势的预期上。若企业家认为美联储会不惜一切保持低通胀率，则他们的通胀预期较低。经济学家称：若美联储保持低通胀率的承诺可信，则通胀预期将会比较低。

但若美联储保持低通胀的承诺不可信，企业界认为美联储保持价格稳定的货币政策不可信，则通胀预期将上升。美联储信誉对我们的通胀预期至关重要。

什么能使美联储更可信呢？规则还是自由裁量，这里并没有一个明确的答案。一些人，特别是货币主义者认为：规则将使美联储更加可信。若美联储宣称，"我们将遵循一条通胀率为2%的货币政策规则"，则它是否可信？一些人可能回答

"是"，其他人可能认为"不一定"。要是为保持 2% 的通胀率会使失业率高达 30% 呢？若成本如此高昂，则会有更多人不相信美联储会信守保持通胀率为 2% 的承诺。

因此其他人认为自由裁量会使美联储更加可信。若美联储采取自由裁量的货币政策，则美联储可以实施一项出人意料的货币政策，从而给经济体造成直接影响。这对于实现价格稳定的目标而言，可能更加有效。

美联储到底会怎么做呢？它采取了自由裁量的货币政策。在每次联邦公开市场委员会会议之后，美联储都会召开一场新闻发布会，宣布其货币政策行动及对该行动的评估。因此，从很大程度上说，美联储的决策仍然是高度可预测的，但偶尔美联储也会有出其不意的举动。例如，2008 年某个周末，当经济体开始步入 2007—2009 年间的衰退之际，美联储突然宣布将利率降低 0.75%。所以说美联储实施的是自由裁量的货币政策。

习题 ☞

15. 规则和自由裁量之间有何差异？各自的优点如何？

16. 若美联储没有制定一项反通胀的可信承诺，则会对我们的通胀预期产生什么影响？

## 2007—2009 年经济大危机时期的创造性货币政策

在第 9 章，我们讨论了 2007—2009 年经济衰退时期财政政策和货币政策的作用。当国库券和联邦基金利率都触及零界限时，美联储的货币政策面临巨大挑战。若美联储仍使用常规货币政策工具，即将购买短期国库券作为降低国库券利率和联邦基金利率的一种方式，则它将对挽救经济局势无能为力。

但不妨更开放地想一下美联储的策略。当面临严峻衰退时，它的目标是扩大经济体中的信贷数量，使企业有能力投资设备和建造，并使家庭有条件购买住宅和耐用消费品。通常，美联储的政策是通过公开市场操作降低短期利率，但降低短期利率并不是美联储的唯一策略。

在经济衰退期间，美联储展现出了实施货币政策上的灵活性和创造性。降低短期利率要求提高银行准备金。美联储并未进一步增加在公开市场上对短期国库券的购买量，而是宣称将购入银行的几乎所有金融资产。除此以外，美联储还要求提高银行在美联储的准备金余额。如此一来，美联储资产负债表发生了大幅变动：资产一栏因美联储购买了各类新资产而迅速增加，负债一栏的银行准备金也迅速上升。

美联储也暂时抛弃了聚焦于短期利率的常规策略，而转向对长期利率的控制。例如，美联储购入了高达 1.25 万亿美元的抵押贷款证券——一项长期金融资产。这一举措直接降低了长期抵押贷款利率。

美联储在经济衰退时期采取的新工具和新策略以其独特性而著称，但本质上和以往并无不同。它们都属于扩张性货币政策。美联储通过购买银行资产、增加银行准备金和降低利率来达成这点。不管是国库券、抵押贷款证券还是其他金融资产，其本质仍然是货币政策，和本章所阐述的其他货币政策具有一致性。

**习题** ☞

17. 当美联储从某家银行购入抵押贷款证券时，该银行的资产和负债会发生什么变化？美联储的资产和负债以及经济体的货币供给又会发生什么变化？

# 第五部分

# 通胀和产出

# 第 14 章

## 通胀和产出：
## AS/AD 分析

产出取决于消费、投资、政府支出和净出口支出的总和，价格和通胀又取决于什么？存在两种明显有别的方法来模型化阐释产出和价格之间的关联：一种是本章讨论的 AS/AD 方法，另一种是第 15 章将讨论的货币政策（泰勒规则）方法。

AS/AD 方法假设美联储设定一个货币供给目标，允许利率波动。总需求是平均价格水平（GDP 平减指数）和计划的总开支（C＋I＋G＋NX）之间的关系。总供给是平均价格水平（GDP 平减指数）和经济体中商品与服务的总产出（GDP）之间的关系。总需求和总供给的变动会影响产出与价格。

### 重要术语和概念

AS/AD 模型                          潜在产出（或潜在 GDP、潜在收入、
总供给（AS）                         充分就业 GDP）
总需求（AD）                         长期总供给曲线（LRAS）
计划的总开支（AE）                   黏性工资
平均价格水平                         短期总供给曲线（SRAS）
利率效应                            供给（成本）冲击
财富（实际余额）效应                 需求拉升型通胀
外贸（国外购买）效应                 成本推动型通胀
总需求曲线                          动态 AS/AD 模型
供给方                              静态 AS/AD 模型

### 重要图形

AS/AD 模型图
动态 AS/AD 模型图

## *AS / AD* 模型概览

***AS/AD* 模型**（AS/AD model）阐释价格和产出之间的关联。**总供给**（aggregate supply，*AS*）指企业最终产品和服务的总产出。**总需求**（aggregate demand，*AD*）指居民、企业、政府机构和国外对最终产品和服务的总需求。总供给曲线向上倾斜。总需求曲线向下倾斜，当总供给量等于总需求量时，存在均衡价格。

这似乎同本书第 3 章中的需求和供给模型相差无几，但事实上还是有重要区别的。需求和供给模型的微观经济模型与总供给和总需求的宏观经济模型之间的差异主要如下：

● 在 *AS/AD* 模型中，价格变量是整个经济体所有最终商品和服务的平均值；在微观需求和供给模型中，价格是指某种特定产品的价格。

● 在 *AS/AD* 模型中，产量变量是某个时期整个经济体生产的商品和服务总量，即 GDP。在微观需求和供给模型中，产量是指某特定产品的生产量。

● 总需求是所有最终商品和服务的消费支出的总和，由消费支出、投资支出、政府购买支出和净出口支出构成。在微观需求和供给模型中，需求是指对某种特定产品的需求量。

● 总需求不是经济体特定产品需求曲线的加总，在微观需求和供给模型中，每个居民的需求曲线都建立在其他价格保持不变的假设前提上。但在 *AS/AD* 模型中，所有价格都可以发生变动，不存在所有其他价格均保持不变的假设。

● 总供给是经济体所有企业生产的最终商品和服务的总和。在微观需求和供给模型中，供给是指某个特定行业中追求利润最大化的企业生产的产品数量。

● 总需求不是经济体特定产品供给曲线的加总，每个居民的需求曲线都建立在其他投入成本保持不变的假设前提上。但在 *AS/AD* 模型中，投入成本可以发生变动。

若你混淆了 *AS/AD* 模型和微观需求和供给模型，会出现什么情况？你关于总需求或总供给的移动会给价格带来什么影响的结论可能正确，但你的解释却可能是错误的。由于特定产品需求的增加而导致的价格上涨，和由于总需求增加而导致的价格上涨是不同的。

## 总需求

价格和计划的总开支之间有何关联？我们可以借助总需求的概念来回答。

**提示** ☞

在前面的章节中，我们注意到一些教科书明确区分了"计划的总需求"和"总需求"这两个概念，其他教科书却没有这么做。现在，做出这种区分很重要。

**计划的总开支**（planned aggregate expenditure，*AE*）是对应于特定价格水平下的消费、投资、政府支出和净出口支出的总和。这里的价格是指最终商品和服务，

宏观经济学思维

即构成国内生产总值的商品和服务的**平均价格水平**（average price level）。价格改变，计划的总开支也跟着改变。总需求是指平均价格水平及其对应的计划的总开支两者间的所有组合。

## ☐ 价格和总开支

更高的价格水平，即 GDP 平减指数变大，会导致计划的总开支出现下降。更低的价格水平，会导致计划的总开支增加。平均价格水平和计划的总开支间之所以存在反向关系，有 3 个原因：利率效应、财富（或实际余额）效应和外贸效应。

## ☐ 利率效应

**利率效应**（interest rate effect）主要是指价格、利率和支出之间的相互关联。AS/AD 模型的一个关键假设是，美联储设定货币供给目标，并允许利率随货币需求变动而发生改变（参见第 12 章关于美联储为何要在货币供给目标和利率目标之间进行权衡的讨论）。该假设对这里的讨论非常重要。

若价格上升，则货币需求增加。居民和企业将财富由债券资产转向货币，以便能购买相同的交易量。当美联储设定一项货币供给目标时，货币需求增加势必会使利率上升。

提示 ☞

一些教科书通过实际货币供给（MS/P）的减少，而非名义货币需求（MD）的增加来讨论价格上升的影响。这样做并不会改变这里的结论，即当价格上升后，若名义货币供给不变，则利率势必也会上升。

因此，价格上升会使利率上升，从而降低投资和净出口支出，并通过乘数效应使计划的总开支下降。价格下降则具有相反的效应：当价格下降后，若货币供给目标不变，则货币需求下降势必会导致利率下降，从而增加投资和净出口支出，并通过乘数效应使计划的总开支增加。

我们可以将这些过程概述如下：

$$\uparrow P \rightarrow \uparrow MD \rightarrow \uparrow 利率 \rightarrow \downarrow I \text{ 和} \downarrow NX \rightarrow \downarrow C(通过乘数效应) \rightarrow \downarrow AE$$
$$\downarrow P \rightarrow \downarrow MD \rightarrow \downarrow 利率 \rightarrow \uparrow I \text{ 和} \uparrow NX \rightarrow \uparrow C(通过乘数效应) \rightarrow \uparrow AE$$

总消费支出也可能会直接对利率变化做出反应，导致支出的初始变化更大。用信用卡账户购买的耐用消费品，尤其是小车倾向于对利率变化做出迅速反应。反之，取决于利息收入的消费者支出却倾向于在利率下降时减少。因此，利率变化对消费的净直接效应仍不清楚。不管总消费是否会对利率做出直接回应，在利率下降后，消费支出都会因为支出乘数效应而增加。

## ☐ 财富效应

**财富效应**（wealth effect）[一些教科书称之为**实际余额效应**（real balance

effect)]是指价格、个人财富和消费之间的关联。价格水平上升会减少居民财富，价格水平下降会增加居民财富。例如，假设你存了 20 000 美元学杂费。若每学年的学杂费为 10 000 美元，则你的存款够用两学年。但若每学年的学杂费增加到 15 000美元，则你 20 000 美元的存款只够支付 1.333 学年。你的财富（20 000 美元）贬值了。为了能支付你两学年的学杂费，你必须削减开支以增加储蓄。

因此，当产出价格上升时，财富值会下降。当财富值下降后，消费支出会减少。由于乘数效应会起作用，将使计划的总开支下降得更大。

反之也成立。当价格下降时，实际财富值会增加。当财富值增加后，消费支出会上升。这里乘数效应也会起作用，使计划的总开支增加得更大。概言之，

$$\uparrow P \rightarrow \downarrow 财富值 \rightarrow \downarrow C \rightarrow \downarrow 未来的 C（通过乘数效应）\rightarrow \downarrow AE$$
$$\downarrow P \rightarrow \uparrow 财富值 \rightarrow \uparrow C \rightarrow \uparrow 未来的 C（通过乘数效应）\rightarrow \uparrow AE$$

---

**提示** ☞

记住：$P$ 指最终商品和服务的平均价格水平，不包含在 GDP 中的商品和服务的价格不计入最终商品和服务的平均价格。

---

但必须注意的是，只有当产出价格变动后名义资产价值不发生变化时，财富效应才成立。若名义资产价值随产出价格上升而上升，则资产的实际价值可能会保持不变。住房价格和股票价格通常会随产出价格上升而上升。

## □ 外贸效应

**外贸效应**（foreign trade effect）[或**国外购买效应**（foreign purchases effect）]是指价格和净出口之间的关联。当美国出现价格上涨而其他国家没有出现价格上涨时，相对于其他国家生产的商品和服务而言，美国生产的商品和服务较贵。美国向其他国家的商品和服务出口会减少，从其他国家进口的商品和服务会增加。由此导致的美国净出口的下降，通过乘数效应，会进一步降低支出，从而使计划的总开支下降。

反之，当美国出现价格下降而其他国家没有出现价格下降时，相对于其他国家生产的商品和服务而言，美国生产的商品和服务较为便宜。美国向其他国家的商品和服务出口会增加，从其他国家进口的商品和服务会减少。由此导致的美国净出口的增加，通过乘数效应会进一步增加支出，从而使计划的总开支增加。概言之，

$$\uparrow 美国 P \rightarrow \downarrow EX 和 \uparrow IM \rightarrow \downarrow C（通过乘数效应）\rightarrow \downarrow AE$$
$$\downarrow 美国 P \rightarrow \uparrow EX 和 \downarrow IM \rightarrow \uparrow C（通过乘数效应）\rightarrow \uparrow AE$$

当然，也需要注意一点，即上述一连串反应假设其他国家的价格不会随美国国内价格的变化而变化。若其他国家的价格水平会随美国价格水平的上升而上升，则净出口可能不会发生变化，也可能不存在外贸效应。

---

**习题** ☞

（所有习题的答案，参见本书后面。）

1. 为何计划的总开支会随利率上升而减少？

2. 为何计划的总开支会随实际财富增加而增加？

3. 住房价格是否包含在 GDP 平减指数中？股票价格是否包含在 GDP 平减指数中？解释其原因。

4. 为何当美国产出价格下降而其他国家保持不变时，美国居民计划的总开支会增加？

5. 当产出价格上升时，若支出乘数为 1，则计划的总开支是否会减少？解释其原因。

## □ 总需求曲线

更低的价格导致投资增加（利率效应）、消费增加（财富效应）和净出口增加（利率效应和外贸效应），所有这些通过乘数效应使计划的总开支进一步增加。更高的价格导致投资减少、消费下降和净出口减少，所有这些通过乘数效应使计划的总开支进一步减少。我们在图 14—1 的上半部分借助第 6 章提到的凯恩斯交叉图阐述这一点。

价格和计划的总开支之间的关系由图 14—1 下半部分的**总需求曲线**（aggregate demand curve）描述。纵轴表示平均价格水平，横轴表示实际 GDP。图中可见，在更高的价格水平上，计划的总开始下降；在更低的价格水平上，计划的总开支增加。

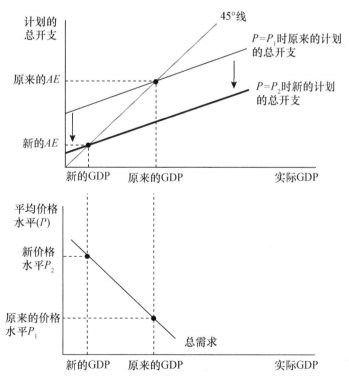

图 14—1　总需求曲线

总需求曲线描述商品和服务的需求量（GDP）如何对平均价格水平做出回应。在更高的价格水平上，计划的总开支曲线由于存在利率效应、财富效应和外贸效应将出现下移。因为存在支出乘数，新的商品和服务需求量（GDP）的下降幅度将大于计划的总开支的初始下降幅度。

不同教科书作者使用的符号可能会不同，你的教科书使用的符号可能会和这里不一样。

总需求曲线向下倾斜。若总需求曲线较陡峭，则计划的总开支对价格变动的反应相对较小。若总需求曲线较平坦，则计划的总开支对价格变动的反应相对较大。图14—2描述了这一点。

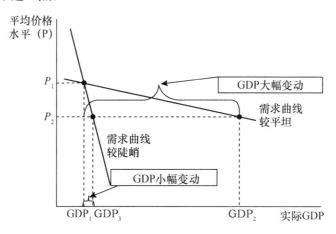

图14—2  总需求曲线的斜率

当总需求曲线较平坦时，价格从 $P_1$ 到 $P_2$ 将使 GDP 发生从 $GDP_1$ 到 $GDP_2$ 的大幅变动。当总需求曲线较陡峭时，价格从 $P_1$ 到 $P_2$ 只会使 GDP 发生从 $GDP_1$ 到 $GDP_3$ 的小幅变动。

习题 ☜

6. 用凯恩斯交叉图描述计划的总开支在价格水平下降时如何发生变化，画出相关联的总需求曲线。

## □ 总需求曲线的移动

价格变动使我们沿现存的总需求曲线移动。其他除价格变动之外的因素则会使计划的总开支发生变动，因此总需求曲线也发生移动。若其他因素使计划的总开支增加，则 AD 曲线将会右移。若其他因素使计划的总开支减少，则 AD 曲线将会左移。

提示 ☜

记住以下一般法则：若变动的是坐标轴上的因素，我们将沿曲线移动；若变动的不是坐标轴上的因素，我们将移动曲线本身。

上述改变总需求曲线的一系列效应，类似于我们在凯恩斯交叉图中描述的计划的总开支曲线的移动情形。其原因在于，除产出价格的变化外，计划的总开支曲线的任何变动都将使总需求曲线发生移动。

宏观经济学思维

图 14—3 描述了计划的总开支曲线的移动和总需求曲线之间的关联。当计划的总开支曲线因支出的初始减少而下移时，GDP 下降。由于存在支出乘数效应，GDP的变化幅度大于计划的总开支的初始变化幅度。若计划的总开支曲线的下移是由价格水平变动所致，则我们将如图 14—1 所示沿现存的总需求曲线移动。但若计划的总开支曲线的下移是由其他因素所致，则总需求曲线将会左移。因任何其他因素导致的计划的总开支曲线的上移，都将使总需求曲线出现右移。

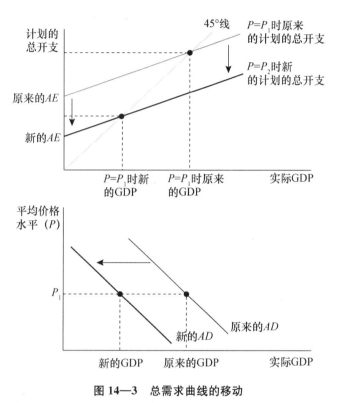

**图 14—3 总需求曲线的移动**

价格水平不变，计划的总开支出现初始下降。乘数效应决定了 GDP 下降的幅度。新的总需求曲线上的一点表示价格水平 $P_1$ 和新的 GDP 的对应组合。由于除平均价格水平变动之外的其他因素使计划的总开支出现下降，整条总需求曲线将发生左移。

哪些因素会使总需求曲线出现移动？主要因素如下：

● 财政政策。扩张性财政政策（增加 $G$、增加 $TR$ 或降低 $TA$）将使 $AD$ 曲线右移。紧缩性财政政策（减少 $G$、减少 $TR$ 或提高 $TA$）将使 $AD$ 曲线左移。

● 货币政策。扩张性货币政策（增加 $MS$）将使 $AD$ 曲线右移。紧缩性货币政策（减少 $MS$）将使 $AD$ 曲线左移。

● 居民储蓄偏好的改变。有利于储蓄（节俭）的文化观念会降低自发性消费，使 $AD$ 曲线左移。有利于刺激消费的文化观念则会使 $AD$ 曲线右移。

● 财富变化。不是由商品和服务价格变动导致的居民财富的减少会降低消费支出，使 $AD$ 曲线左移。（由商品和服务价格变动导致的居民财富的变动只会使我们沿 $AD$ 曲线移动，因为初始变化发生在价格上，价格在 $AD$ 图上由纵轴表示。）不是由商品和服务价格变动导致的居民财富的增加会增加消费支出，使 $AD$ 曲线右移。

● 预期未来销售的变动。企业家对未来销售预期的乐观态度会增加投资支出，使 AD 曲线右移。企业家对未来销售预期的悲观态度会减少投资支出，使 AD 曲线左移。

上面的因素还可以继续添加，重要的一点是改变一开始是否发生在平均价格水平上：若是，则我们将沿 AD 曲线移动；若不是，则我们将移动 AD 曲线本身。

**习题** ☞

7. 以下各种陈述分别对应于沿 AD 曲线移动还是 AD 曲线本身的移动？

a. 居民所能获得的信贷额度受限，消费能力也受限。

b. 产出价格下降了 2%。

c. 企业对未来销售前景更为乐观。

d. 联邦政府实施了一项扩张性财政政策，增加政府支出，降低税收。

e. 一则"购买国货"的广告大获成功，导致消费者将购买偏好从进口品转为国产品。

f. 美联储增加货币供给。

## 总供给

总供给主要关注经济体的产出方面，有时也被称做经济体的**供给方**（supply side）。居民、企业和政府机构想要购买多少产出并不重要，重要的是产出价格和企业在此产出价格上想要生产的数量之间的关系。

注意：当论及总供给时，经济学家之间并不存在一个共识。不同教科书对总供给曲线具有不同的解释，因此，搞清楚你的教科书的解释很重要。

### ☐ 微观经济学的一些暗示

微观经济学课程中学到的一些基本原理，在理解价格和 GDP 之间的关系上很有用。

● 企业生产能使利润最大化的产量。当产出价格上升时，若保持其他因素不变，则利润最大化的企业将生产更多产品。保持其他条件不变很重要，因为这一微观经济结论取决于我们假设工资率和其他要素投入的单位成本保持不变。

● 当企业购买要素投入时，存在对要素投入的购买需求。要素投入需求的增加将推升该要素的单位价格。当企业使用同样的要素投入生产商品时，更高的单位要素价格即构成了更高的单位产出成本。

● 市场供给过剩意味着当前价格低于均衡价格。此时，需求增加只会缩小需求量和供给量之间的差额，而不致引发价格上涨。

## □ 长期总供给曲线

根据定义，长期是指这样一段时期，该时期内工资和价格完全具有弹性。若不存在阻碍价格变动的制度约束和其他约束，则我们认为价格具有完全弹性。若工资具有完全弹性，则当产出价格上升时，工资也将上涨。若你所生产的商品每单位售价 10 美元而非 8 美元（涨幅为 25%），则你所获得的工资也将提高 25%。当然，相反的情形也成立：若你所生产的商品每单位售价 6 美元而非 8 美元（跌幅为 25%），则你所获得的工资也将下降 25%。

### 提示 ☞

经济学家有很多定义长期概念的表述。对经济增长而言，长期意味着几十年间的变化。对微观经济学家而言，长期意味着一段足够长的时间，所有生产要素均可发生变动。对我们这里的讨论而言，长期也意味着一段足以允许所有工资和价格发生变动的时期。

在长期内，所有工资和价格都具有完全弹性，产出价格和要素价格同方向变动。更高的产出价格导致更高的要素投入价格，更低的产出价格导致更低的要素投入价格。

企业会对利润变动做出回应，调整产出计划。但若在产出价格变动时要素投入价格也发生相同变动，则利润将不会发生改变。若利润不变，则企业将没有动力去改变生产规模。

因此，在长期内，企业想要生产的产量不会对平均产出价格的变动做出回应。相反，企业在长期内的产量将等于经济体的潜在产出水平。**潜在产出**（potential output）〔也称做**潜在 GDP**（potential GDP）、**潜在收入**（potential income）或**充分就业 GDP**（full-employment GDP）〕是指经济体在所有要素投入均被消耗的情况下企业的产出总量。

### 提示 ☞

生产可能性边界初次提到了潜在产出的概念。当经济体处在生产可能性边界上时，所对应的产量即潜在产出。

从图形上看，**长期总供给曲线**（long-run aggregate supply curve）是一条垂线，如图 14—4 所示。我们一般用 LRAS 来表示长期总供给曲线。除了价格水平外，在长期内，经济体的产出总量将等于潜在 GDP。若经济出现增长（存在要素投入的增加和要素生产力的提高），则 LRAS 将会右移。

### 习题 ☞

8. 以下各项描述分别会给 LRAS 曲线造成什么影响？

a. 人口增加使劳动力出现增长。

b. 商业投资支出增加了国家资本存量。

c. 一场自然灾害破坏了房屋、设备和基础设施，剥夺了成千上万人的生命。

d. 技术进步使劳动生产力提高。

e. 劳动力的受教育程度得到了提高。

*f.* 建立了更有效的借款人筹资渠道。

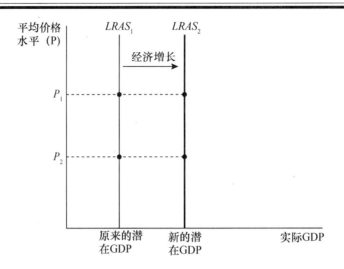

**图14—4 长期总供给曲线**

在长期内，当价格、工资和其他要素投入成本具有完全弹性时，平均产出价格（*P*）的变动不会改变企业想生产的GDP水平。长期总供给曲线是一条垂线，其大小等于经济体的潜在产出水平。由要素投入数量增加或生产力提高所导致的经济增长，将增加经济体的潜在产出水平，使 *LRAS* 发生右移。

## □ 短期总供给曲线

短期总供给曲线要回答的问题是：在短期内，平均产出价格和企业想要生产的最终商品和服务的数量之间存在什么关系？这里，短期是指一段足够短的时期，该时期内工资和其他一些要素投入的成本并未完全具有弹性。经济学家称之为**黏性工资**（sticky wages）假设。工资确实会发生改变，但它们的改变要比价格缓慢得多。

对绝大多数工人而言，工资事实上都是黏性的。工资最终（在长期内）可能会进行调整，但它并不是迅速调整。对一些工人而言，工资由劳动合同规定，在一年内可能会进行调整。对那些没有签订劳动合同工资的工人而言，工资也不会经常发生变动。降低工资会在道德和调动工人生产率上带来极大的负面效应。除非很有必要，雇主一般不会采取降低员工工资的举措。由于各种各样的原因，工资和一些要素投入成本在短期内具有黏性。

提示 ☞

在阐释短期总供给时我们的意见很不一致，这里的阐释综合了不同说法。

在短期内，平均产出价格和GDP之间的关系具有双向性：从价格指向产出或从产出指向价格均存在。

## □ 从价格指向 GDP

若一些要素投入在短期内的价格固定，则当产出价格上升时，利润也跟着增加。

利润最大化的企业将会增加它们的产量。最终，GDP 会增加。反之，在短期内，若产品价格下降而要素投入价格不变，则利润势必下降。利润最大化企业将会减少它们的产量。最终，GDP 会下降。

因此，**短期总供给曲线**（short-run aggregate supply curve），即 SRAS 将向上倾斜，如图 14—5 所示。若一些要素投入价格在短期内保持不变，则更高的产出价格对应于更高的产量，更低的产出价格对应于更低的产量。

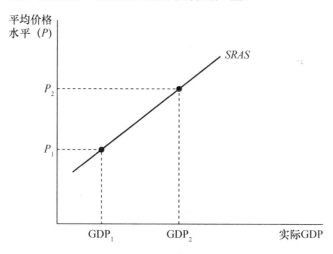

**图 14—5　短期总供给曲线**

在短期内，若某些要素投入成本不变，则更高的产出价格将使利润最大化的企业提高产量。当价格从 $P_1$ 涨至 $P_2$，产量将从 $GDP_1$ 增至 $GDP_2$。

短期总供给曲线的斜率取决于产出变动对平均价格水平变动的反应程度。工资和其他要素投入成本的弹性越大，当产出价格发生变动时，利润变化越小。因此，工资和其他要素投入成本的弹性越小，当产出价格发生变动时，产量变化越小。

相比于提高员工工资而言，雇主在降低工资上会谨慎得多。因此，工资下跌的黏性比工资上涨要高得多。由此，相对于平均价格水平高于当前水平而言，GDP 的变动在平均价格水平低于当前水平的情况下会更大。所以，短期总供给曲线将会是非线性的，如图 14—6 所示。当价格水平低于当前值时，SRAS 相对较平坦；当价格水平高于当前值时，SRAS 相对较陡峭。

**提示** ☞

注意：到目前为止，总供给分析只讨论产出价格变动的影响，而未讨论任何产出价格变动的原因。

**习题** ☞

9. 在短期内，为何产出价格的下降会导致 GDP 的下降？

10. 为何当价格水平低于当前值时，SRAS 相对较平坦；当价格水平高于当前值时，SRAS 相对较陡峭？

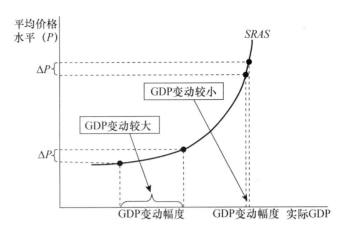

**图14—6　非线性短期总供给曲线**

　　当产出价格降至当前价格以下且相对较低时，工资和其他要素投入成本的黏性较大。此时，GDP变动非常大，SRAS曲线则相对较平坦。当产出价格升至当前价格以上且相对较高时，工资和其他要素投入成本的弹性较大。此时，GDP变动非常小，SRAS曲线则相对较陡峭。

## □ 从 GDP 指向价格

　　产出价格变化如何对产量做出回应？这需要通过阐释 SRAS 曲线为何向上倾斜回答。不同于一开始就表明价格变化是根源，这里需要先确定产量是多少，然后检验其对平均价格水平的影响。

　　一般思路如下：当企业试图提高产量时，必定需要更多的要素投入。要素投入需求的增加，即要素投入需求的移动，将使要素投入的单位成本增加。生产成本上升势必要求企业对其生产的产品索要一个更高的价格。因此，当产量增加时，产出价格跟着上升。

　　反之也成立。当企业试图降低产量时，必定只需要较少的要素投入。要素投入需求的减少，即要素投入需求的移动，将使要素投入的单位成本下降。生产成本下降允许企业对其生产的产品索要一个更低的价格。因此，当产量下降时，产出价格跟着下降。

　　短期总供给曲线的形状如图 14—5 所示。在较高的 GDP 水平上，产出价格也更高；在较低的 GDP 水平上，产出价格也较低。SRAS 曲线向上倾斜。

　　当产出变动时，产出价格的变化幅度将取决于经济体实际产出和潜在 GDP 之间的差额。在非常低的产出水平上，许多要素投入没有得到充分使用。工人失业，工厂形同虚设，设备产能闲置。因此，在非常低的产出水平上，当企业试图提高产量时，其对要素投入的额外需求可能会也可能不会使该要素投入的价格出现上升。失业工人得到重新雇用，雇主却不必支付更高的工资。闲置的机器设备和厂房重新投入生产。由于增加的要素投入需求可能使投入成本略微增加，也可能使其保持不变，所以企业能在提高产量的同时较少提高或不提高其产出价格。在非常低的产出水平上，产量增加使产出价格略微上升或不上升。SARS 曲线相对较平坦，如图 14—7 所示。

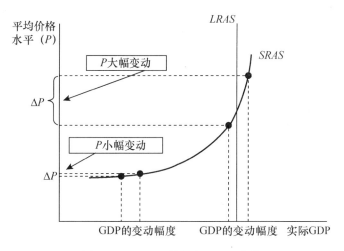

**图 14—7　*SRAS* 曲线和 *LRAS* 曲线**

*LRAS* 曲线表示经济体的潜在 GDP。当产出远低于经济潜能时，将存在大量资源闲置。此时，GDP 增加只会使产出价格出现小幅上升。反之，当产出接近或高于潜在 GDP 时，GDP 增加会导致产出价格的大幅上升。此时，*SRAS* 曲线向上倾斜或呈现出非线性。

在非常高的产出水平，即在潜在产出水平或超过潜在产出水平上，要素投入将得到全部利用。工人各司其职，厂房每周 40 小时开工，机器设备也一刻不停地运作。因此在非常高的产出水平上，企业想要进一步提高产量，就必然会增加要素投入需求，从而使投入成本增加。工人可能同意超时工作，但必须支付 1.5 倍的常规工资。工厂和设备每周可能需要运转更多的时间，但过度运转导致的维修成本也会大大增加。由于要素投入需求增加会使投入成本上升，企业势必会大幅提高产出价格。在非常高的产出水平上，产量增加会导致产出价格大幅提高。*SRAS* 曲线相对较陡峭。

经济体能否生产出高于充分就业的产出，即高于潜在 GDP 的产出呢？答案是"能"，但只能维持一段较短的时间。获得比潜在 GDP 更高的产出水平必须要求工人过度工作，使那些一般不在劳动力池中的人们加入劳动大军中来，并且使工厂设备超负荷运转。第二次世界大战后期或越南战争时期，美国经济产出超过了潜在 GDP 水平。第二次世界大战期间，政府实施的工资和价格控制防止了要素投入成本和产出价格出现迅猛增长。越战期间，过度产能使失业率低于 4%，且导致要素投入成本和产出价格均出现大幅上升。

**习题** ☞

11.　在短期内，为何产量增加会使产出价格出现上升？

12.　相对于接近或高于潜在产能的情形，为何经济体在远低于潜在产能时的 *SRAS* 曲线要更加平坦？

---

### □ 总供给曲线的移动

产出价格变动使我们沿一条现存的总供给曲线移动。产量变动也使我们沿一条现存的总供给曲线移动。影响产出价格和 GDP 水平之间组合的任何其他因素，将使我们移动整条总供给曲线。

当存在长期经济增长时，LRAS 曲线将会右移。哪些因素导致长期经济增长呢？不妨回想下第 2 章和第 5 章对经济增长的讨论。在长期内，若存在更多的要素投入或要素投入的生产力提高，则会出现经济增长或潜在 GDP 增加。

当存在长期经济衰退时，LRAS 曲线将会左移。若存在更低的要素投入或要素投入的生产力降低，则潜在 GDP 会下降，从而使 LRAS 曲线左移。哪些因素会导致潜在 GDP 下降呢？自然灾害是很重要的因素之一。

在短期内，总供给的增加表现为 SRAS 曲线的右移。我们可以这么理解：对应于任何价格水平，企业想要生产更多的产出；或者对应于任何 GDP 水平，企业想要索取更低的价格。

在短期内，总供给的减少表现为 SRAS 曲线的左移。我们也可以这么理解：对应于任何价格水平，企业想要生产更少的产出；或者对应于任何 GDP 水平，企业想要索取更高的价格。

当 LRAS 曲线发生移动时，SRAS 曲线也会发生移动。SRAS 曲线在要素投入成本变动时也会发生移动。经济学家通常用**供给冲击**（supply shock）或**成本冲击**（cost shock）来指更高的要素投入带来的影响。

因此，能使 SRAS 曲线发生移动的 3 种主要因素如下：

- 要素投入数量的变动。
- 要素投入生产力的变动。
- 要素投入成本的变动。*

这里，我们在第 3 种因素后面打上了"＊"，这是因为对要素投入成本效应的阐释取决于我们如何来分析总供给效应：从价格到 GDP 还是从 GDP 到价格。

若我们通过分析平均产出价格水平的变动如何导致产量的变动，即 $\Delta P \rightarrow \Delta GDP$ 来阐释 SRAS 曲线的向上倾斜特征，则要素投入成本的任何变动都将使 SRAS 曲线发生移动。导致要素投入成本变动的原因无关紧要。对应于任何产出价格水平，若要素投入成本上升，则利润下降。利润最大化企业将会降低产量。因此，对应于任何产出价格，只要要素投入成本上升，GDP 都将下降，从而使 SRAS 曲线出现左移。更高的要素投入成本会降低短期总供给。

反之，若我们通过分析产量的变动如何导致平均产出价格的变动，即 $\Delta GDP \rightarrow \Delta P$ 来阐释 SRAS 曲线的向上倾斜特征，则要素投入成本的一些变动都将使我们沿 SRAS 曲线移动，且要素投入成本的其他变动将使 SRAS 曲线本身移动。当产量和要素投入需求都增加时，投入成本会上升，从而使企业提高产出价格。这里，更高的要素投入成本使我们沿 SRAS 曲线移动，而要素投入成本之所以增加，是因为产出增加了。

但是，当要素投入成本由于其供给量受到限制而上升时，SRAS 曲线本身将会发生移动。同样地，更高的要素投入成本会导致企业提高产出价格。但这里，更高的要素投入成本是由该要素的供给减少所致。对应于任何产量水平，更高的要素投入成本都将使产出价格上升。由要素投入供给减少所导致的更高的要素投入成本将使 SRAS 曲线出现上移。

总供给曲线的移动如图 14—8 所示，能使总供给曲线发生移动的主要因素概括如下：

↑ 要素投入数量→使 LRAS 曲线和 SRAS 曲线右移。

↓ 要素投入数量→使 LRAS 曲线和 SRAS 曲线左移。

↑ 要素投入生产力→使 LRAS 曲线和 SRAS 曲线右移。

↓ 要素投入生产力→使 LRAS 曲线和 SRAS 曲线左移。

↑ 要素投入成本→SRAS 曲线上移（即左移）。

↓ 要素投入成本→SRAS 曲线下移（即右移）。

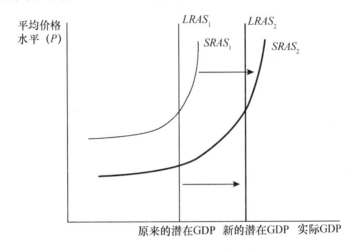

**图 14—8　总供给曲线的移动**

平均产出价格或 GDP 的变动，将使我们沿现存 SRAS 曲线移动。要素投入数量或生产力的提高，将使 SRAS 曲线和 LRAS 曲线发生右移。

**习题**

13.　以下各项因素分别会给 LRAS 曲线和 SRAS 曲线产生什么影响？

a.　劳动力增加。

b.　经济体中资本数量增加。

c.　劳动生产率提高。

d.　能源价格上涨。

## AS / AD 均衡

总需求是平均价格水平和计划的总开支即 C＋I＋G＋NX 之间的组合集。对应于更高的平均价格水平，计划的总开支因利率效应、财富效应和外贸效应而降低。总需求曲线向下倾斜。

总供给是平均价格水平和企业试图生产的产量，即 GDP 之间的组合集。对应于更高的价格水平，企业在短期内将提高产量。当企业在短期内提高产量时，产出价格将上升。短期总供给曲线向上倾斜。

当平均价格使计划的总开支等于企业愿意生产的产量时，经济体实现了宏观经济均衡。这个定义和我们第 6 章定义的宏观经济均衡一样，都是和价格相关联。

从图形上看，宏观经济均衡出现在总需求曲线和短期总供给曲线相交处，如图 14—9 所示。

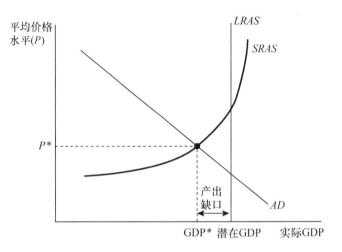

**图 14—9 宏观经济均衡**

如图所示，经济体处于短期宏观均衡状态，此时的价格水平为 $P^*$、产出为 $GDP^*$。对应于 $P^*$，计划的总开支恰好等于企业想生产的产量。而由于均衡产量低于潜在产出，将存在产出缺口，经济体经历着失业困扰。

在短期内，不管产出低于还是高于经济体的潜在产出水平，都可能存在宏观经济均衡。在图 14—9 中，均衡出现在 GDP 低于经济体的潜在产出水平时，均衡 GDP 低于充分就业 GDP。像第 9 章分析的那样，此时存在一个产出缺口，其大小等于均衡 GDP 和充分就业 GDP 或潜在 GDP 之间的差额。

**习题** ☞

14. 画一张图来表示均衡产出高于潜在 GDP 时的 AS/AD 均衡。

---

## ☐ 宏观经济均衡的变动

在短期内，宏观经济均衡会发生变动。总需求曲线的移动或短期总供给曲线的移动，将使经济体达到一个新的平均产出价格和 GDP 的均衡组合。

若总需求增加，则 AD 曲线右移。在短期均衡状态下，GDP 和均衡价格都更高，如图 14—10 所示。经济学家将由总需求增加而导致的价格上涨称为**需求拉升型通胀**（demand-pull inflation）：价格被更大的需求拉得更高了。

若总需求下降，则 AD 曲线左移。在短期均衡状态下，GDP 和均衡价格都更低。

若短期总供给增加，则 SRAS 曲线右移。在短期均衡状态下，GDP 将更高，价格将更低。

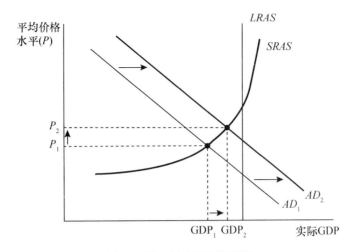

**图 14—10　需求拉升型通胀**

若总需求增加，则 AD 曲线右移。在均衡状态，GDP 增加，价格上升。

若短期总供给下降，则 SRAS 曲线左移。在短期均衡状态下，GDP 将更低，价格将更高，如图 14—11 所示。经济学家将总供给下降导致的价格上涨称为**成本推动型通胀**（cost-push inflation）：价格被更低的供给推得更高了。

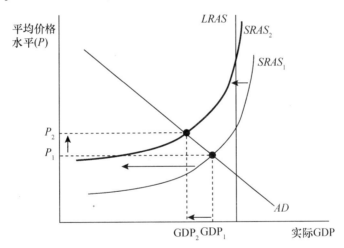

**图 14—11　成本推动型通胀**

若总供给下降，则 SRAS 曲线左移。存在滞胀现象，即在均衡状态，GDP 下降，价格上升。

## 习题 ☞

15. 在短期内，以下各项因素分别会对价格和产出产生怎样的影响？

a. 住房价格下跌。

b. 企业变得更加乐观。

c. 政府采取扩张性财政政策。

d. 能源价格上涨。

e. 劳动力增加。

f. 税收增加。

# 动态 AS/AD 模型

AS/AD 模型似乎告诉我们：当总需求下降时，价格将下降。也就是说，当居民和企业减少购买支出时，将出现通货紧缩。收入税提高会使居民削减开支。因此，AS/AD 模型似乎告诉我们，收入税提高会导致价格通胀。是不是这样呢？

答案是否定的。这是因为正确理解 AS/AD 模型需特别注意"其他条件保持不变"这一假设。确切说应该如下，即由 AS/AD 模型可知，当总需求因税收提高而减少时，相对于税收不变的情形，价格将更低。

AS/AD 模型为我们提供了一个反事实案例：一种对照某些事件发生后的情形和它们不发生时的情形的方法。当我们分析税收提高的效应时，我们是否真的希望出现价格通缩现象呢？不然。我们只是推断，相对税收不变的情形，价格已变得更低。当我们分析税收减免时，我们是否一定会看到就业下降呢？也不然。我们只是推断，若不存在税收减免，失业率可能会更高。

不妨举个例子。假设我们能回溯历史，将全球情形"倒推"回去。我们可以回头看看在 2007 年 12 月至 2009 年 12 月期间美国经济实际上发生了什么情形：失业率从 5% 上升到 10%，年均实际 GDP 从 13.4 万亿美元下跌到 12.9 万亿美元，GDP 平减指数从 107.1 上升至 109.9。但若收入税减免多于 2009 年《美国复苏与再投资法案》的规定，情况会怎样呢？根据 AS/AD 模型可知，更低的收入税将使 AD 曲线右移，从而增加经济产出并使价格上升。

那么，实际 GDP 是否会高于 13.4 万亿美元呢？我们并不能确定，但可以确定的是，收入税减免将会使实际 GDP 增加到 12.9 万亿美元以上。失业率是否会低于 5% 呢？我们也不能确定，但可以确定的是，收入税减免将会使失业率低于 10%。GDP 平减指数是否会高于 109.9 呢？是的，因为收入税减免会进一步推升价格。

把握上述分析过程的一种方法是借助于图形，即所谓的**动态 AS/AD 模型**（dynamic AS/AD model）。动态意味着处在变动中。与之相对应的是**静态 AS/AD 模型**（static AS/AD model），其中模型的绝大多数变量保持不变。本章分析的 AS/AD 模型都是指静态 AS/AD 模型，因为我们假设除某个影响因素之外的所有其他因素都保持不变。动态 AS/AD 模型认为，在一个人口会随时间推移而不断增加的经济体中，总供给和总需求会一直增长。

人口增长意味着经济体持续不断地得到人口补充。年复一年，消费支出会持续上升。人口增长还意味着会有更多的学生、更多的司机、更多的道路、更多的犯罪和更多的法律诉讼。年复一年，政府支出也会不断增加。此外，人口增长还意味着更多的商品将得到生产以满足需求，需要更多的厂房和设备。年复一年，投资支出也会持续增加。总的来说，人口增长意味着一年接着一年，总需求曲线会慢慢右移。

人口增长也意味着每年经济体中的工人会越来越多，因此劳动供给会增加。添置厂房和设备以满足不断增长的人口的需要也意味着每年经济体中会有更多的资本。劳动力和资本增加意味着一年接着一年，长期和短期总供给曲线也会一点点右移。

图 14—12 描述了一个动态 AS/AD 模型。若一切正常，实际 GDP 每年都会增加。若总需求增加的速度比总供给快，则每年的价格水平都会比前一年有所上升。

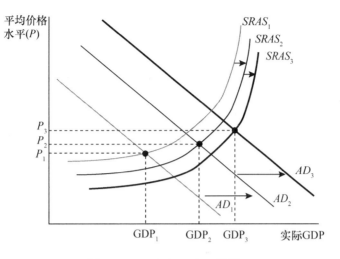

**图 14—12 动态 AS/AD 模型**

每一年，总需求和总供给都会增加。第一年，总需求为 $AD_1$，总供给为 $SRAS_1$。第二年，总需求为 $AD_2$，总供给为 $SRAS_2$。第三年，总需求为 $AD_3$，总供给为 $SRAS_3$。年复一年下去，实际 GDP 和价格将不断上升。

比方说，在 2004 年，居民财富由于住房价格的上涨而迅速增加，情况会怎样？此时，相对于财富的小幅增加而言，居民消费支出的增加将会使 2004 年的总需求曲线向右移动得更多，该年度的实际 GDP 将会更高，产出价格也会更高。

要用图形阐释这点比前面略微复杂。如图 14—13 所示，我们先作出 $AD_{2003}$、$AD_{2004}$ 和 $AD'_{2004}$ 三条总需求曲线，其中 $AD_{2004}$ 表示不存在财富迅速增长下的总需求曲线，$AD'_{2004}$ 表示财富出现显著增长下的总需求曲线。然后，我们作出 $GDP_{2003}$、

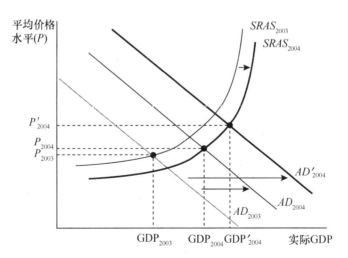

**图 14—13 动态 AS/AD 模型中总需求的变动**

由于人口增长，AS 和 AD 将不断右移。若 2004 年经济像往常一样发展，则 GDP 将从 $GDP_{2003}$ 增至 $GDP_{2004}$，价格将从 $P_{2003}$ 涨至 $P_{2004}$。但是，若 2004 年的总需求出现不寻常的增加，即增至 $AD'_{2004}$，则 GDP 将从 $GDP_{2003}$ 增至 $GDP'_{2004}$，价格也将从 $P_{2003}$ 涨至 $P'_{2004}$。

GDP$_{2004}$ 和 GDP$'_{2004}$ 三条产出曲线，其中 GDP$_{2004}$ 表示不存在财富迅速增长下的 GDP 水平，GDP$'_{2004}$ 表示财富出现显著增长下的 GDP 水平。

这里，我们可以回顾本章前文所述，根据标准的 AS/AD 模型，参照的对象是价格和实际 GDP 之间的反事实差异，而非两者之间随着时间推移而出现的实际差异。财富的迅速增长将使 AD 曲线右移，导致价格的上升幅度和实际 GDP 的增长幅度比财富未增长的情形下更大。

回到开始时的问题：根据 AS/AD 模型，当税收增加时，价格是否确实会出现通缩？答案显然是否定的。它只是表明，当税收增加后，相对于税收不变的情形而言，价格会出现降低。

那么，经济体要出现实实在在的价格通缩——商品和服务的平均价格出现下降，需要哪些条件呢？它需要总需求的大幅下降或总供给的大量增加。比方说，正常情形下价格每年上涨 2%，而此时出现了总需求的大幅下降，导致价格上涨幅度远低于 2%。由 2007—2009 年经济衰退期间我们所经历的价格通缩可知，总需求必须下降得非常多才能导致通缩现象。

习题 🖙

16. 画一张 2 年期 AS/AD 模型图，分别用第一年和第二年表示。在第二年，税收增加，它减缓却并未消除 GDP 增长。

## 后文提示

在推导总需求曲线时，我们假设美联储设定一项货币供给目标。相反，若我们假设美联储设定一项利率目标，会出现怎样的情形？第 15 章将用一种研究价格和产出之间宏观关联的不同方法来讨论这点。

# 第 15 章

# 通胀和产出：
# 货币政策分析

第 14 章分析了当美联储的目标是货币供给时产出和价格之间的关联。本章我们回答以下问题：当美联储的目标在于利率而非货币供给时，产出和通胀之间存在什么关联？

美联储设定一项联邦基金利率目标，以便对当前和未来预期的通胀和经济增长做出回应。联邦基金利率会影响所有其他利率。利率会影响总需求，也即消费、投资、政府支出和净出口支出之和。总需求确定产出水平。产出水平影响通胀率。若经济体深陷总需求移动所导致的通胀或衰退困境，则货币政策是一项重要的治理措施，但货币政策不能同时处理经济衰退和通胀飙升问题。

## 重要术语和概念

菲利普斯曲线　　　　　　　　　褐皮书

滞胀　　　　　　　　　　　　　泰勒规则

通胀预期　　　　　　　　　　　通胀鹰派

供给冲击　　　　　　　　　　　通胀鸽派

生产力

## 重要公式

泰勒规则公式：目标利率＝中性利率＋$A$（实际通胀率－目标通胀率）＋$B$（实际 GDP 增长率－目标 GDP 增长率）

## 重要图形

菲利普斯曲线图

## *AS/AD* 分析和货币政策分析的对比

在美国，美联储负责制定货币政策。如第 12 章所表明的，美联储在制定货币政策时面临抉择，即为实现一项利率目标而允许货币供给出现变动或为实现一项货币供给目标而允许利率出现变动。若货币需求保持不变，则美联储将不需要在利率目标和货币供给目标之间做出抉择。但由于各种原因，月复一月、季复一季或年复一年，我们的货币需求都会发生变化，因此美联储必须在两个目标之间权衡取舍。

在第 14 章，我们通过 *AS/AD* 模型来分析美联储制定一项货币供给目标时，产出和价格之间的关联。本章我们将分析美联储制定一项利率目标时，产出和通胀之间的关联。尽管立足点不同——美联储选择利率目标而非货币供给目标——第 14 章提及的许多原理仍然成立。

异同之处在哪里呢？首先，不管美联储选择的是货币供给目标还是利率目标，以下原理均成立：

● 我们必须同时考虑需求方和供给方，需求方即开支，供给方即产出。

● 计划的总开支是消费、投资、政府购买和净出口支出之和，即 $AE=C+I+G+NX$。

● 总需求增加，企业产出也跟着增加。总需求下降，企业产出也跟着下降。因此，GDP 水平取决于 $AE=C+I+G+NX$。

● 若企业增加产出，则其对要素投入的需求将增加，从而使投入成本增加，并使产出价格上升，即 $\Delta GDP \rightarrow \Delta P$。

● 若生产力或要素投入数量出现变化，则产出和价格之间的供给方关系将发生移动。

其次，*AS/AD* 分析和货币政策分析的主要区别在以下几个方面：

● 和假设美联储选择货币供给目标而允许利率波动以回应货币需求变动不同，这里我们假设美联储选择利率目标而允许货币供给出现波动。

● 相较于关注价格水平的变动，货币政策主要关注价格的变化率，即通胀率。

● 因为存在利率目标，所以价格变动不会使利率发生改变，从而不存在利率对总开支的影响效应。

● 我们假设，第 14 章中导致 *AS/AD* 模型的总需求曲线向下倾斜的财富效应和外贸效应无关紧要。这种假设并不奇怪，因为绝大多数财富的实际价值都不会随产出价格的变动而改变，所以财富效应的任何影响都将是最小的。此外，绝大多数经济体都实现了某种程度的国际化，因此一国的价格波动通常会影响其他国家的价格水平，从而使外贸效应最小化。

● 不同于由两条相交曲线组成的 *AS/AD* 模型图，我们需要借助一张图（菲利普斯曲线图）和一个公式（泰勒规则公式）来概述货币政策分析。

（所有习题的答案，参见本书后面。）

1. 货币政策分析和 AS/AD 分析之间的主要区别是美联储的政策目标抉择。在 AS/AD 分析和货币政策分析中，美联储选定的变量各自是什么？

# 美联储的抉择：货币供给目标还是利率目标

从历史上看，美联储在货币供给目标和利率目标之间不断进行抉择。最近一次选择货币供给目标始于 1979 年 10 月 6 日，当时美联储正试图平息一场非常严峻的高通胀。控制货币供给增长意味着允许利率大幅上升。联邦基金利率在 1981 年 6 月曾高达 21.7%。

利率飞速上升显然会带来一系列负面效应。20 世纪 70 年代末，通胀率达到了两位数，且在 1979 年触及 13% 以上的峰值。同样地，在 1982 年当利率飞升使通胀率跌至 4% 以下时，美联储仍然死死地盯住货币增长目标不放。

80 年代初以来，美联储又开始转移注意力，将目标聚焦于利率上。

## □ 利率目标概览

美联储随时监测着近期的通胀值和 GDP 增长率。为了对经济体现状和未来可能走势做出回应，联邦公开市场委员会将确定一项联邦基金利率目标，即商业银行隔夜拆借市场的借贷利率目标。

当通胀率过高或可能过高时，美联储会提高联邦基金利率上限。当 GDP 增长缓慢或可能过慢时，美联储会降低联邦基金利率上限。联邦公开市场委员会在每次例会后，会宣布近期的联邦基金利率目标，其他利率则随之自动发生改变。

利率变动会影响投资支出和净出口支出。通过支出乘数效应，消费和净出口支出也会发生变化。由利率变化导致的总需求的变化之和将使产出（GDP）发生波动。

当企业改变产量时，其对要素投入的需求会发生变化，导致产出价格出现波动。企业将改变产出价格以作为回应，由此引发通胀率的变动。

本章接下来将详细分析这一过程，并不时回到这里的概述以相呼应。

习题 ☞

2. 为什么美联储必须在货币供给目标和利率目标之间做出抉择？

3. 当制定一项利率目标时，美联储必须考虑哪两个变量？

## 美联储选择联邦基金利率作为政策目标

当美联储选择一项利率目标时，通常是指联邦基金利率，即商业银行在隔夜拆借市场上的借贷利率。我们在第12章已经提到，美联储既能通过公开市场操作来影响联邦基金利率，也能通过法定准备金率来调整商业银行的准备金和借贷余额。

**提示** ☞

注意不要误解联邦基金利率的实际含义，联邦基金和联邦政府并无任何关联，它是指商业银行在联邦储备银行的保证金账户余额。

为降低联邦基金利率，美联储会通过购买政府债券向银行体系注入准备金。这种举措将推升政府债券的当前价格，降低其收益率。

为提高联邦基金利率，美联储会通过抛售政府债券从银行体系抽出准备金。这种举措将压低政府债券的当前价格，提高其收益率。

其他利率将随联邦基金利率的变动而变动。最优惠利率，即商业银行向其最优质企业客户索要的贷款利率，在美联储宣布一项联邦基金利率目标的几小时内便会发生变动。其他各种各样的贷款，如房屋净值贷款、信用卡贷款和一些抵押贷款的利率等，则和最优惠利率密切相关，因此它们也会跟着上升或下降。

固定利率住房抵押贷款和10年、20年或30年政府债券的长期利率也会发生小幅变动。回顾第13章，我们知道长期利率不仅受当前短期利率影响，而且受我们对未来短期利率预期的影响。

2000年以来，美联储在实现联邦基金利率目标上的表现可圈可点，其目标利率和实际利率之间的差异通常只有几个基点。但在金融环境极其恶劣时期，美联储要实现利率目标却难得多。当2007年8月全球金融危机正在酝酿和2008年秋金融市场崩盘之际，目标利率和实际利率的差额达到3%，即300个基点。

**习题** ☞

4. 若美联储想提高联邦基金利率，它该怎么做？是否所有利率都会发生变动？

## 利率影响总需求

当美联储改变利率时，总需求或计划的总开支也跟着改变。我们在第7章和第13章已经详细讨论过这一点。这里不妨简要回顾一下：若利率上升，则投资和净出口支出下降。若利率下降，则投资和净出口支出上升。消费者支出也会对利率变动做出回应，但具体变动方向并不确定。乘数效应则会使总支出进一步发生改变。

同理，我们在此也可交替使用"计划的总开支"和"总需求"这两个概念。只是在第 14 章，我们才需要明确区分 $AE$ 和 $AD$。

因为利率会影响投资成本，所以投资和利率之间反向相关，第 7 章最早讨论了这一点。投资支出，包括企业添置设备、建造新的住宅或非住宅楼盘和改变存货数量等，由追求利润的企业做出。若投资成本越高，则收益越低，因此企业可能会减少投资支出。概言之，

$$\uparrow 利率 \rightarrow \downarrow 投资支出$$
$$\downarrow 利率 \rightarrow \uparrow 投资支出$$

净出口和利率也呈现出反向相关。当美国利率上升时，美国居民将把部分财富从国际金融资产转为国内资产，国外居民则把部分财富从国内资产转为美国金融资产。财富的跨国转移将导致单位外币的美元标价下跌。在美国，一方面国外商品和服务将相对更廉价，从而增加美国进口。另一方面，对国外居民而言，美国商品和服务将相对更昂贵，从而减少美国进口。由此，美国净出口将下降。概言之，

$$\uparrow 利率 \rightarrow \downarrow 外币价格 \rightarrow \uparrow IM 且 \downarrow EX \rightarrow \downarrow NX$$
$$\downarrow 利率 \rightarrow \uparrow 外币价格 \rightarrow \downarrow IM 且 \uparrow EX \rightarrow \uparrow NX$$

总消费支出的初始效应并不确定。当利率上升时，耐用消费品的购买量倾向于下降，但更高的收益率却又会鼓励更多的消费支出。

总需求的变化通过支出乘数效应，会导致一轮又一轮的产出、收入和支出效应。（关于支出乘数，参见第 8 章的分析。）由于这种支出乘数效应，实际 GDP 和收入最终会远大于初始支出变化。例如，当投资和净出口支出下降 1 000 亿美元，比方说从每年的 2 万亿美元下降到 1.9 万亿美元时，若支出乘数为 1.8，则实际 GDP 每年最终将下降 1 800 亿美元，比方说从 14 万亿美元降至 13.82 万亿美元。

习题 ☞

5. 为何当利率下降时，投资支出会增加？

6. 为何当利率下降时，净出口支出会增加？

7. 若边际消费倾向分别为 0.4 和 0.9，则哪种情形下的利率效应更明显？解释其原因。

## 失业和通胀之间的权衡：菲利普斯曲线

产出随总需求的变动而变动。产出增加，经济体的就业人数也增加。（第 6 章讨论了 GDP、失业和就业之间的关联。）若增加的就业人数大于增加的劳动力，则失业率将随 GDP 增加而下降。

失业和通胀之间有何关联？菲利普斯曲线这一经济学概念有助于我们理解为何在失业和通胀之间存在一种权衡，尽管它有时也会失灵。

## □ 初始菲利普斯曲线

1958 年，经济学家 A. W. 菲利普斯发现，在 1861—1957 年间，英国的货币（名义）工资变动率和失业之间存在一种明显的稳定关系。他认为这种关系背后的逻辑在于：

> 当劳动力需求相对较高且存在较少的失业者时，我们预测雇主会迅速提高工资率；为了能从其他企业和行业招募到最合适的雇员，各企业和各行业的雇主都会给雇员提供一个高于通行工资的工资率。另一方面，当劳动力需求相对较低且失业相对较高时，雇员似乎也不太情愿在低于通行工资的企业或行业就业，因此工资率将下降得非常缓慢。[①]

随之而来的问题是，在美国是否存在一种类似的关系？为回答这一问题，美国经济学家对美国失业和价格（而非工资上涨）之间的关系做了研究。由工资到价格上涨是顺理成章的，因为若今年的工资涨幅比去年大，则企业将会把这种增加的投入成本转嫁给消费者，从而使今年的价格涨幅也比去年大。

菲利普斯发现的英国工资和失业之间存在的稳定权衡，在美国似乎表现为消费者价格和失业之间的权衡。高失业率对应于低通胀，低失业率对应于高通胀。

由此，**菲利普斯曲线**（Phillips curve）开始被用来表述失业和价格上涨之间的权衡关系。对比 1950—1968 年期间的消费者价格上涨和失业，可以得出图 15—1。

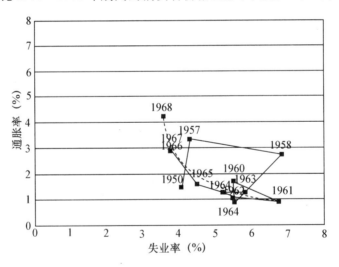

**图 15—1　美国的菲利普斯曲线：1950—1968 年**

运用美国 1950—1968 年间的经济数据，似乎存在一条描述失业率和价格上涨率之间关系的稳定平滑的菲利普斯曲线。在较高的失业率水平，通胀率较低；在较低的失业率水平，通胀率较高。

但尽管一些经济学家竭力鼓吹把菲利普斯曲线作为政策权衡的现成菜单，比如

---

① A. W. Phillips, "The Relation between Unemployment and the Rate of Change of Money Wage Rates in the United Kingdom, 1861–1957," *Economica*, New Series, Vol. 25, No. 100 (Nov. 1958), pp. 283–299.

他们会说"总统先生,只要您在菲利普斯曲线上选择某一点,我们政策顾问团将使经济体实现这一点所对应的目标",其他经济学家却提醒人们需保持警惕。后者认为,除失业以外的其他因素也会影响失业率。他们无疑是对的。

## □ "菲利普斯曲线已经过时"

即使经济学家没有提醒我们提防菲利普斯曲线政策含义的理论基础,几十年来的历史经验也已给我们打了一剂预防针。如图15—2所示,1969—1970年间,失业率和通胀率出现了同步上升。1970—1973年间,美国经济似乎再次出现菲利普斯曲线的影子,但此时的曲线处在最初曲线的右上方。随后的1973—1974年间,失业率和通胀率又开始同步上升。如今,经济学家用**滞胀**(stagflation)这一术语来指代该现象,滞胀意味着失业率和通胀率出现了同步上升。然而,1974—1979年间,美国经济似乎再次出现一条稳定的菲利普斯曲线,尽管处在第二条曲线的右上方。但随后的1979—1980年间,失业率和通胀率又同步上升,通胀似乎失去了控制。

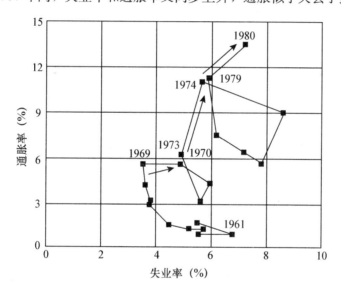

**图15—2 通胀率飙升:1969—1980年**

1969年后的十几年间,60年代存在的失业和通胀之间的平稳关系似乎出现了3次移动。1969—1970年、1973—1974年、1979—1980年期间,失业和通胀出现同步上升,因此通胀似乎失去了控制。

资料来源:Economic Report of the President,Tables B42 & B64.

在接下来的年份内,情况似乎发生了倒转。图15—3描绘了1980年以来的美国经济数据。1980—1983年间,经济体呈现出第四条菲利普斯曲线,它在60年代初始菲利普斯曲线的右方较远处。1983—1986年间,失业率和通胀率开始出现同步下降。1987—1992年间,我们看到一条类似于1970—1973年间的菲利普斯曲线。此后,1992—1998年间,菲利普斯曲线却出现左移,于90年代末似乎回复到了60年代美国经济经历的失业和通胀混合体。

20世纪70年代,经常听到经济学家说"菲利普斯曲线已经过时"。但从现在看来,即使在70年代,菲利普斯曲线也没有过时,它只是在不断移动,并且越移越快。因此，不能说菲利普斯曲线已经过时。

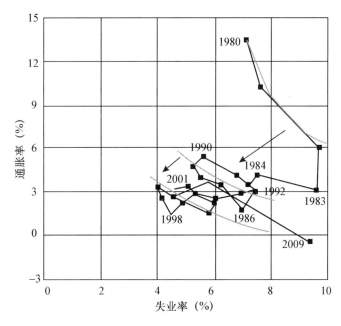

**图 15—3 菲利普斯曲线：1980—2009 年**

20 世纪 80 年代初以后，菲利普斯曲线似乎多次向左移动。90 年代初，失业和通胀率之间出现了稳定权衡。到 90 年代末期，两者之间的权衡关系更明显，不过菲利普斯曲线似乎移回了 60 年代的位置。

经济学家所说的"菲利普斯曲线已经过时"，通常是指失业和通胀之间不存在稳定的权衡关系。比如，他们指出至少在 1969—1970 年、1973—1974 年以及 1979—1980 年这三个时期，失业和通胀均呈现出同步上升。

但正如有时价格和需求量会出现同步上升，经济学家却并未片面地表示"需求曲线已经过时"一样，经济学家也不能苛求菲利普斯曲线会永远奏效。当需求曲线发生移动时，市场价格和需求量之间的反向关系并未"消失"；若其他条件保持不变，则这种反向关系仍然存在。那么，经济学家很自然会问，究竟是其他哪些因素导致价格和需求量之间的关系出现了变动？

上述推理同样适用于菲利普斯曲线。当失业率和通胀率朝同一方向变动时，两者间的反向关系也并未"消失"；若其他条件保持不变，则失业和通胀之间的这种反向关系仍然存在。因此，我们很自然会问，究竟是哪些因素导致失业和通胀之间的关系出现了变动？

## □ 菲利普斯曲线的移动

通过把注意力集中在劳动关系上，菲利普斯曲线抓住了阐释经济体为何会沿一条现存失业和通胀权衡关系曲线移动的精髓。但注意区别沿曲线移动和曲线本身的移动这两者间的差别也很重要。我们需牢记在分析需求和供给模型时得出的认识：一些因素使我们沿菲利普斯曲线移动，另一些因素则使我们移动菲利普斯曲线本身。

那么，哪些因素会使菲利普斯曲线发生移动？根据以往 40 余年的经验，以下三个因素尤为重要。

- 通胀预期的改变。
- 改变要素投入价格的供给冲击。
- 生产力增长率的变化。

## □ 通胀预期的改变

菲利普斯曲线必须考虑到人们对通胀的预期，即经济学家所谓的**通胀预期**（inflationary expectations）。我们不妨看看雇员和雇主是如何采取行动的。假设所有人，包括雇员和雇主均认为，下一年的通胀率将是2%。若工资涨幅为3%，则雇员很可能会感到满意，因为这至少比2%的通胀率高；而雇主也可能愿意提供3%的工资涨幅，因为他们可以通过提高产品价格将工资上涨的绝大部分转嫁给消费者。现在，我们再次假设，人们认为下一年的通胀率将高达10%。此时，雇员将不愿接受3%的工资涨幅，他们希望工资涨幅至少要达到10%；而雇主也愿意提供10%的工资涨幅，他们盘算着应该能通过提高最终产品价格将增加的工资成本转嫁给消费者。

通胀预期的提高，即一个更高的预期通胀率，并不意味着经济体的所有参与方都拿着经济学教科书、商界新闻和美联储的最新报告，坐在一起推导出一个公式，并据此预测下一年的通胀率将是多少。它仅仅意味着，人们对"你认为下一年的价格走势如何"这个问题有了一个主观答案。

如美国20世纪90年代初以来表现的那样，当通胀率在某段时期较稳定时，年复一年地，当被问到下一年的通胀预期时，我们的回答通常都千篇一律，比如"我不太清楚，可能今年会和往常一样，大约2%或2.5%吧"。但是，如70年代初美国结束了近20年的通胀稳定期后表现的那样，当通胀率发生变动时，我们的回答也会发生改变，比如"唉，这个我倒不清楚，去年我认为今年价格会上涨2%或3%，但其实上涨得更多；我猜下一年可能是4%或5%吧"。为形成一个预期，我们需留意日常生活中的市场表现，比方说汽油原本1.90美元1加仑，现在涨到3美元1加仑，此时显然出现了通胀；租金上涨了10%，也属于通胀；一块士力架巧克力原本需要69美分，现在涨至79美分，当然也算通胀。

若所有人都认为明年的通胀率会高于今年，则雇员会要求提高工资，雇主也愿意支付更高的工资。工资上涨将增加生产成本，而成本增加又以更高价格的形式被转嫁给消费者。

当通胀预期上升时，对应于任意可能的失业率，工资和价格上涨都将更高。如图15—4所示，通胀预期上升使菲利普斯曲线上移，通胀预期下降使菲利普斯曲线下移。

20世纪50年代和60年代，美国通胀较为稳定，因此存在不变的通胀预期。但到60年代末期时，价格开始迅速上升。预期通胀率也跟着上升，由此菲利普斯曲线出现上移，但这并非一步到位，而是慢慢移动。1979—1982年间美联储的货币试验使通胀卷土重来，1981年至80年代中后期，通胀率由超出10%迅速降至4%。预期通胀率也随之发生改变，从而使菲利普斯曲线出现下移。

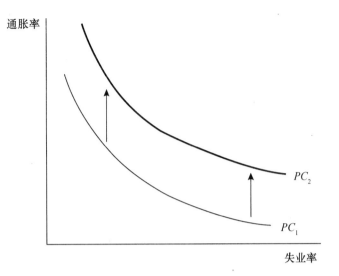

**图 15—4 菲利普斯曲线上移**

当通胀预期上升时，对应于任何可能的失业率，将存在更高的工资和价格上涨。整条菲利普斯曲线将上移。

## □ 改变要素投入价格的供给冲击

菲利普斯的最初研究主要关乎失业和工资上涨之间的权衡。工资是一类重要的生产成本，通常也是最大的生产成本，但并非唯一成本。20世纪70年代中后期国际石油价格的飙涨，使人们充分认识到能源价格是另一类重要的生产成本。

当存在由供给变动导致的某种要素投入价格的持续变动时，菲利普斯曲线便会发生移动。注意到这里的两个关键词：持续变动和供给。首先是持续变动，若只是要素投入，比方说石油价格的一次性上涨，则价格虽然会做出回应，但价格上涨本身并不足以使菲利普斯曲线大幅移动。但是，若要素投入价格在几年中一直保持每年2％的涨幅，且自某年开始每年涨幅突然达到6％，则产出价格将随之出现更快的上涨。菲利普斯曲线将如图15—4所示出现明显上移。

其次是供给。不管供给还是需求的改变，都将使要素投入价格发生改变。要素投入需求源于企业的生产意愿。若某种要素投入的需求增加，则其价格将会上升。这使我们沿现存菲利普斯曲线移动。它也是低失业率对应于高通胀率的原因所在。但是，若要素投入的供给出现下降，则无疑会再次推高该要素的价格，从而使现存菲利普斯曲线发生移动。要素投入下降，即**供给冲击**（supply shock），是导致菲利普斯曲线出现上移的外生因素。

很可能由于供给冲击是一些"冲击"，所以它们倾向于导出非常短期的菲利普斯曲线；它们很少导致要素投入价格的持续上升。但导致通胀率上升的要素投入价格冲击，即使短期内也能提高我们的通胀预期。并且，预期通胀率的上升可以导出一条上移的菲利普斯曲线。

## □ 生产力增长率的变化

使菲利普斯曲线发生移动的第三个因素是生产力增长率的变化。**生产力**（productivity）指每个工人在单位小时内的产量。当生产力提高时，企业能以较低的成本获得同样的产量。更低的生产成本使企业可以降低产出价格。

随着时间的推移，生产力倾向于持续提高，但有时生产力提高较快，有时则较慢。当生产力增长率高于通常情况时，菲利普斯曲线如图15—5所示向下移动。当生产力增长率低于通常情况时，菲利普斯曲线将向上移动。

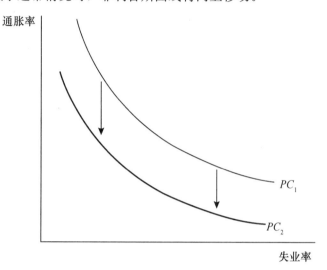

**图 15—5　菲利普斯曲线下移**

当生产力的增长率提高时，菲利普斯曲线将出现下移。注意到菲利普斯曲线下移和左移是同一个概念，此时失业和通胀之间的权衡更明显。

20世纪90年代，生产力增长率的变化使经济发展受益匪浅。90年代初，在经历了将近20年生产力增长率的疲软态势后，劳动生产力的增长率开始逐渐提高。生产力的大幅提高使经济体在保持低失业率的同时，并没有使通胀率加剧。90年代，菲利普斯曲线多次向下移动，一直到21世纪初按近20世纪60年代所处的位置为止。

## □ 通胀会由于许多原因发生变动

概言之，通胀会由于许多原因发生变动。产出需求增加会加剧通胀，需求下降则会缓和通胀。这些变化会使我们沿某条现存的菲利普斯曲线移动。

当然，菲利普斯曲线也会发生移动。预期通胀率上升会抬高通胀率，预期通胀率下降会降低通胀率。要素投入供给减少会抬高通胀率，要素投入供给增加则会降低通胀率。生产力增长的放缓会抬高通胀率，生产力增长的加快则会降低通胀率。

8. 为何失业和通胀之间能够存在一种权衡？

9. 以下各项描述，分别会对菲利普斯曲线造成什么影响？

a. 通胀预期下降。

b. 主要生产要素供给增加。

c. 劳动生产力的增长率提升。

10. 在菲利普斯曲线上取一点，实施一项货币政策和财政政策，使经济体实现该点对应的失业和通胀率组合，这样做通常并非一项好策略。试解释其原因。

# 制定利率目标：泰勒规则

许多经济学家在政府部门供职，包括位于华盛顿特区的联邦储备委员会和其他12家地方性联邦储备银行。他们密切关注着美国经济走势，比如，哪些部门的经济活动出现增加？哪些部门的经济活动出现萎缩？哪些产业表现抢眼？哪些地区发展欠佳？原材料价格的变化情况怎样？哪些地方的企业报道说生产成本出现了上升？各地是否出现了劳动力短缺？这些问题同其他重大问题一起，将在每隔六周联邦公开市场委员会召开例会之前得到12家地方性联邦储备银行官员的讨论，官员们将把各自分析所得出的结论写在**褐皮书**（Beige Book）上。

此外，他们时刻监测着通胀和经济衰退的迹象。当联邦公开市场委员会的成员一致认为存在通胀加剧的信号时，他们将提高利率。当经济体的增长步伐放缓或步入萧条时，通胀率通常会处在相对低位，因此美联储便能通过降低利率来刺激经济发展。

## □ 提高利率以应对通胀

当美联储通过提高利率来应对通胀时，其效果是会产生一连串相互作用过程。世界金融市场会迅速做出反应，事实上有时它们会在美联储宣布接下来的利率调整之前就采取行动，随后美元会开始缓慢升值，最终使美国净出口下降。投资支出在某种程度上会得到抑制。由此导致的出口、企业设备以及建筑业企业和居民收入的下降，将通过支出乘数效应渗透到所有消费部门。若美联储不及时采取行动，GDP将会进一步下降。劳动力市场的普遍过剩或多或少减轻了工资上涨的压力，进而消除了价格上涨的部分压力。尽管以GDP增长放缓和就业增长疲软为代价，美联储仍然不得不采取上述措施应对通胀问题，而这样做也会使经济体沿菲利普斯曲线移动到高失业和低通胀处。

## □ 降低利率以应对衰退

当美联储通过降低利率来应对衰退时，其效果也会产生和上述相同的一连串相互作用过程，但方向却与上述相反。美元贬值，美国净出口增加，投资支出也增加。通过乘数效应，消费也出现增加。在任意一点上，更高的支出意味着企业会提高产量，从而使雇员和企业主的收入增加。若现有雇员不能满足生产扩大的需要，企业会雇用更多工人，由此使失业率下降。但这也会给工资和价格上涨带来额外压力。美联储在应对经济增长放缓时，将不得不忍受随失业率下降而来的通胀率上升。同样地，美联储的措施将使经济体沿菲利普斯曲线移动到低失业和高通胀处。

## □ 应对措施结束后， 一切恢复原位

美联储也熟知中性利率概念。若美联储的目标是为了抑制高通胀率，则一旦通胀得到抑制，它便会抽身而出，使利率回复到中性利率。若美联储的目标是通过降低利率刺激经济，使其走出衰退，则该措施结束后，它便会提升利率，使之回复到中性利率。

美联储似乎认为中性联邦基金利率大致上应该比通胀率高2%。因此，若通胀率为1%，则中性联邦基金利率为3%；若通胀率为6%，则中性联邦基金利率为8%。

由于美联储有意使利率回复到中性利率上，我们不能只盯住美联储的调整措施，并简单推断"美联储正在抑制通胀"或"美联储试图刺激经济增长"。若美联储将利率提高25个基点，则它可能是使利率高于中性利率以抑制通胀率，也可能仅仅使利率回到中性利率以为后续措施做好准备。反之，若美联储将利率降低25个基点，则它也可能是使利率低于中性利率以解决经济衰退问题，也可能仅仅使利率回到中性利率以为后续措施做好准备。为正确理解利率调整，我们必须知道宏观经济所处状态。

## □ 泰勒规则

这里我们着重讨论**泰勒规则**（Taylor Rule），泰勒规则认为美联储利率目标的制定取决于通胀和经济增长。泰勒规则是一个数学公式，抓住了美联储的行为本质，具体形式如下：

$$目标利率＝中性利率＋A（实际通胀率－目标通胀率）$$
$$＋B（实际GDP增长率－目标GDP增长率）$$

其中，$A$、$B$均为常数，分别表示联邦公开市场委员会成员给抑制通胀和刺激GDP增长赋予的权重。

美联储设定一项通胀率目标，通胀率一般被认为设定在2%～2.5%之间，然后通过实施货币政策以实现该目标。当通胀率高于或有可能高于美联储的目标通胀率时，美联储将提高利率。当通胀率低于或有可能低于美联储的目标通胀率时，美联储将降低利率。

美联储也会设定一项GDP增长目标。在美国，GDP每年必须增长2%～3%，以吸收新增加的劳动力，并使失业率保持不变。当GDP增长率低于或有可能低于美联储的目标增长率时，美联储将降低利率。当GDP增长率高于或有可能高于美联储

的目标增长率时，美联储将提高利率。

美联储的货币政策由联邦公开市场委员会成员，包括美联储主席和其他6名联邦储备委员会成员及12名地方性联邦储备银行主席制定。这些成员通常来自银行界或学术界，因此能很好地理解经济现状，但他们不一定能很好地权衡高通胀和低GDP增长之间的相对成本。

由于立场和政策偏好不同，联邦公开市场委员会成员之间可以分为"通胀鹰派"和"通胀鸽派"。鹰派主张积极应对通胀问题，鸽派则恰恰相反。**通胀鹰派**（inflation hawk）往往过于强调应对通胀的重要性，而忽视了低GDP增长的代价。相对于失业率的显著上升而言，**通胀鸽派**（inflation dove）则往往能接受较高的通胀率。

若联邦公开市场委员会由通胀鹰派占主导，则A的赋值将比B大得多。相对于致力于GDP增长目标，致力于通胀目标将导致更大的利率变动。若联邦公开市场委员会由通胀鸽派占主导，则B的赋值将大于A。相对于致力于GDP增长目标，致力于通胀目标将导致较小的利率变动。

联邦公开市场委员会成员并不确定A、B的准确赋值应该是多少。联邦公开市场委员会例会的讨论并不涉及泰勒公式相关系数的赋值，但泰勒公式有助于我们认识到美联储官员的政策制定风险。

**习题** ☞

11. 在通胀率上升、通胀率下降、GDP增长率上升和GDP增长率下降时，美联储分别应如何设定利率目标？

12. 若美联储宣布将联邦基金利率提高0.25%，则是否意味着美联储正致力于抑制通胀？解释其原因。

13. 泰勒规则是指什么？联邦公开市场委员会是否确实会按照泰勒规则制定决策？

14. 假设泰勒公式为：目标利率＝0.04＋0.5×（实际通胀率－0.02）＋0.25×（实际GDP增长率－0.03），试回答下列各问题：

a. 根据泰勒公式，美联储的通胀率目标和GDP增长率目标分别是多少？

b. 针对以下通胀率和GDP增长率组合，分别计算利率目标：

i. 通胀率＝2%（0.02），GDP增长率＝3%（0.03）。

ii. 通胀率＝6%（0.06），GDP增长率＝3%（0.03）。

iii. 通胀率＝2%（0.02），GDP增长率＝0%。

15. 通胀鹰派和通胀鸽派分别是什么意思？若题14中的泰勒公式符合美联储的实际举措，你认为联邦公开市场委员会是由鹰派还是鸽派占主导？

## 一些目标比其他目标更容易实现

美联储面临的问题有难易之别。当通胀因总需求增加而上升时，美联储可以通过提高利率抑制通胀。此时，净出口和投资支出将下降，部分修复之前投资支出的增加。但是，当供给冲击或通胀预期上升导致价格紊乱，并进而造成通胀率出现上升时，美联储的应对举措则要复杂得多。

## □ 总需求增加

假设一开始的通胀率和GDP增长率很接近美联储的目标，且联邦基金利率接近中性利率。若美联储选择不作为，则如图15—6所示，经济体将沿菲利普斯曲线从点A移动到点B。通胀率将升至$infl_B$，失业率则将降至$u_B$。

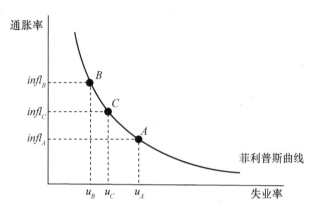

**图15—6　美联储采取措施应对总需求增加**

政府支出增加将使经济体从点A移至点B。美联储会通过提高利率做出回应，从而使经济体只是从点A移至点C。此时，政府支出增加和利率上升的结果，是使通胀率上升而失业率下降。理论上说，即使政府支出出现增加，美联储也可以采取极端措施，将利率提高到足以使经济体处在点A不动。

但若美联储选择不作为，则将面临除通胀率升至$infl_B$以外的其他风险，包括通胀预期上升。通胀预期上升将是非常糟糕的，它会使菲利普斯曲线上移，并使失业和通胀之间的权衡难以捉摸。因此，美联储有必要提高利率以应对通胀。

美联储可能会一直提高利率，直到能使经济体维持在点A处。此时，更高的利率将使投资和净出口支出下降，下降幅度恰好等于一开始时政府支出的增加幅度。

或者，美联储也可通过提高利率以削弱但非消除扩张性财政政策效应。此时，经济体将处在点A和点B之间的某一点C处。通胀率将比美联储选择不作为时低（$infl_C < infl_B$），但仍高于其初始值（$infl_C > infl_A$）。失业率将比美联储选择不作为时高（$u_C > u_B$），但仍低于其初始值（$u_C < u_A$）。因此，当总需求增加时，美联储应对通胀的举措至少能使经济体不比总需求增加之前更糟。

## □ 供给冲击或通胀预期上升

若通胀上升是由供给冲击或通胀预期上升所致，则美联储仍面临不作为或调整利率目标的选择，但此时的政策抉择更复杂。

我们不妨再次假设一开始时的通胀率和GDP增长率很接近美联储的目标，且联邦基金利率接近中性利率。但这次我们假设一场供给冲击使要素投入价格出现上涨。（若通胀预期上升，这里的分析同样成立。）此时，经济体如图15—7所示，一开始时将处在初始菲利普斯曲线的点 $A$ 处。当供给冲击发生时，菲利普斯曲线上移。若美联储选择不作为，则经济体将移至新菲利普斯曲线的点 $B$ 处，此时失业率不变，通胀率上升。

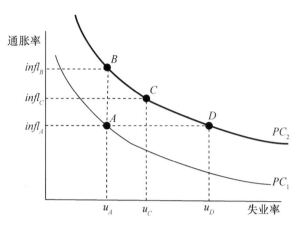

**图 15—7　美联储采取措施应对一场逆向总供给冲击**

供给冲击将使经济体从点 $A$ 移至点 $B$。美联储将通过提高利率做出回应。若美联储完全抑制了通胀问题，则经济体将移至点 $D$，此时的失业率极高。若美联储并未完全消除通胀问题，则经济体将从点 $A$ 移至点 $C$。美联储不可能使经济体处在点 $A$ 不动。

但美联储显然不会袖手旁观，它将及时做出回应。因为美联储若选择不作为，随着通胀率从 $infl_A$ 升至 $infl_B$，通胀预期也会跟着上升。菲利普斯曲线会出现上移，且通胀预期上升和菲利普斯曲线上移会相互强化，不断持续下去。美国 70 年代的经历对美联储而言是一次惨痛的教训，它表明了美联储不采取及时、有效措施应对通胀上升的后果有多么严重。

因此，美联储会提高利率以抑制通胀，降低净出口和投资支出，进而通过乘数效应使实际 GDP 下降，但失业率也会随之上升。若美联储想完全抑制通胀，则失业率将大幅升至 $u_D$，通胀率则保持 $infl_A$ 不变。这样一来，美联储可能会觉得代价太高，所以它会选择折中目标，使经济体达到点 $B$ 和点 $D$ 之间的某一点 $C$ 处。此时，通胀率将比美联储选择不作为时低（$infl_C < infl_B$），但仍高于其初始值（$infl_C > infl_A$）。失业率将比美联储选择不作为时高（$u_C > u_A$），且同时高于其初始值（$u_C > u_A$）。

但对于这种反通胀举措，人们会怨声载道。因为经济体此时步入了滞胀，一方面更多人失去工作，另一方面价格出现上涨。尽管若美联储选择不作为，通胀将会更加严重，但绝大多数人只对他们感同身受的经历印象深刻，对原本可能出现的更糟状况却不以为然。因此，他们只会觉得情况再糟糕不过了：出现了高失业率和高通胀并存现象。

## □ 零利率下限

在应对 2007—2009 年间的经济大衰退时，美联储于 2008 年 12 月将联邦基金利率的目标值原则上降至 0（官方表述是 0%～0.25% 之间）。2009 年的经济仍然低迷

宏观经济学思维

不振。而根据泰勒规则，当经济状况变糟时，联邦基金利率的目标值应继续下降，甚至可降为负值，但名义利率却不能低于 0。因此，尽管形势表明联邦公开市场委员会应进一步降低联邦基金利率的目标值，但其已无能为力，利率已经处在零利率下限。

**习题** ☞

16. 当总需求下降而菲利普斯曲线保持不变时，美联储应选择什么策略？

17. 考虑以下两种不同的泰勒规则，

泰勒规则 1：目标利率＝0.04＋1×（实际通胀率－0.02）＋0.25
×（实际 GDP 增长率－0.03）

泰勒规则 2：目标利率＝0.04＋0.25×（实际通胀率－0.02）＋1
×（实际 GDP 增长率－0.03）

a. 假设通胀率为 6%（0.06）且 GDP 增长率下降 1%（－0.01）。若泰勒规则 1 符合联邦公开市场委员会的政策举措，则目标利率值为多少？若泰勒规则 2 符合联邦公开市场委员会的政策举措，则目标利率值为多少？

b. 哪个泰勒公式对应于由通胀鹰派占主导的联邦公开市场委员会？哪个泰勒公式对应于由通胀鸽派占主导的联邦公开市场委员会？

c. 为何说通胀鹰派和通胀鸽派势均力敌的争议对美联储而言很重要？

18. 联邦基金利率的目标值设置在零利率下限上意味着什么？

## 小 结

为抑制通胀或刺激 GDP 增长，美联储会调整利率目标。泰勒规则抓住了美联储为回应通胀和 GDP 增长率变动而调整利率目标的本质特征。总需求（$C＋I＋G＋NX$）也会做出相应的回应。企业会改变产量目标，由此使失业率发生变动。

经济体遵循菲利普斯曲线所描述的通胀和失业率权衡。只要菲利普斯曲线保持不变，抑制通胀将以更高的失业率为代价，刺激经济增长则将以更高的通胀率为代价。但若菲利普斯曲线出现移动，则美联储的政策抉择将更为棘手。菲利普斯曲线移动的距离越大，为抑制通胀导致的失业率升幅也越大。

第六部分

# 开放经济体

# 第 16 章　开放经济体的宏观经济学

现代经济体深受国际环境影响。商品和服务贸易能获得长期经济收益，但有时会受到各种各样的贸易壁垒限制。通常，我们用所谓的国际收支核算体系来记录商品、服务与资产的国际购买和出售行为。国际收支平衡会影响汇率，即国与国之间货币的兑换比例。因此，国际贸易成为利率影响产出、就业和支出乘数的又一种方式。

## 重要术语和概念

| | |
|---|---|
| 自由贸易 | 贸易盈余 |
| 贸易促进政策 | 贸易赤字 |
| 贸易保护政策 | 商品贸易余额 |
| 出口补贴 | 要素收入支付 |
| 幼稚产业 | 国际转移支付 |
| 贸易壁垒 | 汇款 |
| 封锁 | 经常项目盈余 |
| 配额 | 经常项目赤字 |
| 关税 | 金融资本流入 |
| 报复性关税 | 金融资本流出 |
| 国际贸易协定 | 金融项目盈余 |
| 国际收支余额 | 金融项目赤字 |
| 经常项目余额 | 储备项目 |
| 金融项目余额 | 官方储备交易（ORT） |
| 贸易余额 | 统计误差 |

243

国际收支盈余 汇率体系
国际收支赤字 固定汇率
汇率 盯住
外币或外汇 管理浮动（不自由浮动）
浮动汇率

## 重要公式

贸易余额＝商品和服务出口－商品和服务进口

经常项目余额＝贸易余额＋净要素收入＋净国际转移支付

金融项目余额＝金融资本流入－金融资本流出

国际收支余额＝经常项目余额＋金融项目余额

## 重要图形

汇率图

# 国际贸易政策

当某国生产某商品具有相对优势而另一国生产另一种商品具有相对优势时，两国便有了专门生产优势产品并相互进行贸易的经济激励。这正是我们第 2 章提到的贸易收益理论。由于生产某商品的机会成本比其他国家低，该国便有了生产该商品的比较优势，而它也应当专门从事该商品的生产。其他国家则可以生产那些它们具备比较优势的商品。所以各国之间便需要进行贸易，全世界的产出和消费也会随之增加。因此，国际贸易能使参与的国家获益，存在长期贸易收益，即各国的产出会大于其原先的产出。

一些国家想从增加出口中获得更多的直接收益，增加出口商品和服务的生产意味着经济体的出口生产部门需要雇用更多的工人。因此，出口增加在短期内会提高一国的国民收入和就业水平。

当不存在针对跨国商品和服务买卖的政府促进和限制时，经济学家称之为**自由贸易**（free-trade）。但各种经济或非经济因素会促使国家实施一项贸易促进或贸易限制政策。旨在增加国际贸易的政策被称做**贸易促进政策**（trade promotion policy），旨在减少国际贸易的政策被称为**贸易保护政策**（trade protection policy）。

因为增加贸易会带来长期收益和促进短期就业水平，一些国家会实施贸易促进政策。一个寻常例子是**出口补贴**（export subsidy），即一项鼓励出口商品生产的政府政策。出口补贴有各种形式，包括税收优惠、低贷款利率和政府投放广告等。但所有出口补贴都旨在降低出口商品的生产成本或提高其出口收入，鼓励出口商品和服务的生产商增加产量。

尽管存在得自贸易的经济收益，但并非所有贸易都被视做积极有利的。注意到第 2 章我们提到追求贸易收益是一项长期经济战略。短期调整的过程对就业和产量下降的行业和企业而言是非常痛苦的。例如，一些人可能会认为美国在汽车制造方面不具备比较优势，而在高等教育方面存在比较优势。因此，追求贸易收益意味着解雇汽车生产工人和销毁汽车生产车间，雇用大学教授和建设更多大学。从长期来看，衰落产业的岗位减少可能会由新兴产业的岗位增加得到弥补，但并不能保证通用汽车公司解雇的工人能在州立大学找到一份合适的工作。由于专业化生产和贸易的成本并不是均等地被转嫁给经济体各参与方，一些人很自然会用消极负面的观点看待自由贸易。

若某个行业是相对较为新兴的行业，则情况会怎样？同样会有一些人反对自由贸易。该经济体最终可能会在该行业的生产中具备比较优势，但并非一开始就这样。这个行业可能需要一些时间才能够发展壮大，建立业务网络，并完善生产方法和获得更高生产效率。对于所谓的**幼稚产业**（infant industries），贸易不利于它们的发展壮大，会阻碍它们更迅速地成长为能参与全球竞争的独立产业。因此，在某个行业尚未渡过幼稚期之前，它都能从贸易保护中获益。

其他人反对贸易可能是因为他们认为贸易和国家安全有冲突。历史上出现过许多出于国家安全利益而反对贸易的例子。例如，在 16 世纪，西班牙和英格兰都不愿放弃各自的造船工业，因为两国的国家安全都在很大程度上依赖于本国的海洋防护能力。此外，环境保护、劳工保护和其他方面的利益也是反对贸易的理由。

因此一些国家会制定**贸易壁垒**（barriers to trade），而保护主义政策可以采取各种各样的形式。贸易**封锁**（embargo）是一条禁令，禁止同某国开展某些或所有商品和服务的贸易活动。美国自 1962 年开始针对古巴实施了一项贸易封锁政策。**配额**（quota）则建立了一种限制，限制某段时期对特定国家某种商品的进口数量。美国对澳大利亚原糖的进口配给每年为 8 740 万千克。**关税**（tariff）是一项针对进口商品征收的税收。在棉线的进口上，美国针对许多国家实施一项 4.4％的关税。

由于一国强制实施关税会损害其贸易方的经济利益，贸易方实施一项本国关税以做出回应就显得很正常。这种**报复性关税**（retaliatory tariffs）威胁的存在，可能有助于提醒立法机构慎用关税立法以实施贸易保护政策。20 世纪 30 年代，美国为应对大萧条而实施的《斯穆特-霍利关税法案》，曾导致许多国家采取了一系列阻碍美国出口的报复性关税。

保护主义贸易政策在短期内可能有助于保护本国经济，但许多经济学家认为它们在长期内弊端重重，因为它们会妨碍该国追求贸易收益。一些**国际贸易协定**（International trade agreements）多年来一直致力于限制保护主义，并鼓励自由贸易。许多协定只涉及少数国家，如旨在消除墨西哥、美国和加拿大之间的贸易壁垒的《北美自由贸易协定》（NAFTA）和旨在消除美国、多米尼加共和国和中美洲国家之间的贸易壁垒的《中美洲自由贸易协定》（CAFTA）等。也有一些涉及几大洲许多国家的贸易协定，如 1947 年成立的《关税与贸易总协定》（GATT）。在 GATT 下，包括美国在内的许多国家同意降低关税。作为 GATT 遗产的世界贸易组织（WTO）成立于 1994 年，它已经有超过 150 个成员国，其目的是为了通过贸易促进协定来解决国家之间在自由贸易上的各种争端。

（所有习题的答案，参见本书后面。）

1. "贸易收益"是什么意思？
2. "自由贸易"如何定义？
3. 反对国际贸易的部分原因有哪些？
4. 贸易封锁、配额和关税之间有何差异？

## 国际收支余额

用以记录跨国交易的核算体系称做**国际收支余额**（balance of payment）体系。你可以将其视为两国之间通货流向的跟踪体系。

在国际收支余额体系中，存在两种类型的交易：商品和服务买卖及资本交易。商品和服务买卖是**经常项目余额**（balance on current account）的组成部分。资本交易是**金融项目余额**（balance on financial account）的组成部分。

每个项目都可能处在盈余、赤字或平衡状态。不需要记住一连串定义，但需牢记以下一点：若货币流入＞货币流出，则存在盈余；若货币流出＞货币流入，则存在赤字；若货币流入＝货币流出，则项目平衡。

上述定义无论何时都成立，不管涉及的是个人理财、政府预算还是国际收支项目。

提示 ☞

注意余额和平衡之间的区别，流入和流出的任何差额我们都可以称做余额，余额可以大于、小于或等于零。当余额等于零时，我们称之为平衡。

### □ 经常项目余额

商品和服务的进出口差额称做**贸易余额**（trade balance）。因此，贸易余额＝商品和服务的出口数量－商品和服务的进口数量。贸易余额等同于净出口 $NX$，即贸易余额＝$NX=EX-IM$。

当出口超出进口时，为购买出口商品而流入本国的货币大于为购买进口商品而流出本国的货币。此时的贸易余额为正，即存在**贸易盈余**（trade surplus）。当进口大于出口时，贸易余额为负，即存在**贸易赤字**（trade deficit）。

在商品贸易和服务贸易之间有时会进行一些区分。**商品贸易余额**（merchandise trade balance）等于商品出口减去商品进口。服务贸易余额等于服务出口减去服务进口。

经常项目余额包括商品和服务贸易的资金流入、要素收入支付和国际转移支付。**要素收入支付**（payment for factor incomes）包括国外务工者的工资和租金收入、利息收入或将其资产借给国外贷款人的红利收益。美国公民在加拿大的务工所得，代表着资金从加拿大流入美国。持有美国公司股票的墨西哥公民的红利所得，代表着资金从美国流入墨西哥。美国的净要素收入等于美国公民从国外获得的要素收入减去美国给国外公民的要素支付。

经常项目余额的第三个也是最后一个构成要素是**国际转移支付**（international transfer payments），即两国公民之间不因直接贸易、出于道义援助或其他原因而发生的支付。国际转移支付中很大一部分是**汇款**（remittances），即由在国外务工或定居的家族成员或其他人从国外汇回来的款项。

因此，经常项目余额即指商品和服务支付、生产要素收入支付和国际转移支付这三个方面的货币流入和货币流出之间的差额。或者换种说法，经常项目余额由贸易余额、净要素收入和净国际转移支付三者之和组成，即经常项目余额＝贸易余额＋净要素收入＋净国际转移支付。

当经常项目余额为正时，存在**经常项目盈余**（current account surplus）。当经常项目余额为负时，存在**经常项目赤字**（current account deficit）。

**习题** ☞

5. 已知 2005 年中美两国间的国际贸易相关数据为：美国商品出口 411 亿美元，美国服务出口 90 亿美元，美国商品进口 2 439 亿美元，美国服务进口 67 亿美元，美国要素收入 214 亿美元，中国要素收入 49 亿美元，美国向中国的净转移支付 22 亿美元。试回答以下各问题：

a. 该年美国同中国之间的商品贸易余额为多少？哪国出现商品贸易赤字？哪国出现商品贸易盈余？

b. 该年美国同中国之间商品和服务的贸易余额为多少？哪国出现商品和服务贸易赤字？哪国出现商品和服务贸易盈余？

c. 该年美国同中国之间的经常项目余额为多少？哪国出现经常项目赤字？哪国出现经常项目盈余？

## □ 金融项目余额

金融项目用于记录资产交易行为。区分经常项目和金融项目之间差异的一种思路是回到 GDP 上。计入 GDP 的交易都属于经常项目。另一方面，资产交易并不直接计入一国 GDP。购买一家荷兰公司的股票或购买一幢位于意大利托斯卡纳区的 17 世纪别墅并不会使美国 GDP 发生变动。因此，资产的购买和出售将被单独计入金融项目。

**提示** ☞

注意不要混淆概念的区别。多年来，人们习惯用资本项目代替金融项目来描述资产交易行为。但最近资本项目得到了重新定义，一些教科书仍用资本项目的旧式术语，另一些则用金融项目这一新的术语。

金融项目余额用于计算流入某国的资金数量和流出该国的资金数量之间的差额。当国外公民购买美国资产时，资金将流入美国。国外公民购买美国资产称做**金融资**

本流入（financial inflows）。

当美国公民购买国外资产时，资金将流出美国。美国公民购买国外资产称做**金融资本流出**（financial outflows）。

金融项目余额即指资金流入和资金流出之间的差额，因此它等于金融资本流入减去金融资本流出之差，即金融项目余额＝金融资本流入－金融资本流出＝国外公民购买的美国资产－美国公民购买的国外资产。

当资金流入大于资金流出时，金融项目余额为正。金融资本流入大于金融资本流出，即存在**金融项目盈余**（financial account surplus）。

当资金流出大于资金流入时，金融项目余额为负。金融资产流出大于金融资产流入，即存在**金融项目赤字**（financial account deficit）。

**习题** ☞

6. 已知 2005 年美国购买的中国资产总额为 54 亿美元，中国购买的美国资产总额为 2 247 亿美元。该年美国同中国之间的金融项目余额为多少？哪国出现金融项目盈余？哪国出现金融项目赤字？

## □ 国际收支余额是否平衡？

国际收支余额是经常项目余额和金融项目余额之和。即国际收支余额＝经常项目余额＋金融项目余额。

国际收支余额是否总是平衡的？显然，答案取决于金融项目中包含了哪些交易项目，后者反过来又取决于你所使用的教科书对此的定义。

若金融项目中包含了**储备项目**（reserve account），则国际收支余额总是平衡的。储备项目指某国中央银行持有的外汇储备。**官方储备交易**（official reserve transactions，ORT）即指中央银行的外汇交易行为。当官方储备交易被计入金融项目时，国际收支余额总处于平衡状态。［注意：总会存在这样或那样的错误和遗漏，从而导致计算出错，因此只有在国际收支平衡表中纳入**统计误差**（statistical discrepancy）项，才能确保其平衡。］

**提示** ☞

这里也不要混淆：中央银行为官方储备交易而准备的储备项目和前文所述商业银行在中央银行的准备金账户没有任何关联，两者只是恰巧有着相同的英文表述而已。

由于国际收支余额在将官方储备交易作为金融资本流量组成部分纳入统计时总是平衡的，所以经常项目余额和金融项目余额之和总等于零，即经常项目余额＋金融项目余额（包括 ORT）＝0。将第二项移至右边，我们得到经常项目余额＝－金融项目余额（包括 ORT）。

因此，若一国经常项目余额为正，则其金融项目余额必定为负。换言之，若一国出现经常项目盈余，则其金融项目必定出现赤字。反之，若一国经常项目余额为负，则其金融项目余额必定为正。换言之，若一国出现经常项目赤字，则其金融项

宏观经济学思维

目必定出现盈余。

若储备项目不被计入金融项目，情况会怎样？此时，国际收支总余额可能出现盈余也可能出现赤字。若某国资金流入总额大于资金流出总额，则将出现**国际收支盈余**（balance of payments surplus）。国际收支盈余发生在经常项目盈余大于金融项目赤字（绝对值）或金融项目盈余大于经常项目赤字（绝对值）时。国际收支盈余将使国家外汇储备增加，中央银行持有的外汇储备也将增加。

若储备项目不被计入金融项目且资金流入总额小于资金流出总额，则将出现**国际收支赤字**（balance of payments deficit）。国际收支赤字发生在经常项目赤字（绝对值）大于金融项目盈余或金融项目赤字（绝对值）大于经常项目盈余时。国际收支赤字将使国家外汇储备减少，中央银行持有的外汇储备，即储备项目余额也将减少。

美国每年会出现几千亿美元的经常项目赤字。2009 年，美国经常项目赤字超过了 4 000 亿美元，约占 GDP 的 3%。但是，美国每年也会出现几千亿美元的金融项目盈余。2009 年，美国金融项目盈余也超过了 4 000 亿美元，其中包括 500 亿美元左右的官方储备增加和超过 2 000 亿美元的统计误差。统计误差在 2008 年和 2009 年急剧上升，这主要是由全球经济衰退造成的金融动荡所致。

习题 ☞

7. 当美国金融项目出现赤字时，美国居民、企业和政府机构的国际借款总额大于还是小于国际贷款总额？

8. 已知美国 2005 年同所有其他国家之间的国际交易总额如下：美国经常项目余额：−7 487 亿美元；金融资本流入：12 952 亿美元；金融资本流出：5 326 亿美元。试问该年美国经常项目是盈余还是赤字？美国金融项目是盈余还是赤字？美国外汇储备项目余额是增加还是减少？

9. 1890—1970 年间，美国经常项目余额均为正，1975 年后，美国每年的经常项目余额均为负。试问哪段时期美国金融项目出现盈余？哪段时期美国金融项目出现赤字？

# 汇 率

各国之间的货币流动决定了彼此间的通货交换比率，即经济学家所谓的**汇率**（exchange rate）。这里可能第一次正式提到汇率这一规范术语及其决定因素，但分析汇率的基本思路仍然离不开需求和供给，即我们在第 3 章论述的需求和供给模型。

美元是美国的流通货币，其他国家和地区有它们自己的流通货币，如欧元区的欧元、墨西哥的比索、日本的日元、中国的人民币、印度的卢比和英国的英镑，等等。经济学家用**外币**（foreign currency）或**外汇**（foreign exchange）来统称其他国家的流通货币。

汇率不过是一种价格表示，即用某种货币来表示另一种货币的价格。例如，若可以用 1.25 美元购买 1 欧元（欧洲大多数国家的流通货币），则 1 欧元的标价即 1.25 美元。但我们一般不用价格，而是用汇率表述：美元和欧元之间的汇率为 1 欧元兑换 1.25 美元。

1 美元的欧元价格为多少？很明显，它不过是 1 欧元的美元价格的倒数而已。因此，若 1 欧元等于 1.25 美元，则 1 美元将等于 1/1.25＝0.80 欧元。

提示 ☞

美元和欧元之间的汇率是等于 1 欧元的美元价格还是等于 1 美元的欧元价格？这要视情况而定。在美国，对于一些流通货币，我们习惯用美元价格来标示单位外币；对其他流通货币，我们习惯用外币价格来标示单位美元。本书所指的美元汇率均为单位外币的美元标价。

价格由市场机制决定。某种产品，比如你早上吃的鸡蛋的价格，取决于鸡蛋需求和鸡蛋供给之间的相互作用。这正是本书第 3 章的需求和供给模型的本质。对鸡蛋的需求代表那些手持现金的人想用现金交换鸡蛋，对鸡蛋的供给则代表那些手持鸡蛋的人想用鸡蛋交换现金。鸡蛋的均衡价格即双方完成交换时 1 个鸡蛋的价格，即需求量等于供给量时的价格。若鸡蛋的均衡价格为 20 美分，则我们可以说 1 个鸡蛋的价格是 20 美分，或 5 个鸡蛋需要 1 美元。

同理，若我们将这里的鸡蛋换成上文中的欧元，则分析思路仍成立。欧元的价格取决于欧元需求和欧元供给之间的相互作用。对欧元的需求代表那些手持美元的人想用美元交换欧元，对欧元的供给则代表那些手持欧元的人想用欧元交换美元。欧元的均衡价格即双方完成交换时 1 欧元的美元价格，即需求量等于供给量时的价格。若欧元的均衡价格为 1.25 美元，则我们可以说 1 欧元的价格是 1.25 美元，或 0.80 欧元可以交换 1 美元。

图 16—1 描述了汇率的决定机制。需求曲线表示手持美元却需要交换欧元的人。随着欧元标价的上升，对欧元的需求量将会下降。因此，需求曲线向下倾斜。供给曲线表示手持欧元却需要交换美元的人。随着欧元标价的上升，欧元的供给量将会增加。因此，供给曲线向上倾斜。欧元的均衡价格，也就是欧元和美元之间的汇率，即需求曲线和供给曲线相交时的价格。

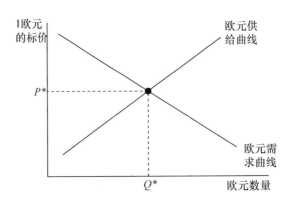

**图 16—1 美元和欧元之间的汇率**

欧元需求曲线向下倾斜；随着欧元标价上升，更少人愿意用美元兑换欧元。欧元供给曲线向上倾斜；随着欧元标价上升，更多人愿意用欧元兑换美元。欧元的均衡美元标价即供给曲线和需求曲线相交时的标价。

宏观经济学思维

外币（外汇）需求代表手持美元却需要交换外币的人。他们之所以需要外币，可能是因为想购买外国商品和服务，也可能是因为想购买国外资产。购买国外商品和服务构成了美国的进口，购买国外资产则构成了金融资本流出。因此，外币需求取决于美国的商品和服务进口，以及美国的金融资本流出。

外币（外汇）供给代表手持外币却需要交换美元的人。他们之所以需要美元，可能是因为想购买美国商品和服务，也可能是因为想购买美国资产。国外购买的美国商品和服务构成了美国的出口，国外购买的美国资产则构成了金融资本流入。因此，外币供给取决于美国的商品和服务出口，以及美国的金融资本流入。

不难发现，外币供给和需求的变动源于进口、出口和金融资本流动，后三者绝大部分又取决于国内收入、国际收入、国内利率和国际利率的变动。概括如下：

● 美国居民收入增加将使美国的进口增加，从而增加外币需求。美国居民收入减少将使美国的进口减少，从而减少外币需求。

● 外国居民的收入增加将使美国的出口增加，从而增加外币供给。外国居民的收入减少将使美国的出口减少，从而减少外币供给。

● 国内利率的提高将减少美国的金融资本流出并增加金融资本流入，从而减少外币需求并增加外币供给。国内利率的下降将增加美国的金融资本流出并减少金融资本流入，从而增加外币需求并减少外币供给。

● 国际利率的提高将增加美国的金融资本流出并减少金融资本流入，从而增加外币需求并减少外币供给。国际利率的下降将减少美国的金融资本流出并增加金融资本流入，从而减少外币需求并增加外币供给。

同第3章我们对商品和服务供给及需求的分析一样，外币需求与供给的变动会对外币的均衡价格产生相同的影响。如图16—2所示，需求增加将使外币的美元标价上升，需求减少将使外币的美元标价下降。供给增加将使外币的美元标价下降，供给减少将使外币的美元标价上升。

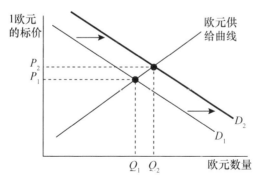

**图 16—2　需求移动产生的影响**

进口增加或金融资本流入增加，要求持有美元的人拿出更多美元兑换外币。外汇需求增加将使需求曲线右移，从而使外汇的美元标价上升。

习题 ☞

10. 以下各项陈述分别会对外币供给、外币需求和外币的美元标价产生怎样的影响？美元币值是上升还是下降？

a.  美国经济出现衰退，导致美国居民的收入下降。

b.  经济繁荣使中国居民的收入增加。

c.  美国利率出现下降。

d.  所有国家的利率均出现下降。

e.  欧洲和亚洲国家的利率出现上升，美国的利率则出现下降。

## □ 汇率体系

上文描述的汇率决定机制——外币供给和需求的变动决定汇率的变动——出现在外汇市场不存在政府干预的情形下。此时，外汇价格能对外汇供给和需求的变动做出自主反应，我们称之为**浮动汇率**（floating exchange rate）。

但在历史上的许多时期，许多国家都会对外汇市场采取干预措施，事实上一些国家直至今天仍然这样做。经济学家用**汇率体系**（exchange rate regime）来描述政府干预外汇市场的不同程度和类型。

当政府设定汇率标价且不允许市场力量改变该标价时，经济学家称之为**固定汇率**（fixed exchange rates）。固定汇率通常以两国的双边协议为基础，该协议规定两国政府必须采取汇率干预以确保汇率稳定。

当某国决定将其汇率无条件地固定在另一国的货币上时，该国通常被称做实施汇率**盯住**（peg）策略。例如，开曼群岛国家的货币也是美元，其自1974年以来一直盯住美元。官方汇率是一个恒定不变的常数，即1开曼群岛美元＝1.20美元。

最后，**管理浮动**（managed float）或**不自由浮动**（dirty float）汇率体系是指汇率被允许在一定范围内自由浮动的汇率体系。它是浮动汇率体系和固定汇率体系的一种混合形式。政府只在汇率高于预定上限或低于预定下限时才出手干预。

那么，政府是如何操纵汇率的呢？政府通过在外汇市场上买入或抛售外汇，即扮演外汇供给方或需求方的角色来操纵汇率市场。图16—3描绘了一个固定汇率国家情形。我们不妨假设外汇需求出现了增加——在缺乏政府干预时，它无疑会抬高外

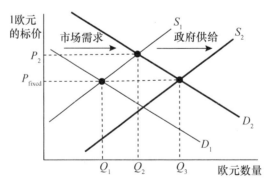

**图16—3  维持一个固定汇率**

图中，政府想将外汇标价维持在 $P_{fixed}$。当市场力量使外汇需求增加时，政府必须通过增加外汇供给来做出回应。因此，政府会售出一部分官方外汇储备，使均衡汇价保持在 $P_{fixed}$ 而非上升至 $P_2$。

汇的市场价格。若政府承诺维持该固定汇率，则它会通过抛售外汇来进行干预。这样一来，势必会使外汇供给曲线发生右移，从而使均衡汇价保持不变。因此，为维持固定汇率，政府必须在外汇市场上抛售部分官方外汇储备。

若市场力量使汇率低于固定汇率下限，则情况会如何？此时，想维持固定汇率的政府将通过购买外汇这一举措进行干预，使外汇需求曲线右移，直至均衡价格再次回复到固定汇率值。

**习题** ☞

11. 若某国实施货币盯住美元政策，且该国和美国之间存在很多贸易往来。现在，假设美国经济步入了萧条，试回答以下各题：

a. 若该国未实施美元盯住政策，则其货币的美元标价如何变动？

b. 若该国未实施美元盯住政策，则美国的进口和出口如何变动？

c. 若该国实施美元盯住政策，则为维持利率目标该国政府必须在外汇市场采取何种措施？

d. 该国实施美元盯住政策或未实施美元盯住政策哪种情形下美国萧条对进口的影响更大？哪种情形下美国萧条对出口的影响更大？

e. 根据你对（d）的回答，当美国经济步入衰退时，实施汇率盯住政策会对该国产生有利影响还是不利影响？

## 开放经济体的宏观经济学

在一个封闭经济体中，进口和出口均为零。所有商品和服务均在国内生产和消费。不存在国际贸易。在一个开放经济体中，进口和出口均为正数。一些商品和服务在国内生产、被售往国外消费，另一些商品和服务在国外生产、被进口到国内消费。

如第 7 章所述，出口和进口是总需求的组成部分。若其他条件不变，则出口增加和进口减少会使总需求增加，出口减少和进口增加会使总需求减少。

纳入国际贸易需涉及前面章节提及的两种宏观经济效应：一种是利率影响汇率并进而改变出口，另一种是收入影响进口并进而改变支出乘数值。

这两种效应在前面章节已有过论述，因此我们这里只简单回顾一下。

首先，纳入国际贸易将会强化利率效应，我们在第 13 章首次提到这一观点。

当美国的利率上升时，美国的金融资本流入增加，金融资本流出减少。同时，外汇供给增加而外汇需求下降。进口商品和服务的成本下降，出口成本则上升，从而导致美国出口下降。进口增加和出口下降都会使美国净出口下降。

其次，纳入国际贸易将使支出乘数值变小，我们在第 8 章首次提到这一观点。

在一个开放经济体中，收入增加将会使消费和进口同时增加。剔除消费和进口之间的差额后，对国产商品和服务的购买也将增加。在每一轮乘数作用过程中，进口越多，对国产商品和服务购买量的变动将越少，从而 GDP 变动规模也将越小，即乘数值越小。

因此，相较于封闭经济体，在开放经济体中，由支出的任何初始下降导致的乘数效应将更小。在每一轮乘数作用过程中，减少的支出中只有部分花在国产商品和服务上。只有这一部分支出才会使本国就业机会和居民收入出现进一步下降。从本质上看，部分不利影响被转嫁到了国外。

同理，当经济体处在复苏状态时，支出开始增加，但相较于封闭经济体，在开放经济体中，由支出的任何初始增加导致的乘数效应也将更小。在每一轮乘数作用过程中，增加的支出中也只有部分花在国产商品和服务上，只有这一部分支出才会增加本国就业机会和增加本国居民收入。因此，经济复苏的部分有利影响也被其他国家所共享。

## 习题 ☞

12. 货币政策对计划的总开支的初始效应在开放经济体还是在封闭经济体中更大？解释其原因。

13. 考虑两个经济体，开放经济体 O 和封闭经济体 C。试回答以下各题：

   a. 当投资支出下降后，哪个经济体的 GDP 变化幅度更大？

   b. 当实施一项扩张性货币政策后，哪个经济体的 GDP 变化幅度更大？

   c. 当实施一项扩张性财政政策后，哪个经济体的 GDP 变化幅度更大？

# 习题答案

**第1章　经济学分析工具：数学和图形**

1. $Y=350+0.3Y$

   $0.7Y=350$

   $Y=350/0.7=500$

2. 变化率$=(110-100)/100=10/100=0.10=10\%$。

3. 变化率$=(100-110)/110=-10/110=-0.091=-9.1\%$。

4. 当我们自左向右移动时，纵轴距离为负，横轴距离为正。因此，斜率=纵轴距离/横轴距离$=-2/2=-1$。

5. 因为需求量随着价格上涨而下降，所以这是一条向下倾斜的曲线。

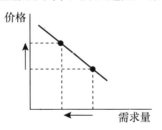

6. 当财富增加时，支出也增加，但是随着财富的进一步增加，支出增加的幅度会越来越小，因此曲线具有递减的正斜率。

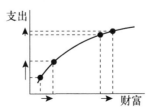

7. 当工人的数量增加时，他们的边际产出一开始也增加，但随后便会减少，因此曲线先升后降。

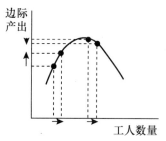

8. 因为收入恒等于总支出，所以曲线的斜率恒为 1。

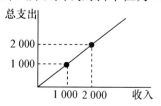

9. 当失业率较低时，通胀率较高；当失业率较高时，通胀率较低。因此，这是一条向下倾斜的曲线。

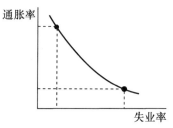

10. 供给量随着价格上涨而增加，因此这是一条向上倾斜的曲线。

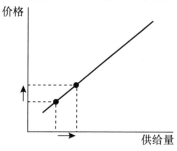

11. 对一家垄断企业而言，随着产量的不断增加，边际收益曲线向下倾斜的程度将比平均收益曲线更大。因此我们需要画两条曲线，它们的斜率都为负，且边际收益曲线倾斜度更大。

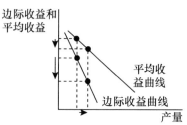

12. 当黄油产量从 2 000 单位减少到 1 900 单位时，枪支产量将从 10 单位增加到 20 单位。但是，当黄油产量从 1 000 单位减少到 900 单位时，枪支产量却只是从 80 单位增加到 82 单位。因此，曲线具有一个递减的负斜率（凹向原点）。

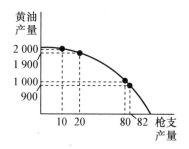

13. 当价格为 5 时，供给量为 13；当价格为 8 时，供给量为 19。因此，这是一条向上倾斜的直线。

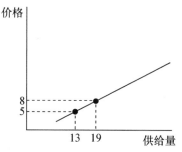

14. 当价格为 5 时，需求量为 40；当价格为 10 时，需求量为 30。因此，这是一条向下倾斜的直线。

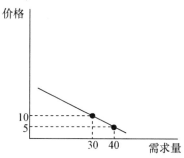

### 第 2 章 生产可能性边界、经济增长与贸易收益

1. 当枪支数量从 15 000 把增加到 20 000 把时，机会成本为 30 000 磅黄油。
2. 当黄油数量从 65 000 磅增加到 75 000 磅时，机会成本为 5 000 把枪支。
3. 

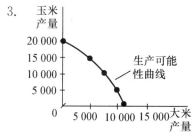

4. 是的，这些数据阐释了机会成本递增法则。随着大米产量的不断增加，其边际成本将出现递增。同理，随着玉米产量的不断增加，其边际成本也将出现递增。

5.

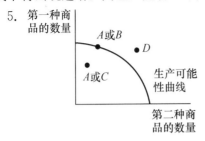

a. 生产可能性曲线上或里面的任何一点表示一种可实现的产出组合。

b. 生产可能性曲线上的任何一点表示一种有效率的产出组合。

c. 生产可能性曲线里面的任何一点表示一种无效率的产出组合。

d. 生产可能性曲线外面的任何一点表示一种不可实现的产出组合。

6. 不能。一种产出组合不可能既是有效率的（耗尽全部资源），又是不可实现的（耗尽全部资源也达不到）。

7. 克恩国具有生产玉米的绝对优势：在克恩国，每英亩土地能生产200蒲式耳玉米；在塔夫特国，每英亩土地只能生产100蒲式耳玉米。

8. 克恩国具有生产小麦的绝对优势：在克恩国，每英亩土地能生产150蒲式耳小麦；在塔夫特国，每英亩土地只能生产50蒲式耳小麦。

9. "贸易收益"是指更多的产出总量。

10. 能，罗宾和玛利亚都能从交易中获得收益。罗宾是否擅长做所有的事情并不会带来影响。如果罗宾和玛利亚从事各自具有比较优势的事情，他们将获得更美观的花园和更可口的美餐（贸易收益）。罗宾可以负责做饭，玛利亚则负责打理花园。

### 第3章　需求和供给

1. 当购买者的收入出现增加时，对正常商品的需求会增加。在任意价格水平上将存在一个更高的需求量，需求曲线右移。上网本的均衡价格上升，均衡产量也增加。

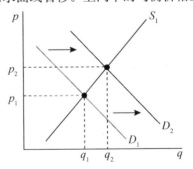

2. 生产工人的工资上涨会使企业的投入成本增加，从而使其减少钢笔供给。在任意价格水平上将存在一个更低的供给量，供给曲线左移。钢笔的均衡价格上升，均衡产量下降。

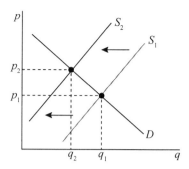

3. 当购买者的偏好转向混合动力型小车时，他们对该类车型的需求会增加。在任意价格水平上将存在一个更高的需求量，需求曲线右移。混合动力型小车的均衡价格上升，均衡产量也增加。

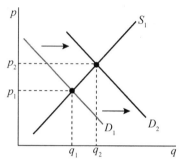

4. 当汽油的价格出现上涨时，对作为汽油互补品的多功能运动型小车的需求将减少。在任意价格水平上将存在一个更低的需求量，需求曲线左移。多功能运动型小车的均衡价格下降，均衡产量也下降。

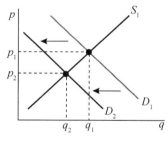

5. 当小镇上开设了更多的商务酒店以后，酒店餐饮的供给将增加。在任意价格水平上将存在一个更高的供给量，供给曲线右移。酒店餐饮的均衡价格下降，均衡产量增加。

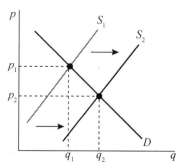

6. 当飓风把许多石油勘探平台毁坏以后，原油供给将下降。在任意价格水平上将存在一个更低的供给量，供给曲线左移。原油的均衡价格上升，均衡产量下降。

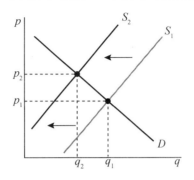

7. 当小镇人口增加以后，对租房的需求将会增加。在任意价格水平上将存在一个更大的需求量，需求曲线右移。房屋均衡价格上升，均衡产量也增加。

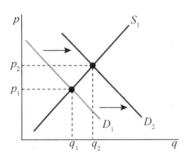

8. 当巧克力夹心饼干的价格出现上涨时，作为饼干替代产出品的巧克力蛋糕的供给将会下降。在任意价格水平上将存在一个更低的供给量，供给曲线左移。巧克力蛋糕的均衡价格上升，均衡产量下降。

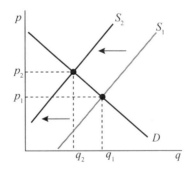

### 第 4 章　宏观经济的测量

1. 产出是指生产出来的商品和服务，如书籍、钢笔和律师服务等。收入是指我们提供劳动而获得的货币。

2. 约翰·梅纳德·凯恩斯。

3. 20 世纪 30 年代。

4. 非耐用商品是指使用期限相对较短的有形商品，如食品和衣服。服务是一种无形的商品，如音乐会、诊疗。耐用商品是指能存续三年及以上的有形商品，如小车和家具。

5. 人们从事有报酬的工作所生产的商品，即属于"产出"。

6. 地下经济不能被计入 GDP，这是因为地下经济没有被披露，因此难以计算。非法活动不被披露。现金交易可能合法，但因为它们没有被披露，所以也不被计入 GDP。

7. 不考虑地下经济，产出约为 3.5 万亿美元。

8. GDP 侧重于产出在哪里获得，GNP 侧重于为获得产出所需的资源由谁所有。

9. 名义 GDP 用当年的价格计算，实际 GDP 用选定基年的价格计算。

10. 价格已经上升，但产量保持不变。

11. 1981 年、1982 年之间实际 GDP 下降 1.9%，1982 年、1983 年之间实际 GDP 上升 4.5%。

12. 长期是指几十年间或几代人间的变化，短期是指年度或季度之间的变化。

13. 下跌：长期；萧条：短期；增长：长期；增长型衰退：短期；波峰：短期；衰退：短期；复苏：短期；波谷：短期。

14. 失业率=1 070/(1 070+9 950)=9.7%，劳动参与率=(1 070+9 950)/(1 070+9 950+6 210)=64.0%。

15.

a. 摩擦性失业；

b. 季节性失业；

c. 周期性失业；

d. 结构性失业。

16. 自然失业率的定义有很多种。它可以指和生产可能性边界相一致的失业率，也可以指充分就业状态的失业率，或者指与一个稳定的低通胀率相一致的最低失业率。

17. 消费者价格指数只考虑消费类商品，以一篮子不随年份变动的市场商品为基础，由美国劳工统计局每月公布一次。GDP 平减指数（GDP 价格指数）需考虑经济体所有商品和服务，以实际产量为基础，不同年份之间可能会发生变化，由美国经济分析局每季度公布一次。

18. 通胀率=(177.1-172.2)/172.2-2.8%。

## 第 5 章 长期经济增长

1.

a. 1998 年和 1999 年间的年度变化率为 33.3%，1999 年和 2000 年间的年度变化率为 5.0%，2000 年和 2001 年间的年度变化率为 2.4%，2001 年和 2002 年间的年度变化率为 4.7%。

b. 平均年度变化率为 11.4%。

2.

a. 1998 年的实际人均 GDP 值（或生活水平）为 15 000 美元，1999 年为 19 277 美元，2000 年为 19 765 美元，2001 年为 20 000 美元，2002 年为 20 690 美元。

b. 实际人均 GDP 的年均增长率为 8.4%。

3. 如果生活水平每年提高 8.4%，需要 8.3 年生活水平能翻一倍；如果生活水平每年只提高 2.0%，需要 35 年生活水平能翻一倍；当每年只提高 1.0% 时，则需要 70 年生活水平才能翻一倍。

4. 投入是指劳动（$L$）、资本（$K$），有时（并非所有教科书都）包括自然资源（$NR$）。

5. 产出 $= A^* F (L, K)$。

6. 资本包括机器设备、厂房建筑，不包括货币、股票和债券或其他金融资产。

7.

$K = 100$，$L = 1\,000$，从而产出 $= 948.7$。

$K = 100$，$L = 2\,000$，从而产出 $= 1\,341.6$。

$K = 100$，$L = 3\,000$，从而产出 $= 1\,643.2$。

边际收益递减。$K$ 保持不变，每次增加 1 000 单位 $L$，增加的产出从 392.9 降至 301.6。

8.

$K = 100$，$L = 4\,000$，从而产出 $= 46\,784.3$。

$K = 200$，$L = 8\,000$，从而产出 $= 93\,568.6$。

$K = 360$，$L = 14\,400$，从而产出 $= 168\,423.3$。

规模经济。规模收益不变：资本和劳动增加一倍，产出也增加一倍；要素投入增加 1.8 倍，产出也增加 1.8 倍。

9. 要素投入数量的增加和全要素生产率或知识（$A$）的提高。

10. 劳动参与率提高或人口增加。人口增加又分为人口的自然增长和人口迁移。

11. 投资增加或折旧率下降。

12. 土地收购、采矿和勘探。

13. 增加教育、改进研发、改善金融制度、完善交通运输网、有利的政治制度、完备的产权法和合理的司法体系。

14. 生产率不会下降，它会上升，但速度将比以往更慢。

15. 不存在一个普遍认可的对生产率增长放缓的解释，但存在一个普遍认可的对生产率增长复苏的解释（信息技术的发展进步）。

### 第 6 章　凯恩斯交叉点

1. 当就业下降时，失业通常会上升。

2. 原因之一可能是下岗工人选择离开劳动力市场，而非继续寻找工作岗位。

3. 当产出下降时，就业通常会下降。

4. 原因之一可能是企业没有及时解雇员工，直到它们确认产出下降是长期性的。当企业产量下降时，工人可能无事可做，但并未马上被解雇。

5. 当总支出下降时，产出通常会下降。

6. 原因之一可能是企业有时选择降低价格而非降低产出。

7. 库存将上升。库存量的变化值为 2 000 亿美元。企业第 2 季度不会生产 3 万亿美元产出，因为这样做会积累更多库存。3 万亿美元不是均衡产出水平。

8. 库存将下降。库存量的变化值为 4 000 亿美元。企业第 2 季度不会生产 3 万亿美元产出，因为这样做库存会进一步减少。3 万亿美元不是均衡产出水平。

9. 库存既不上升也不下降。库存量的变化值为 0。企业第 2 季度会生产 3 万亿美元产出，因为这样做库存不变。3 万亿美元是均衡产出水平。

10. 居民扮演两种角色：要素供给方和产出购买方。企业扮演两种角色：产出供给方和要素购买方。居民将要素出售给企业，企业将产出出售给居民。

11.

a. 医生诊疗：产出；

b. 银行储蓄账户的利息收入：收入；

c. 导弹：产出；

d. 医生每年的薪水：收入；

e. 土地所有者获得的租金：收入；

f. 酒店的餐饮：产出；

g. 销售员每小时的工资：收入；

h. 公寓提供的住所：产出；

i. 豆奶：产出；

j. 教材：产出；

k. 服务员获得的小费：收入。

12. 当宏观经济处于均衡时，$Y=AD$。

13.

a. 当 $Y=1\,000$ 时，$AD=300+0.8\times1\,000=1\,100$。由于 $AD>Y$，1 000 不是产出的均衡值。

b. 当 $Y=3\,000$ 时，$AD=300+0.8\times3\,000=2\,700$。由于 $AD<Y$，3 000 不是产出的均衡值。

14. 均衡产出 $=300/(1-0.8)=1\,500$。

15.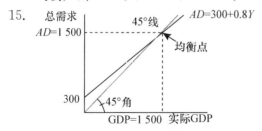

16. 45°线能在 $AD$ 线上迅速找到均衡点。因为 45°线上的每一点均满足 $Y=AD$ 的均衡条件，因此 45°线和 $AD$ 相交的点即均衡点。

17. 净税收 $T=4\,000-3\,000=1\,000$，可支配收入 $YD=10\,000+3\,000-4\,000=9\,000$。

18. 可支配收入 $YD=5-2=3$ 万亿美元，个人储蓄 $S=3-2.5=0.5$ 万亿美元。

### 第 7 章　总需求

1. 消费支出：居民；投资支出：企业；政府支出：政府机构（联邦政府、州政府、地方政府）；净出口：出口指外国居民、企业与政府机构购买的本国商品和服务，进口指本国居民、企业与政府机构购买的外国商品和服务。

2. 一个常见错误，是把投资视同购买股票和债券。事实上，投资是指企业购买机器设备、建造厂房和调整库存。

3.

a. 消费。

b. 政府支出。

c. 政府支出。

d. 政府支出，进口。

e. 消费。

f. 投资。

g. 消费，进口。

h. 出口。

i. 政府支出。

j. 消费。

k. 投资。

4. 消费、投资加上政府支出大于国内商品和服务上的支出总和，因为它们还包括了花在国外商品和服务上的支出。

5. 如今，进出口占 GDP 的比例要高于 20 世纪五六十年代。

6. 财富是指我们所有资产的总价值，通常用特定时点表示，如 2010 年 12 月 31 日的财富值。收入是指我们提供劳动或持有资产获得的报酬和收益，通常用某个时间段表示，如 2010 年 12 月份的收入。

7. 当可支配收入下降时，消费支出下降。当财富下降时，消费支出也下降。

8. 可支配收入（增加）；财富（增加）；利率（可能下降，但取决于借贷人口的混合效应）；信贷可得性（增加）；对未来的预期（得到改善）。

9. 今天的减税会增加可支配收入，使消费增加。但下一年税收增加会减少下一年的可支配收入，降低未来预期可支配收入，并使消费支出进一步减少。两种效应完全抵消。

10.

a. 每季度 2.5 万亿美元。

b. 每季度 3.25 万亿美元。

c. 每季度 7 500 亿美元。

d. 纵轴截距为 1 万亿美元，斜率为 0.75。

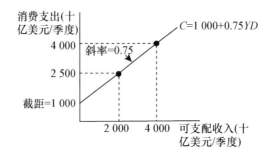

11.

a. 储蓄为每季度－5.000亿美元。

b. 储蓄为每季度－2 500亿美元。

c. 每季度储蓄将增加2 500亿美元，即从－5 000亿美元增加到－2 500亿美元。

12. 储蓄函数为 $S=-1 000+0.25YD$，纵轴截距为－1 000，斜率为0.25。

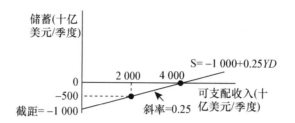

13. 偿还债务被视做一种储蓄，是因为它需要用到可支配收入，后者不构成当前对商品和服务的购买。储蓄从本质上看并非一种消费，不属于当前支出。当我们偿还一笔债务时，我们所偿还的是之前为购买某物而借入的款项。消费应划入购买该物的当年，而非该笔贷款偿还的年份。

14.

a. $mpc=0.75$，$mps=1-0.75=0.25$。

b. $apc=2 500/2 000=1.25=125\%$，$aps=-0.25=-25\%$。

c. $apc=1.083=108.3\%$，$aps=-0.083=-8.3\%$。

d. 随着可支配收入增加，平均消费倾向会出现下降，这是因为 $mpc$ 小于1。额外增加1美元可支配收入，使消费增加小于1美元。因此，随着收入不断增加，消费占可支配收入的比例会越来越低。

15.

a. 消费者体验费下降：沿消费曲线左移。

b. 税收减免：使消费函数线上移。

c. 股价下跌：使消费函数线下移。

d. 利率上升：使消费函数线移动。上移还是下移将取决于借款人（利率上升时减少消费）和储户（利率上升时增加消费）的混合效应。

e. 信贷可得性受限：使消费函数线下移。

f. 消费者预期改善：使消费函数线下移。

g. 消费者预期下一年的收入将减少，但目前尚未减少：使消费函数线下移。

16. 资本是指厂房（建筑物）和机器（设备）。

17. 在利率等于或低于10%时，购买该设备。

18. 预期收益率达到或高于4%的投资项目都有利可图且应付诸实施。

19.

a. 利率上升：沿投资需求曲线向左上方移动。

b. 企业对未来的销售预期得到改善：使投资需求曲线右移。

c. 生产耐用型设备的价格出现下跌：使投资需求曲线右移。

20.

a. 欧洲居民收入下降：美国出口减少，美国净出口减少。

b. 美国居民收入下降：美国进口减少，美国净出口增加。

c. 美元相对于欧元贬值：美国对欧洲的出口增加，美国从欧洲的进口减少，美国的净出口增加。

### 第8章　支出乘数

1. 支出的初始变化：由地方社区对铺路公司的服务支付报酬导致的政府支出的增加。乘数效应：发工资当天，新雇员购买新的家用电器，以及在地方餐馆聚餐。

2. 支出的初始变化：由地方学校教师和训导员下岗导致的政府支出的减少。乘数效应：因为刚失去工作，下岗学校员工取消他们的年度度假计划，不在外面用餐；地方餐馆辞退部分服务员，被辞退的雇员减少度假开销。

3.

a. 均衡 GDP＝500。

b. 新的均衡 GDP＝1 250。

c. 支出的初始变化为＋150，GDP 的变化总量为＋750。

d. 填空：GDP 的变化总量大于支出的初始变化，是因为　乘数效应　。

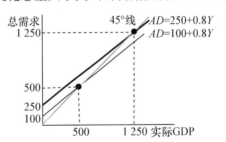

4. 乘数值为 4（＝4 000/1 000）。

5. 乘数值为 2.5［＝(－500)/(－200)］。

6.

| 轮次 | 支出的初始变化（十亿美元） | $\Delta Y＝\Delta YD$（十亿美元） |
|---|---|---|
| 1 | 支出的初始变化＝－1 000 | $\Delta Y＝\Delta YD＝-1\,000$ |
| 2 | $\Delta C＝-750$ | $\Delta Y＝\Delta YD＝-750$ |
| 3 | $\Delta C＝-562.5$ | $\Delta Y＝\Delta YD＝-562.5$ |

7. 产出和收入的变化总量为－4 000。

8. 产出和收入的变化总量为＋333。

9. 乘数值为1。$mpc$ 为 0 意味着当收入发生变化时消费者的支出不变，因此产出和收入的变化总量仅等于支出的初始变化。

10. 乘数值为无穷大。$mpc$ 为 1 意味着消费者会将收入的所有变化用于支出，在每一轮乘数过程中，收入的变化和支出的变化总相等，该过程不再收敛，乘数变得无穷大。

11. 乘数值变大。更大的 $mpc$ 意味着对应于任何的收入增加（或减少），消费者会增加（减少）消费支出。由于每一轮乘数过程中支出的变化范围更大，由支出的初始变化导致的产出和收入的变化总量也更大。

12. 年度税收增加 2 000 亿美元，可支配收入增加 8 000 亿美元。

13. 年度税收减少 1 500 亿美元，可支配收入减少 3 500 亿美元。

14.

| 轮次 | 支出变化<br>（十亿美元） | $\Delta Y$<br>（十亿美元） | $\Delta T$<br>（十亿美元） | $\Delta YD$<br>（十亿美元） |
|---|---|---|---|---|
| 1 | 支出的初始变化＝<br>－1 000 | $\Delta Y = -1\,000$ | $\Delta T = -200$ | $\Delta YD = -800$ |
| 2 | $\Delta C = -600$ | $\Delta Y = -600$ | $\Delta T = -120$ | $\Delta YD = -480$ |
| 3 | $\Delta C = -360$ | $\Delta Y = -360$ | $\Delta T = -72$ | $\Delta YD = -288$ |

15. 产出和收入的变化总量为 －2 500。

16. 产出和收入的变化总量为 ＋312.5。

17. 乘数值为 1。当税率＝1 时，收入的任何变化都等同于税收的变化，可支配收入不变，因为可支配收入不变，消费支出也不变，因此产出和收入的总变化等于支出的初始变化，即乘数＝1。

18. 当税率提高时，乘数值变小。由于税收增加，可支配收入将减少。或者，当收入减少时，税率提高将使税负加重，可支配收入的变化变小，由此导致每一轮乘数过程中支出的变化幅度变小，乘数值也将变小。

19. 进口每年会增加 1 500 亿美元。

20. 进口每年会减少 1 000 亿美元。

21.

| 轮次 | 支出变化<br>（十亿美元） | $\Delta Y = \Delta YD$<br>（十亿美元） | $\Delta C$<br>（十亿美元） | $\Delta IM$<br>（十亿美元） |
|---|---|---|---|---|
| 1 | 支出的初始变化＝<br>－1 000 | $\Delta Y =$<br>$\Delta YD = -1\,000$ | $\Delta C =$<br>$0.75 \times \Delta YD = -750$ | $\Delta IM =$<br>$0.25 \times \Delta Y = -250$ |
| 2 | $\Delta C - \Delta IM =$<br>$-750 - (-250) = -500$ | $-500$ | $-375$ | $125$ |
| 3 | $\Delta C - \Delta IM =$<br>$-375 - (-125) = -250$ | $-250$ | $-187.5$ | $-62.5$ |

22. 产出和收入的变化总量＝－2 000。

23. 产出和收入的变化总量＝＋285.7。

24. 乘数值为 1。当 $mpm = mpc$ 时，消费者每一美元的支出都将花在国外商品和服务上，因此当收入变化时，花在国内商品和服务上的支出不变，产出和收入的变化总量等于支出的初始变化，即乘数值为 1。

25. 乘数值将变小。若 $mpm$ 变大，则国内收入变化中的更大一部分将用来购买进口商品和服务，导致国外出口商的收入增加。收入中将只有较少部分被用来购买国内商品和服务，因此在每一轮乘数过程中，国内支出将更少。由支出的初始变化导致的产出和收入的变化总量也将更小，即乘数变小。

### 第 9 章　宏观经济政策：概览

1.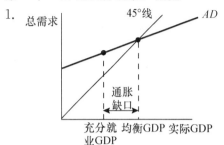

2. 存在一个产出缺口，失业率高于充分就业失业率。

3. 直接财政政策是指迅速而直接地改变总需求（$C+I+G+NX$）的举措，间接财政政策是指不直接作用于 $C$、$I$、$G$ 或 $NX$ 但最终会影响总需求的举措。

4. 美联储是指联邦储备体系，它包括华盛顿的联邦储备委员会和 12 个地区性联邦储备银行。

5. 利率是你（借款人）的成本，是 ABC 贷款公司（贷款人）的收益。

6. 税收增加是紧缩性财政政策，转移支付增加是扩张性财政政策。两项政策同时实施将使净税收下降 200 亿美元，因此是一项扩张性财政政策。

7. 扩张性货币政策是指增加货币供给或降低利率以刺激总需求。紧缩性货币政策是指减少货币供给或提高利率以抑制总需求。

8. 认知时滞，指意识到经济体出现问题所需要的时间。实施时滞，指制定、通过一项法案并将其付诸实施需要花费的时间。反应时滞，指经济体对政策实施做出回应的时间。

9. 答案要视情况而定。第一笔支出流入经济体需花费多久，以及乘数效应发挥作用需要多久是两个重要影响因素。

10. "零利率下限"是指美联储不能将利率降至负值。2009 年，美联储将利率调至零利率下限时，它实施了一项创新政策，均旨在向银行和金融机构注入流动性。

11. 失业率的反事实估计值是一个假设的失业率取值，即某项政策未实施情形下失业率的可能取值。

12. 若实际失业率低于反事实失业率，则可以认为该政策成功地降低了失业率。

### 第 10 章　财政政策

1. 收入和产出的变化总量分别为 5 000 亿美元和 4 000 亿美元。

2. $mpc$ 为 0.8，政府支出削减 4 000 亿美元，GDP 每年下降 2 万亿美元。$mpc$ 为 0.8，转移支付削减 4 000 亿美元，GDP 每年下降 1.6 万亿美元。

3. 需增加 5 000 亿美元政府支出，或者需削减 6 670 亿美元税收。

4. 需减少 1 000 亿美元政府支出，或者需削减 2 000 亿美元转移支付。

5. 比例税被称为"自动稳定器"，是因为当收入下降时，税收会自动减少，使可支配收入的下降幅度变小，并进一步缩小支出的后续变化规模。税收的变化属于自动稳定器，是因为当确定税收比例后，就不需要经过国会立法来改变税收。它能使支出、收入和 GDP 的变化更加稳定。

6. 不能，定额税的下降不属于自动稳定器，自动稳定器是指会随收入变动而自主变动的税收和转移支付。

7. 每年的预算余额为−4 000 亿美元，即存在预算赤字。

8. 因为税收和转移支付会随收入下降和失业上升而自动发生变化。收入下降意味着税收减少，预算赤字攀升。高失业率意味着转移支付增加，也使预算赤字攀升。

9. 联邦政府必须发行新的债券以借入资金来偿债。

10. "结构性赤字"是一个假设的预算赤字值，以经济体充分就业状态假设为基础计算得出。由于 ARRA 是一项旨在刺激经济增长的暂时性的相机抉择的财政政策，所以不会直接导致结构性赤字的增加。

11. 对政府借款可能导致的负面影响，存在三种担忧：其一，它可能推升利率并挤出私人投资支出；其二，偿还借款可能会消耗经济体的金融资源；其三，贷款人可能会推断政府已过度借贷，并停止向政府放贷。

## 第 11 章 货币创造

1. 货币的 3 个重要特性是指交易媒介（用于交换商品和服务）、计价单位（用于标示商品和服务的价格）和价值储存（一项其价值不随时间推移而有所损失的资产）。信用卡没有价值储存功能，因此不属于货币范畴。

2.

a. 18 世纪西非地区使用的贝壳：商品货币，因其符合货币的 3 个重要特性。

b. 使用代币的城市里的公交车和地铁代币：不属于货币，它们没有交易媒介功能，它们只能在公交车里或地铁站交换，但不能广泛地交换商品和服务。

c. 伊利诺伊州芝加哥市使用的欧元：不属于货币，它们在该地区不具备交易媒介和计价单位职能。芝加哥地区的商品和服务不用欧元标价，欧元不能用于交换商品和服务。

3. M1 指硬币、纸币、旅行支票和支票账户余额。M2 包括 M1、储蓄账户存款、10 万美元以下的小额储蓄账户存款和货币市场共同基金余额。M2 在 20 世纪后半叶出现了迅猛增长。

4.

a. 每月薪水：收入；

b. 扣除杂项的净薪水：货币；

c. 百万美元：财富；

d. 900 美元款项：货币；

e. 出售艺术品所得：收入；

f. 退休基金：财富。

5. 支票指支票出具人出具的要求开户行在见票时向支票持有人转入一定款项的金融工具。支票和网络支付之间没有本质区别。

6. 慈善机构将支票存入海弗银行。海弗银行通知联邦储备银行从旗行向其转入 100 美元，旗行收到同样的通知后，从你的账户里扣除 100 美元。

7.

a. 你的支票账户余额减少 100 美元；

b. 慈善机构的支票账户余额增加 100 美元；

c. 银行体系的存款总额不变；

d. 旗行在美联储的准备金账户余额减少 100 美元；

e. 海弗银行在美联储的准备金账户余额增加 100 美元；

f. 银行体系的准备金总额不变。

8. 银行有激励保持相对较低的准备金，因为准备金的收益率极低，贷款的收益率则较高。美联储设定最低存款准备金要求，是因为银行必须持有足够现金以应对客户的常规提款需求。

9. 法定准备金＝5 450 万美元。超额准备金＝550 万美元。

10. 法定准备金＝5 450 万美元。银行可在贴现窗口向美联储借入资金，或者向其他银行借入资金。

11. 印行纸币只是为了替换之前已发行的纸币，这些纸币要么已破旧不堪，要么将停止流通；印行纸币不会增加经济体的货币总量。

12. 银行将把超额准备金放贷出去，因为贷款利率比准备金利率要高得多。若存在大量的经济不确定性，旗行会选择持有超额准备金，因为这比把它们放贷出去更安全。

13. 当学校财务负责人将支票存到你的大学账户时，货币得以创造。

14. 没有超额准备金的银行不能发放贷款。放贷以存款形式创造货币，若银行没有超额准备金，则它不能满足新创造的存款的准备金要求。

15.

a. 你的支票账户余额：你的资产，旗行的负债；

b. 旗行的准备金账户余额：旗行的资产，美联储的负债；

c. 你皮夹里的 5 美元钱：你的资产，美联储的负债；

d. 旗行 5 美元的库存现金：旗行的资产，美联储的负债。

16.

你的开户行（旗行）

| 资产 | | 负债 | |
| --- | --- | --- | --- |
| 在美联储的准备金余额 | ＋500 | 你的支票账户余额 | ＋500 |

你老板的开户行（海弗银行）

| 资产 | | 负债 | |
| --- | --- | --- | --- |
| 在美联储的准备金余额 | －500 | 你老板的支票账户余额 | －500 |

| 资产 | | 负债 | |
|---|---|---|---|
| | | 旗行的准备金余额 | +500 |
| | | 海弗银行的准备金余额 | −500 |

17.

旗行

| 资产 | | 负债 | |
|---|---|---|---|
| 在美联储的准备金余额 | −100 | 你的支票账户余额 | −100 |

海弗银行

| 资产 | | 负债 | |
|---|---|---|---|
| 在美联储的准备金余额 | +100 | 慈善机构的支票账户余额 | +100 |

联邦储备银行

| 资产 | | 负债 | |
|---|---|---|---|
| | | 旗行的准备金余额 | −100 |
| | | 海弗银行的准备金余额 | +100 |

18. A 行没有贷出它的全部超额准备金。因为借款方将借来的钱存入 A 行，9 万美元仍在 A 行借款方的支票账户里。此时，A 行必须持有 10% 的法定准备金，所以它的超额准备金为 8.1 万美元。

19.

a. 货币乘数为 10，400 万美元得以创造；

b. 货币乘数为 8.33，333.333 3 万美元得以创造；

c. 货币乘数为 10，200 万美元得以创造。

20. 若银行决定持有部分超额准备金，则它们会减少放贷额度，因此货币乘数将小于 $\dfrac{1}{\text{法定准备金率}}$。

## 第 12 章 货币市场

1. 持有货币或债券（非货币资产）。

2. 货币需求是指我们对货币资产的需求。货币市场是指银行的货币供给及居民、企业和政府的货币需求的作用总和。

3. 货币：可用于购买任何东西，但没有利息收益。非货币资产（债券）：能获得一定收益，但不能用于购买任何东西。

4.

a. 收入增加：货币需求增加，*MD* 曲线右移。

b. 利率升高：货币需求减少，沿 MD 曲线向右下方移动。

c. 价格上升：货币需求增加，MD 曲线右移。

5. 我们把货币供给曲线画成一条垂线，是因为我们假设美联储将货币供给设置在某个特定水平。

6. 商业银行实际上决定了经济体的货币数量，但美联储决定了商业银行有多少超额准备金可以放贷出去。

7. 一方面，货币需求增加，表明居民和企业想持有更多的货币资产。他们将抛售债券，这会增加债券供给，降低债券价格，提高债券收益率。另一方面，债券收益率的上升会降低货币需求。居民和企业将会持续抛售债券，推升利率，直到货币需求回复到初始水平。

8.

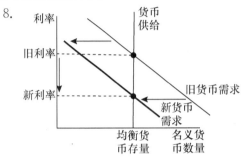

9. 若美联储提高法定准备金率，则超额准备金和货币供给均会下降。

10.

a. 你：你的资产不变，但债券增加 9.8 万美元，支票账户余额减少 9.8 万美元。你的开户行：负债（你的支票账户余额）减少 9.8 万美元，资产（开户行在美联储的准备金账户余额）也减少 9.8 万美元。美联储：资产（债券）减少 9.8 万美元，负债（开户行准备金账户余额）减少 9.8 万美元。

b. 超额准备金和货币供给均下降。

11. 当美联储从公众手中购买债券时，美联储获得债券，公众获得支票（现金）。将支票存入银行，使银行法定准备金和超额准备金增加，银行便能发放更多贷款，创造更多货币。这样一来，利率便会出现下降，因为美联储的举措会使债券需求增加，推高债券价格，并降低债券收益率。

12.

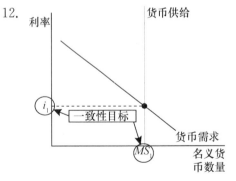

13. 收入下降时，货币需求也下降。若货币供给保持 $MS_1$ 不变，则利率将升至 $i_2$。美联储不能同时实现货币供给 $MS_1$ 和利率 $i_1$ 的目标。

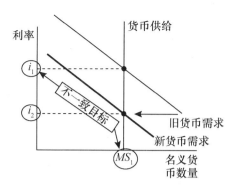

14. 当价格下跌，货币需求减少，利率下降。若美联储设定一项利率目标，则价格下跌时，货币供给将减少。

### 第13章 货币政策和利率

1. FOMC 指联邦公开市场委员会，负责制定货币政策。

2.

a. 美联储试图将通胀率维持在 2%～3%：目标；

b. 美联储想将货币供给增长率控制在 4%：策略；

c. 美联储想将短期利率控制在 1%：策略。

3. 美联储不能简单要求商业银行"改变联邦基金利率"，因为联邦基金利率是由商业银行相互作用决定的市场利率。

4. 若美联储抛售国债，则货币供给减少，因为居民和机构向美联储购买债券会使准备金减少。利率将上升，因为美联储的这一举措会增加债券供给，降低债券价格并使债券收益率上升。

5. 答案不唯一，任意举出 3 种即可。

6.

a. 3 年期利率很可能高于 4%。

b. 预期未来短期利率上升，则 3 年期利率也将上升。

c. 若收益曲线是倒转的，预期未来短期利率会低于当前的短期利率。

7. 实际利率＝5%－6%＝－1%。

8. 当通胀率上升，实际利率将下降。保持其他因素不变，投资支出将增加。

9. 当收益曲线的斜率或形状发生变化时，笼统地称利率会出现一些问题。

10. 紧缩性货币政策意味着提高利率。由于预期收益率高于现行较高利率的潜在项目减少，所以投资支出将下降。利率升高会导致美元升值，从而使美国净出口支出下降。消费支出也可能会下降，但这取决于耐用消费品支出的减少幅度是否高于储户支出的增加幅度。总支出的任何初始变化，均会通过乘数效应使支出进一步下降。

11. 若短期利率会发生变化而长期利率不变，则紧缩性货币政策的经济效应会大幅削弱，因为投资支出主要对长期利率而非短期利率的变化做出回应。

12. 通胀率＝3%＋4%－2%＝5%。

13. 通胀率约等于 400%。货币流通速率和实际 GDP 增长率的较小变化，将使通胀率高于或低于初始水平几个百分点，但它将接近 400%。

14. 若货币供给增长率的加快能通过货币流通速率增长率的下降得到弥补，即两者的影响相互抵消，则货币增长率上升不一定会引发更高的通胀率。

15. 规则是指事先确定的行动议程，自由裁量意味着货币当局在任何时候均可视情况来确定行动议程。规则的优点是可预测性，自由裁量的优点是灵活性。

16. 若美联储抑制通胀的承诺不可信，则我们的通胀预期将会对经济事件和各类传言做出剧烈反应，即出现大幅波动。

17. 银行：总资产不变，但资产组合发生了变化，银行抵押贷款支持证券减少，在美联储的准备金账户余额增加。美联储：资产（吸收了更多的抵押贷款支持证券）和负债（商业银行的准备金账户余额增加）均增加。货币供给将增加。

### 第 14 章　通胀与产出：AS/AD 分析

1. 若利率上升，投资支出和净出口下降。（消费支出一开始也可能下降，但这取决于借款人和储户的混合效应。）乘数效应使计划的总开支进一步减少。

2. 实际财富增加后，储户为实现相同的财富目标，不需要像以前储蓄得那么多。消费支出开始增加，乘数效应使计划的总开支进一步增加。

3. 住房价格和股票价格不包含在 GDP 平减指数中，因为住房和股票不属于当前经济体的产出。

4. 当美国产出价格下降而其他国家保持不变时，美国的出口上升而进口下降，使美国净出口增加，乘数效应使居民计划的总开支进一步增加。

5. 当产出价格上升时，即使支出乘数为 1，计划的总开支也会减少，因为进出口仍然会发生初始变化。

6. 当价格水平下降时，计划的总开支增加。

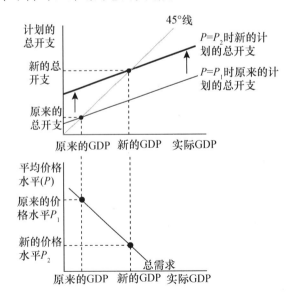

7.

a. 居民信贷可得性受限：AD 曲线左移。

b. 产出价格下降了 2%：沿 AD 曲线向右下方移动。

c. 企业对未来销售前景更乐观：AD 曲线右移。

d. 增加政府支出，降低税收：AD 曲线右移。

e. 消费者的购买偏好从进口品转为国产品：AD 曲线右移。

f. 美联储增加货币供给：AD 曲线右移。

8.

a. 劳动力增加：LRAS 右移。

b. 国家资本存量增加：LRAS 右移。

c. 发生自然灾害：LRAS 左移。

d. 劳动生产力提高：LRAS 右移。

e. 受教育程度提高：LRAS 右移。

f. 金融机构得到完善：LRAS 右移。

9. 当产出价格下降而其他要素投入成本固定时，利润将会下降，导致利润最大化企业减少产出，进而导致 GDP 下降。

10. 相较于价格水平高于当前值时，价格水平低于当前值时的 SRAS 更平坦，因为雇主要给雇员涨工资面临的阻碍较少，而要降低他们的工资面临的阻力更大。价格低于当前值导致企业利润下降的幅度更大，由于利润变化幅度更大，产出变化也将更大。

11. 为增加产量，企业需要更多要素投入，对要素需求增加会推升要素价格。企业通过提高产出价格的途径来将增加的生产成本转嫁给消费者。

12. 当经济体远低于潜在产能时，增加的要素需求能通过产出价格的较少变化（甚或没有变化）来消除，因此产出价格涨幅较小（甚或不出现上涨）。但当劳动力得到充分利用时，增加的劳动力需求无疑只会推升工资而非提高就业。此时，产出增加不大，产出价格却可能大幅上升。

13.

a. 劳动力增加：LRAS 和 SRAS 均右移。

b. 资本数量增加：LRAS 和 SRAS 均右移。

c. 劳动生产率提高：LRAS 和 SRAS 均右移。

d. 能源价格上涨：LRAS 和 SRAS 均左移。

14.

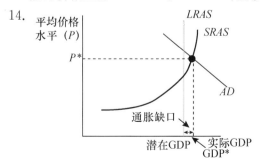

15.

a. 住房价格下跌：AD 左移，P 和实际 GDP 均下降。

b. 企业变得更加乐观：AD 右移，P 和实际 GDP 均上升。（更复杂的答案还需考虑到 AS 效应：更多的投资支出会增加资本存量，使 LRAS 和 SRAS 右移，因此其对价格的净效应取决于 AD 和 SRAS 的相对移动幅度。实际 GDP 将进一步上升。）

c. 扩张性财政政策：AD 右移，P 和实际 GDP 上升。

d. 能源价格上涨：SRAS 上移，P 上升，实际 GDP 下降。

e. 劳动力增加：SRAS 和 LRAS 右移，P 下降，实际 GDP 上升。

f. 税收增加：AD 左移，P 下降，实际 GDP 下降。

16.

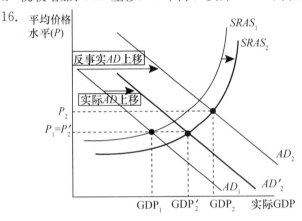

## 第 15 章　通胀与产出：货币政策分析

1. 货币政策分析：利率目标；AS/AD 分析：货币供给目标。

2. 当收入增加或价格上升时，货币需求增加。美联储可以保持货币需求不变，但利率必定会上升。或者，美联储可以保持利率不变，但货币供给必须增加。在货币需求发生变化后，美联储不能既保持货币供给不变，又保持利率不变。

3. 通胀率和实际 GDP 增长率。

4. 为提高联邦基金利率，美联储必须向公众抛售短期国债。当抛售国债所回收的货币得到清算后，银行准备金余额会减少，使联邦基金供给减少，并使联邦基金需求增加。银行会提高联邦基金利率。由于居民会对资产组合进行调整，绝大多数利率也会跟着上升，但长期利率的变动通常不会像短期利率那么大。

5. 当利率下降时，投资支出会增加。因为之前一些无利可图的项目现在变得有利可图了（其预期收益率开始高于现行利率），从而得到推行。

6. 当美国的利率下降时，净出口支出会增加。因为居民会将他们的部分资产从美国转出，转到国外去，从而减少外币供给并增加外币需求。由此导致的更高的外币标价，使美国进口成本上升而出口成本降低。进口增加和出口减少均会使净出口增加。

7. 相较于 $mpc=0.4$，在 $mpc=0.9$ 时，利率效应会更大。乘数值会随 $mpc$ 变大而变大，从而使由支出的任何变化导致的产出的变化总量更大。

8. 当失业减少时，对劳动力的需求增加会推升工资水平，从而增加生产成本。

企业通过提高产出价格来将增加的生产成本转嫁给消费者。产出价格的更快增加会导致通胀率升高。

9.

a. 通胀预期下降：菲利普斯曲线下移。

b. 主要生产要素供给增加：菲利普斯曲线下移。

c. 劳动生产力的增长率提升：菲利普斯曲线下移。

10. 除货币政策和财政政策之外的其他因素会使菲利普斯曲线出现移动，使原来的任何"组合"所对应的任何一点都不能实现。

11.

通胀率上升：提高利率。

通胀率下降：降低利率。

GDP 增长率上升：提高利率。

GDP 增长率下降：降低利率。

12. 联邦基金利率的提高意味着美联储在抑制通胀，或者也可能意味着在成功抵制经济衰退后美联储正使联邦基金利率回复到其自然水平。

13. 泰勒规则阐述利率目标如何对通胀率和 GDP 增长率的变化做出回应。联邦公开市场委员会成员并不参照泰勒规则制定货币政策，但泰勒公式确实抓住了其中的本质。

14.

a. 通胀率目标＝2％；GDP 增长率目标＝3％。

b.

　i. 目标利率＝4％。

　ii. 目标利率＝6％。

　iii. 目标利率＝3.25％。

15. 通胀鹰派是指在抑制通胀上表现非常强硬和积极的人，他们不顾及高失业率的巨大成本。通胀鸽派是指在抑制通胀上比较温和的人，他们会考虑到失业成本。题 14 中的泰勒公式很可能描述了由鹰派占主导的联邦公开市场委员会。

16. 总需求下降：美联储将降低利率以刺激经济增长。

17.

a. 泰勒规则 1：目标利率＝7％；泰勒规则 2：目标利率＝1％。

b. 通胀鹰派占主导：泰勒规则 1；通胀鸽派占主导：泰勒规则 2。

c. 当经济体经历通胀上升和产出下降（滞胀）且联邦公开市场委员会不得不决定将政策重点放在哪个方面时，通胀鹰派和通胀鸽派将会展开激烈辩论。

18. 当泰勒公式计算出的目标利率为负数时，联邦基金利率的目标值将处于零利率下限。


## 第 16 章　开放经济体的宏观经济学

1. "贸易收益"是指专业化和贸易带来的全球产出的增加。

2. "自由贸易"是指不存在贸易保护和贸易限制的贸易形式。

3. 专业化的成本没有均等分配在经济体各部门，幼稚产业有时缺乏竞争力，以及国家经济安全需求和其他原因。

4. 贸易封锁：完全禁止同某国开展贸易。

配额：对从特定国家进口的特定商品和服务施行数量限制。

关税：对进口商品征税。

5.

a. 商品贸易余额＝411－2 439＝－2 028（单位：亿美元）；美国出现商品贸易赤字；中国出现商品贸易盈余。

b. 商品和服务贸易余额＝（411＋90）－（2 439＋67）＝－2 005（单位：亿美元）；美国出现商品和服务贸易赤字；中国出现商品和服务贸易盈余。

c. 经常项目余额＝（411＋90＋49）－（2 439＋67＋214＋22）＝－2 192（单位：亿美元）；美国出现经常项目赤字；中国出现经常项目盈余。

6. 金融项目余额＝2 247－54＝2 193（单位：亿美元）；美国出现金融项目盈余；中国出现金融项目赤字。

7. 当美国金融项目出现赤字时，美国居民、企业和政府机构的国际借款总额小于国际贷款总额。

8. 美国经常项目赤字；美国金融项目盈余。国际收支余额＝－7 487＋（12 952－5 326）＝139（单位：亿美元）；美国外汇储备项目余额减少。

9. 1890—1970 年间，美国金融项目处在赤字状态；1975 年后，美国金融项目处于盈余状态。

10.

a. 对外币供给无影响；外汇需求下降；外币的美元标价下降；美元升值

b. 外币供给增加；对外币需求无影响；外币的美元标价下降；美元升值。

c. 外币供给下降；外币需求上升；外币的美元标价上升；美元贬值。

d. 对外币供给无影响；对外币需求无影响；对外币的美元标价无影响；美元既不升值，也不贬值。

e. 外币供给下降；外币需求上升；外币的美元标价上升；美元贬值。

11.

a. 当美国经济步入萧条时，美国对外币的需求将下降。若该国未实施美元盯住政策，则外币的美元标价将下降，美元升值。

b. 若该国未实施美元盯住政策，美国的进口一开始下降（由于收入减少），随后会出现某种程度的回升（由于美元升值）。美国的出口将下降（由于美元升值）。

c. 若该国实施美元盯住政策，则为维持利率目标该国政府必须在外汇市场购入本币且抛售外币。需求曲线将回到原来的位置。

d. 若该国实施美元盯住政策，则美国萧条对进口影响更大。美元不会升值以弥补美国进口一开始的下降。该国不实施美元盯住政策时，美国萧条对出口的影响更大；若该国实施美元盯住政策，则美国的出口不会发生任何改变。

e. 当美国经济步入衰退时，实施汇率盯住政策会对该国产生不利影响。相对于允许汇率浮动，该国的出口在美元盯住情形下会下降得更多。

12. 由于净出口也会对利率做出回应，货币政策对计划的总开支的初始效应在开放经济体中更大。

13.

a. 经济体 C 的支出乘数最大，当投资支出下降时，GDP 变化幅度更大。

b. 不确定。因为经济体 C 的支出乘数最大，所以支出的初始变化带来的影响在经济体 C 中比经济体 O 更大。但经济体 O 的支出的初始变化更大，这是因为投资和净出口支出均会对扩张性货币政策做出回应。

c. 经济体 C 的 GDP 变化幅度更大，因为其支出乘数更大（该答案假设利率保持不变）。

# 词汇表

## A

Absolute advantage：绝对优势

Absolute value：绝对值

Accommodation of fiscal policy：财政政策的协调

Aggregate demand：总需求

　　AD curve：总需求曲线

　　foreign trade effect：外贸效应

　　interest rate effect：利率效应

　　interest rate and：利率和总需求

　　output and：产出和总需求

　　planned AE：计划的总开支

　　price and AE：价格和总开支

　　wealth effect：财富效应

Aggregate expenditure：总开支

Aggregate production function：总生产函数

　　capital-labor ratio：资本—劳动比率

　　diminishing marginal returns：边际收益递减

　　economies of scale：规模经济

Aggregate spending：总支出

Aggregate supply：总供给

　　see also AS/AD approach：参见 AS/AD 分析

AS curve, shift of：AS 曲线的移动

    cost shock：成本冲击

    supply shock：供给冲击

    from GDP to $P$：从 GDP 指向 $P$

    long-run aggregate supply curve：长期总供给曲线

    from $P$ to GDP：从 $P$ 指向 GDP

    potential output：潜在产出

    short-run aggregate supply curve：短期总供给曲线

    supply side：供给方

American Recovery and Reinvestment Act（ARRA）：《美国复苏与再投资法案》

AS/AD approach：AS/AD 分析

    *see also* Aggregate demand；Aggregate supply：参见总需求和总供给

AS/AD equilibrium：AS/AD 均衡

    cost-push inflation：成本推动型通胀

    demand-pull inflation：需求拉升型通胀

    dynamic AS/AD model：动态 AS/AD 模型

    macroeconomic equilibrium changes：宏观经济均衡的变动

    static AS/AD model：静态 AS/AD 模型

Assets：资产

Austerity plan：经济紧缩计划

Automatic stabilizers：自动稳定器

Availability of credit：信用可得性

Average price level：平均价格水平

Average propensity：平均倾向

    to consume：平均消费倾向

    to save：平均储蓄倾向

## B

Balance of payments：国际收支余额

    deficit：赤字

    surplus：盈余

Balance on current account：经常项目余额

Balance on financial account：金融项目余额

    financial inflows：金融资本流入

    financial outflows：金融资本流出

Balanced budget：预算平衡

Banks：银行

    banking system：银行体系

    clearinghouse：清算公司

excess reserves：超额准备金

federal funds rate：联邦基金利率

fractional reserve system：比例准备金制度

required reserves rate：法定准备金率

required reserves：法定准备金

reserve balance at the Fed：在美联储的准备金余额

total deposits：存款总额

vault cash：库存现金

Barriers to trade：贸易壁垒

Beige book：褐皮书

Budget balance：预算余额

Budget surplus：预算盈余

# C

Capital productivity：资本生产率

Capital stock：资本存量

Capital-labor ratio：资本—劳动比率

Cash：现金

Central bank：中央银行

Check clearing：支票结算

Circular flow：循环流

Civilian labor force：备用劳动力

Clearinghouse：清算公司

Closed economy multiplier：封闭经济体的乘数

Coins：硬币

Commodity money：商品货币

Comparative advantage：比较优势

Complementary goods：互补品

Complements in production：互补产出品

Concave to the origin：凹向原点

Constant returns to scale：规模收益不变

Construction：建筑物

Consumer expectation：消费者预期

Consumer Price Index（CPI）：消费者价格指数

Consumption spending：消费支出

consumption function：消费函数

determinants：决定因素

shifts of consumption function：消费函数的移动

Contractionary fiscal policy：紧缩性财政政策

Convex to the origin：凸向原点

Corporate bond rates：公司债券利率

Corporate prime rates：公司优惠利率

Cost shock：成本冲击

Cost-push inflation：成本推动型通胀

Costs of inputs：要素投入成本

Counterfactual：反事实

Credibility：信誉

Credit card rates：信用卡贷款利率

Crowding out：挤出

Currency：货币

Current account：经常项目

Cyclical unemployment：周期性失业

Cyclically-adjusted government budget deficit：周期调整后的政府预算赤字

## D

Debt：负债

Deficit：赤字

Deflation：通货紧缩

Demand：需求

  curve：需求曲线

  individual demand：个人需求

  market：市场需求

  move along demand curve：沿需求曲线移动

  prices of other products：其他产品的价格

  quantity demanded：需求量

  schedule：需求表

  shift：移动

  substitute goods：替代品

  and supply：需求和供给

    model of：需求和供给模型

  wealth：财富

Demand for money：货币需求

  increase in, consequence：货币需求增加的影响

  nominal money demand：名义货币需求

  non-money assets：非货币资产

  price of money：货币标价

  real money demand：实际货币需求

  speculation motive：投机动机

market：市场

Equilibrium amount of money：货币的均衡数量

Equilibrium interest rate：均衡利率

Equilibrium money stock：均衡货币存量

European Central Bank：欧洲中央银行

Excess reserves：超额准备金

Exchange rates：汇率

    between Dollars and Euros：美元和欧元之间的汇率

    managed or dirty float exchange rate：管理或不自由浮动汇率

    peg：盯住

    regimes：汇率体系

        fixed exchange rates：固定汇率体系

        floating exchange rates：浮动汇率体系

Expansionary fiscal policy：扩张性财政政策

Expectation of future：对未来的预期

Expected rate of return on capital：预期资本收益率

Expenditure：开支

Export spending：出口支出

    net export spending determinants：净出口支出的决定因素

Export subsidy：出口补贴

External finance：外部融资

## F

Fed changing money supply：美联储调整货币供给

    changing discount rate：调整贴现率

    changing required reserve ratio：调整法定准备金率

    choice between money and interest rates：货币目标和利率目标之间的抉择

Fed credibility：美联储信誉

Fed watchers：美联储观察人士

Federal funds rate：联邦基金利率

Federal Open Market Committee（FOMC）：联邦公开市场委员会

Federal Reserve Note：联邦储备券

Federal Reserve System：联邦储备体系

Fiat money：法定货币

Financial account：金融项目

    balance on：金融项目余额

    surplus：金融项目盈余

Financial crisis：金融危机

Financial inflows：金融资本流入

Financial institutions：金融机构

    *See also* Banks：也可参见银行

    productivity and：生产率

Financial outflows：金融资本流出

Fiscal policy：财政政策

    automatic stabilizers：自动稳定器

    contractionary：紧缩性财政政策

    debt：负债

    deficit：赤字

    direct：直接财政政策

    discretionary fiscal policy：自由裁量的财政政策

    economic effect：经济效应

    expansionary：扩张性财政政策

    government spending：政府支出

    in Great Recession of 2007－2009：2007—2009 年期间经济衰退时期的财政政策

    indirect：间接财政政策

    limit to borrowing：借款限制

    structural deficit：结构性赤字

    tax multipliers：税收乘数

    taxes：税收

    transfer payment：转移支付

    transfer payment multiplier：转移支付乘数

Fiscal year：财政年度或财年

Fixed exchange rates：固定汇率

Fixed investment：固定投资

Floating exchange rates：浮动汇率

Flow variable：流量

Foreign exchange rates：外汇汇率

Foreign trade effect：外贸效应

Fractional reserve system：比例准备金制度

Free trade：自由贸易

Frictional unemployment：摩擦性失业

Full employment：充分就业

    output：充分就业产出

Functional notation：函数符号

## G

Gains from trade：贸易收益或贸易所得

    absolute advantage：绝对优势

宏观经济学思维

theory of comparative advantage：比较优势理论

GDP deflator：GDP 平减指数

GDP price index：GDP 价格指数

General Agreement on Tariffs and Trades（GATT）：《关税与贸易总协定》

*General Theory of Employment，Interest and Money*：《就业、利息和货币通论》

Government borrowing：政府借贷

   concerns expressed about：对政府借贷的担忧

Government debt：政府负债

Government deficit，financing：政府赤字融资

Government securities：政府债券

   *see* Treasures：参见国库券

Government spending：政府支出

   budget balance：预算余额

   defined：政府支出的定义

   determinants of：政府支出的决定因素

   outlays：开销

   receipts：收入

Graphing tools：作图工具

   basics：基准

   concave to the origin：凹向原点

   convex to the origin：凸向原点

   curves：曲线

   horizontal axis：横轴或横坐标

   nonlinear curve：非线性曲线

   plotting data：描点

   quadrants：象限或区间

   reading graphs：读图

   slope：斜率

   straight line：直线

   truncated axes：截断轴

   two-dimensional graph：二维平面图

   vertical axis：纵轴或纵坐标

Great Recession of 2007−2009，fiscal and monetary policy in：2007—2009 年经济衰退期间的财政和货币政策

   monetary policy during：货币政策

Gross domestic product（GDP）：国内生产总值

   real versus nominal GDP：实际 GDP 和名义 GDP

Gross national product（GNP）：国民生产总值

Growth，economic：经济增长

宏观经济学思维

change in：通胀预期的改变

Inflationary gap：通胀缺口

Inflation-targeting：通胀目标

Insufficient aggregate demand：总需求不足

Intellectual property rights：知识产权

Interest rate：利率

  and consumption spending：利率和消费支出

  discount rate：贴现率

  effect：效应

  federal funds rate：联邦基金利率

  FOMC and：联邦公开市场委员会

  "The" interest rate：利率统称

  inverted yield curve：倒转收益曲线

  investment spending and：投资支出

  long-term rates：长期利率

  and net exports：净出口

  nominal interest rate：名义利率

  normal yield curve：正常收益曲线

  real interest rate：实际利率

  risk premium：风险溢价

  short-run rates：短期利率

  targeting：目标

    *See also* Taylor rule：也可参见泰勒规则

  treasury rates：国库券利率

  yield curve：收益曲线

Internal finance：内部融资

International trade policies：国际贸易政策

International transfer payments：国际转移支付

Inventory accumulation：存货积累或库存增加

Inventory depletion：存货下降或库存减少

Inversely related variable：负相关变量

Inverted yield curve：倒转收益曲线

Investment spending：投资支出

  determinants of：决定因素

  expected rate of return on capital：预期资本收益率

  investment demand curve：投资需求曲线

Investment：投资

## J

Judicial system：司法体系

## K

Keynes，John Maynard：约翰・梅纳德・凯恩斯
Keynesian cross diagram：凯恩斯交叉图
 45° line：45°线

## L

Labor force participation rate（LFPR）：劳动参与率
Labor productivity：劳动生产力
Laspeyres index：拉氏指数
Law of increasing opportunity cost：机会成本递增法则
Lenders of last resort：最后贷款人
Liabilities：负债
Limit to borrowing：借款限制
45° line：45°线
Liquidity：流动性
Loans，money creation by：贷款，货币创造
Long-run aggregate supply curve（LRAS）：长期总供给曲线
Long-run economic growth：长期经济增长
 *See also* Aggregate production function；Sources of growth：也可参见总生产函数
 和增长的源泉
Long-run growth：长期增长
Long-term rates：长期利率
Lump-sum taxes：定额税

## M

M1
M2
Macroeconomic equilibrium：宏观经济均衡
 with equation：公式
Macroeconomic policy：宏观经济政策
 *See also* Fiscal policy；Monetary policy：也可参见财政政策和货币政策
 policy lags：政策时滞
Macroeconomics：宏观经济学
 *See also* Measuring macroeconomy：也可参见宏观经济的测算
 history of：历史

宏观经济学思维

Marginal propensity：边际倾向

    to consume：边际消费倾向

    to import：边际进口倾向

    to save：边际储蓄倾向

Marginally attached to the labor force：劳动的边际价值

Market：市场

    *See also* Money market：也可参见货币市场

    equilibrium：均衡

    shortage：短缺

    size of：规模

    supply：供给

    surplus：剩余

Math：数学

    mathematical tools：数学工具

      *See also* variables：也可参见变量

    absolute value：绝对值

    change：变化

    decimals：小数

    fractions：分数

    functional notations：函数符号

Measuring macroeconomy：宏观经济的测算

    *See also* Unemployment，measuring：也可参见失业的测算

    depression：下跌

    growth：增长

    long-run growth：长期增长

    peak：峰值

    real GDP per capita：人均实际 GDP

    recession：衰退

    recovery：复苏

    short-run fluctuations：短期波动

    stagnation：滞胀

    standard of living：生活标准

    trough：波谷

Merchandise trade balance：商品贸易余额

Microeconomics：微观经济学

Monetarism：货币主义

Monetary policy：货币政策

    central bank：中央银行或央行

    contractionary：紧缩性货币政策

宏观经济学思维

money multiplier：货币乘数

　　T-accounts for：T 账目表

Money market：货币市场

　　*See also* Demand for：也可参见货币需求

　　equilibrium amount of money：均衡货币数量

　　money stock：货币存量

　　supply of money：货币供给

　　　Fed changing：美联储调整货币供给

Money market equilibrium：货币市场均衡

　　adjustment to equilibrium：朝均衡状态调整

　　changes of：货币市场均衡的变动

　　equilibrium interest rate：均衡利率

　　equilibrium money stock：均衡货币存量

Money supply：货币供给

Money supply target：货币供给目标

Move along versus shift of a curve：沿曲线移动和曲线的移动

Multiplier/multiplier process：乘数或乘数过程

　　effect when spending falls：支出下降的乘数效应

　　with imports：考虑进口情形下的乘数

　　with lump-sum taxes：考虑定额税情形下的乘数

　　marginal propensity to consume：边际消费倾向

　　size of：乘数大小

## N

National Income and Product Accounts（NIPA）：国民收入和产出账户

Natural rate of unemployment：自然失业率

Negative slope：负斜率

Net export spending determinants：净出口支出的决定因素

Nct cxports：净出口

Net taxes：净税收

Nominal GDP：名义 GDP

Nominal interest rate：名义利率

Nominal money demand：名义货币需求

Nonaccelerating inflation rate of unemployment（NAIRU）：非通胀加速型失业率

Nondurable goods：非耐用消费品

Nonlinear curve：非线性曲线

Non-money assets：非货币资产

Normal good：正常商品

Normal yield curve：正常收益曲线

Normative economics：规范经济学

North American Free Trade Agreement（NAFTA）：《北美自由贸易协定》

# O

Official reserve transactions：官方储备交易

Open economy macroeconomics：开放经济体的宏观经济学

Opportunity costs：机会成本

    law of increasing opportunity cost：机会成本递增法则

Out of the labor force：不属于劳动力

Outlays：开销

Outlier：异常值

Output：产出

    aggregate demand and：总需求和产出

    aggregate spending and：总支出和产出

    equaling income：同收入相等

    gap：产出缺口

    NIPA：国民收入和产出账户

# P

Paasche index：派氏指数

Pattern of unemployment：失业走势

Payments for factor incomes：要素收入支出

Peak：波峰

Peg：盯住

Personal saving：个人储蓄

Phillips curve：菲利普斯曲线

    changes in productivity growth：生产力增长率的变化

    inflationary expectations, changes in：通胀预期的变化

    "The Phillips Curve Is Dead"：菲利普斯曲线已过时

    shifts of：菲利普斯曲线的移动

    spiraling inflation, 1969-1980：1969—1980 年间的螺旋式通胀

    stagnation：滞胀

    supply shocks：供给冲击

Planned aggregate expenditure：计划的总开支

Plotting data：描点

Policy lags：政策时滞

    implementation lag：实施时滞

    recognition lag：认知时滞

    response lag：反应时滞

Political institutions：政治制度

Positive economics：实证经济学

Positive slope：正斜率

Price of money：货币价格

Prices and aggregate expenditure：价格与总开支

Prices of related output：关联产出的价格

Producer durable goods：生产耐用型商品

Production possibility frontier（PPF）：生产可能性边界

    trade-off：权衡

productivity，生产力

    growth：增长

      changes in：变化

        productivity growth resurgence：生产力增长复苏

        productivity growth slowdown：生产力增长放缓

    of inputs：要素投入

Property rights：产权

    intellectual property rights：知识产权

Proportional taxes：比例税

## Q

Quadrants：象限或区间

Quantity demand：需求量

Quantity supplied：供给量

Quantity theory approach：数量论分析

Quota：配额

## R

Rate，unemployment：失业率

Rate of change，calculating：变化率的计算

Reading graphs：读图

Real GDP：实际 GDP

    per capita：人均

    rate of change of：变化率

    U. S. pattern：美国实际 GDP 走势

Real interest rate：实际利率

Real money demand：实际货币需求

Receipts：收入

Recession，measuring：衰退的测算

Recessionary gap：衰退缺口

Recognition lag：认知时滞

Recovery，measuring：复苏的测算

Remittances：汇款或侨汇

Required reserve ratio：法定准备金率

Required reserves：法定准备金

Research and development：研发

Reserve account：准备金账户

Reserve balance at the Fed：在美联储的准备金余额

Residual growth：剩余增长

Resources，scarce：稀缺资源

Response lag：反应时滞

Retaliatory tariffs：报复性关税

Ricardian model：李嘉图模型

Risk premium：风险溢价

Rule of 70：70 法则

Rules versus discretion：规则和自由裁量

Run on the bank：银行挤兑

# S

Saving：储蓄

   saving rate：储蓄率

Scale of production：生产规模

Scarce resources：稀缺资源

Seasonal unemployment：季节性失业

Shift：移动

Shortage，market：市场短缺

Short-run aggregate supply curve：短期总供给曲线

Short-run fluctuations：短期波动

Short-run rates：短期利率

Slope，graph：斜率，图形

   negative：负斜率

   positive：正斜率

Sources of growth：增长的源泉

   capital：资本

   productivity：生产力

   labor：劳动

   residual growth：剩余增长

   total factor productivity：全要素生产率

Sovereign default：主权违约

Speculation motive：投机动机

Spending multiplier：支出乘数

   *See also* Multiplier/Multiplier process：也可参见乘数或乘数过程

   closed economy multiplier：封闭经济体的乘数

   marginal propensity to import：边际进口倾向

   open economy multiplier：开放经济体的乘数

Spending types：支出类型

   *See also* Aggregate demand：也可参见总需求

   aggregate expenditure：总开支

   consumption spending：消费支出

   exports：出口

   government spending：政府支出

   imports：进口

   investment spending：投资支出

   total spending，distribution：总支出的分配

Spiraling inflation，1969-1980：1969—1980 年间的螺旋式通胀

Stagflation：滞胀

Stagnation，measuring：停滞的测算

Standard of living：生活标准

Static $AS/AD$ model：静态 $AS/AD$ 模型

Statistical discrepancy：统计误差

Sticky wages：黏性工资

Stock variable：存量

Stock，money：货币存量

Straight line：直线

Structural deficit：结构性赤字

Structural unemployment：结构性失业

Substitute goods：替代品

Substitutes in production：替代产出品

Supply：供给

   *See also* Demand：也可参见需求

   costs of inputs：要素投入成本

   individual supply：个人供给

   market supply：市场供给

   prices of related output：关联产品的价格

     complements in production：互补产出品

     substitutes in production：替代产出品

   productivity of inputs：要素生产率

   quantity supplied：供给量

schedule：供给表

Supply shock：供给冲击

Supply-side：供给方

Surplus，market：市场剩余

# T

T-accounts：T账目表

  for money creation：货币创造

Tariff：关税

Tastes and preferences：口味与偏好

Tax multipliers：税收乘数

Taxes：税收

  lump-sum taxes：定额税

  proportional taxes：比例税

Taylor Rule：泰勒规则

  inflation dove：通胀鸽派

  inflation hawk：通胀鹰派

Temporary assistance to needy families（TANF）：贫困家庭临时救济

Theory of comparative advantage：比较优势理论

Tight money：高价货币

Token money：符号货币

Total deposits：存款总额

Total factor productivity：全要素生产率

  sources：资源

Total reserves，bank's：银行准备金总额

Total spending，distribution：总支出的分配

Trade balance：贸易余额

Trade deficit：贸易赤字

Trade-off：权衡

Trade promotion policy：贸易促进政策

Trade protection policy：贸易保护政策

Trade surplus：贸易盈余

Transactions motive：交易动机

Transfer payments multiplier：转移支付乘数

Transportation networks，productivity and：交通运输网络的生产力

Treasuries：国库券

  treasury bill：短期国库券

  treasury bond：长期国库券

  treasury note：中期国库券

Treasury bill rates：国库券利率

Troubled Asset Relief Program（TARP）：不良资产救助计划

Trough：波谷

Truncated axes：截断轴

Two-dimensional graph：二维平面图

## U

Unattainable combination of output：不可实现的产出组合

Underground economy：地下经济

Unemployment，measuring：失业的测算

   civilian labor force：备用劳动力

   cyclical unemployment：周期性失业

   discouraged worker：沮丧的劳动者

   employed：就业

   frictional unemployment：摩擦性失业

   full employment：充分就业

   marginally attached to the labor：劳动的边际附属物

   natural rate of unemployment：自然失业率

   out of the labor force：不属于劳动力

   pattern of unemployment，1900–2009：1900—2009 年间的失业走势

   rate：失业率

   seasonal unemployment：季节性失业

   structural unemployment：结构性失业

   unemployed：失业

Unemployment and aggregate spending：失业与总支出

United States-Dominican Republic-Central America
   Free Trade Agreement（CAFTA）：《中美洲自由贸易协定》

## V

Variables：变量

   dependent：因变量

   directly related variable：直接相关变量

   independent：自变量

   inversely related variable：负相关变量

Vault cash：库存现金

Vertical axis，graph：纵轴或纵坐标，图形

## W

Wealth effect：财富效应

Wealth portfolio：财富组合
Wealth：财富
    assets：资产
    liabilities：负债
Worldwide recession：全球衰退

## Y

Yield curve：收益曲线

## Z

Zero Lower Bound：零利率下限

| 序号 | 书名 | 作者 | Author | 单价 | 出版年份 | ISBN |
|---|---|---|---|---|---|---|
| 1 | 微观经济学思维 | 玛莎·L·奥尔尼 | Martha L. Olney | 29.80 | 2013 | 978 - 7 - 300 - 17280 - 4 |
| 2 | 宏观经济学思维 | 玛莎·L·奥尔尼 | Martha L. Olney | 39.80 | 2013 | 978 - 7 - 300 - 17279 - 8 |
| 3 | 计量经济学原理与实践 | 达摩达尔·N·古扎拉蒂 | Damodar N. Gujarati | 49.80 | 2013 | 978 - 7 - 300 - 18169 - 1 |
| 4 | 现代战略分析案例集 | 罗伯特·M·格兰特 | Robert M. Grant | 48.00 | 2013 | 978 - 7 - 300 - 16038 - 2 |
| 5 | 高级国际贸易:理论与实证 | 罗伯特·C·芬斯特拉 | Robert C. Feenstra | 59.00 | 2013 | 978 - 7 - 300 - 17157 - 9 |
| 6 | 经济学简史——处理沉闷科学的巧妙方法(第二版) | E·雷·坎特伯里 | E. Ray Canterbery | 58.00 | 2013 | 978 - 7 - 300 - 17571 - 3 |
| 7 | 微观经济学(第八版) | 罗伯特·S·平狄克等 | Robert S. Pindyck | 79.00 | 2013 | 978 - 7 - 300 - 17133 - 3 |
| 8 | 克鲁格曼《微观经济学(第二版)》学习手册 | 伊丽莎白·索耶·凯利 | Elizabeth Sawyer Kelly | 58.00 | 2013 | 978 - 7 - 300 - 17002 - 2 |
| 9 | 克鲁格曼《宏观经济学(第二版)》学习手册 | 伊丽莎白·索耶·凯利 | Elizabeth Sawyer Kelly | 36.00 | 2013 | 978 - 7 - 300 - 17024 - 4 |
| 10 | 管理经济学(第四版) | 方博亮等 | Ivan Png | 80.00 | 2013 | 978 - 7 - 300 - 17000 - 8 |
| 11 | 微观经济学原理(第五版) | 巴德、帕金 | Bade,Parkin | 65.00 | 2013 | 978 - 7 - 300 - 16930 - 9 |
| 12 | 宏观经济学原理(第五版) | 巴德、帕金 | Bade,Parkin | 63.00 | 2013 | 978 - 7 - 300 - 16929 - 3 |
| 13 | 环境经济学 | 彼得·伯克等 | Peter Berck | 55.00 | 2013 | 978 - 7 - 300 - 16538 - 7 |
| 14 | 高级微观经济理论 | 杰弗里·杰里 | Geoffrey A. Jehle | 69.00 | 2012 | 978 - 7 - 300 - 16613 - 1 |
| 15 | 多恩布什《宏观经济学(第十版)》学习指导 | 鲁迪格·多恩布什等 | Rudiger Dornbusch | 29.00 | 2012 | 978 - 7 - 300 - 16030 - 6 |
| 16 | 高级宏观经济学导论:增长与经济周期(第二版) | 彼得·伯奇·索伦森等 | Peter Birch Sørensen | 95.00 | 2012 | 978 - 7 - 300 - 15871 - 6 |
| 17 | 宏观经济学:政策与实践 | 弗雷德里克·S·米什金 | Frederic S. Mishkin | 69.00 | 2012 | 978 - 7 - 300 - 16443 - 4 |
| 18 | 宏观经济学(第二版) | 保罗·克鲁格曼 | Paul Krugman | 45.00 | 2012 | 978 - 7 - 300 - 15029 - 1 |
| 19 | 微观经济学(第二版) | 保罗·克鲁格曼 | Paul Krugman | 69.80 | 2012 | 978 - 7 - 300 - 14835 - 9 |
| 20 | 微观经济学(第十一版) | 埃德温·曼斯费尔德 | Edwin Mansfield | 88.00 | 2012 | 978 - 7 - 300 - 15050 - 5 |
| 21 | 《计量经济学基础》(第五版)学生习题解答手册 | 达摩达尔·N·古扎拉蒂等 | Damodar N. Gujarati | 23.00 | 2012 | 978 - 7 - 300 - 15091 - 8 |
| 22 | 《宏观经济学》学生指导和练习册 | 罗杰·T·考夫曼 | Roger T. Kaufman | 52.00 | 2012 | 978 - 7 - 300 - 15307 - 0 |
| 23 | 国际宏观经济学 | 罗伯特·C·芬斯特拉等 | Feenstra,Taylor | 64.00 | 2011 | 978 - 7 - 300 - 14795 - 6 |
| 24 | 《国际宏观经济学》学习指导与习题集 | 斯蒂芬·罗斯·耶普尔 | Stephen Ross Yeaple | 26.00 | 2011 | 978 - 7 - 300 - 14794 - 9 |
| 25 | 卫生经济学(第六版) | 舍曼·富兰德等 | Sherman Folland | 79.00 | 2011 | 978 - 7 - 300 - 14645 - 4 |
| 26 | 宏观经济学(第七版) | 安德鲁·B·亚伯等 | Andrew B. Abel | 78.00 | 2011 | 978 - 7 - 300 - 14223 - 4 |
| 27 | 现代劳动经济学:理论与公共政策(第十版) | 罗纳德·G·伊兰伯格等 | Ronald G. Ehrenberg | 69.00 | 2011 | 978 - 7 - 300 - 14482 - 5 |
| 28 | 宏观经济学(第七版) | N·格里高利·曼昆 | N. Gregory Mankiw | 65.00 | 2011 | 978 - 7 - 300 - 14018 - 6 |
| 29 | 环境与自然资源经济学(第八版) | 汤姆·蒂坦伯格等 | Tom Tietenberg | 69.00 | 2011 | 978 - 7 - 300 - 14810 - 0 |
| 30 | 宏观经济学:理论与政策(第九版) | 理查德·T·弗罗恩 | Richard T. Froyen | 55.00 | 2011 | 978 - 7 - 300 - 14108 - 4 |
| 31 | 经济学原理(第四版) | 威廉·博伊斯等 | William Boyes | 59.00 | 2011 | 978 - 7 - 300 - 13518 - 2 |
| 32 | 计量经济学基础(第五版)(上下册) | 达摩达尔·N·古扎拉蒂 | Damodar N. Gujarati | 99.00 | 2011 | 978 - 7 - 300 - 13693 - 6 |
| 33 | 计量经济分析(第六版)(上下册) | 威廉·H·格林 | William H. Greene | 128.00 | 2011 | 978 - 7 - 300 - 12779 - 8 |
| 34 | 米什金《货币金融学》(第九版)学习指导 | 爱德华·甘伯、戴维·哈克斯 | Edward Gamber | 29.00 | 2011 | 978 - 7 - 300 - 13542 - 7 |
| 35 | 国际经济学:理论与政策(第八版)(上册国际贸易部分) | 保罗·R·克鲁格曼等 | Paul R. Krugman | 36.00 | 2011 | 978 - 7 - 300 - 13102 - 3 |
| 36 | 国际经济学:理论与政策(第八版)(下册国际金融部分) | 保罗·R·克鲁格曼等 | Paul R. Krugman | 49.00 | 2011 | 978 - 7 - 300 - 13101 - 6 |
| 37 | 克鲁格曼《国际经济学:理论与政策》(第八版)(学习指导) | 琳达·戈德堡等 | Linda Goldberg | 22.00 | 2011 | 978 - 7 - 300 - 13692 - 9 |
| 38 | 国际贸易 | 罗伯特·C·芬斯特拉等 | Robert C. Feenstra | 49.00 | 2011 | 978 - 7 - 300 - 13704 - 9 |
| 39 | 芬斯特拉《国际贸易》学习指导与习题集 | 斯蒂芬·罗斯·耶普尔 | Stephen Ross Yeaple | 26.00 | 2011 | 978 - 7 - 300 - 13879 - 4 |
| 40 | 经济增长(第二版) | 戴维·N·韦尔 | David N. Weil | 63.00 | 2011 | 978 - 7 - 300 - 12778 - 1 |
| 41 | 投资科学 | 戴维·G·卢恩伯格 | David G. Luenberger | 58.00 | 2011 | 978 - 7 - 300 - 14747 - 5 |
| 42 | 宏观经济学(第十版) | 鲁迪格·多恩布什等 | Rudiger Dornbusch | 60.00 | 2010 | 978 - 7 - 300 - 11528 - 3 |

## 经济科学译库

| 序号 | 书名 | 作者 | Author | 单价 | 出版年份 | ISBN |
|---|---|---|---|---|---|---|
| 29 | 反垄断与管制经济学(第四版) | W·基普·维斯库斯等 | W. Kip Viscusi | 89.00 | 2010 | 978 - 7 - 300 - 12615 - 9 |
| 30 | 拍卖理论 | 维佳·克里斯纳等 | Vijay Krishna | 42.00 | 2010 | 978 - 7 - 300 - 12664 - 7 |
| 31 | 计量经济学指南(第五版) | 皮特·肯尼迪 | Peter Kennedy | 65.00 | 2010 | 978 - 7 - 300 - 12333 - 2 |
| 32 | 管理者宏观经济学 | 迈克尔·K·伊万斯等 | Michael K. Evans | 68.00 | 2010 | 978 - 7 - 300 - 12262 - 5 |
| 33 | 英国历史经济学:1870—1926——经济史学科的兴起与新重商主义 | 杰拉德·M·库特等 | Gerard M. Koot | 42.00 | 2010 | 978 - 7 - 300 - 11926 - 7 |
| 34 | 利息与价格——货币政策理论基础 | 迈克尔·伍德福德 | Michael Woodford | 68.00 | 2010 | 978 - 7 - 300 - 11661 - 7 |
| 35 | 理解资本主义:竞争、统制与变革(第三版) | 塞缪尔·鲍尔斯 | Samuel Bowles | 66.00 | 2010 | 978 - 7 - 300 - 11596 - 2 |
| 36 | 递归宏观经济理论(第二版) | 萨金特等 | Thomas J. Sargent | 79.00 | 2010 | 978 - 7 - 300 - 11595 - 5 |
| 37 | 数理经济学(第二版) | 高山晟 | Akira Takayama | 69.00 | 2009 | 978 - 7 - 300 - 10860 - 5 |
| 38 | 时间序列分析——单变量和多变量方法(第二版) | 魏武雄 | William W. S. Wei | 65.00 | 2009 | 978 - 7 - 300 - 10313 - 6 |
| 39 | 经济理论的回顾(第五版) | 马克·布劳格 | Mark Blang | 78.00 | 2009 | 978 - 7 - 300 - 10173 - 6 |
| 40 | 税收筹划原理——经营和投资规划的税收原则(第十一版) | 萨莉·M·琼斯等 | Sally M. Jones | 49.90 | 2008 | 978 - 7 - 300 - 09333 - 8 |
| 41 | 剑桥美国经济史(第一卷):殖民地时期 | 斯坦利·L·恩格尔曼等 | Stanley L. Engerman | 48.00 | 2008 | 978 - 7 - 300 - 08254 - 7 |
| 42 | 剑桥美国经济史(第二卷):漫长的19世纪 | 斯坦利·L·恩格尔曼等 | Stanley L. Engerman | 88.00 | 2008 | 978 - 7 - 300 - 09394 - 9 |
| 43 | 剑桥美国经济史(第三卷):20世纪 | 斯坦利·L·恩格尔曼等 | Stanley L. Engerman | 98.00 | 2008 | 978 - 7 - 300 - 09395 - 6 |
| 44 | 管理者经济学 | 保罗·G·法尔汉 | Paul G. Farnham | 68.00 | 2007 | 978 - 7 - 300 - 08768 - 9 |
| 45 | 组织的经济学与管理学:协调、激励与策略 | 乔治·亨德里克斯 | George Hendrikse | 58.00 | 2007 | 978 - 7 - 300 - 08113 - 7 |
| 46 | 横截面与面板数据的经济计量分析 | J. M. 伍德里奇 | Jeffrey M. Wooldridge | 68.00 | 2007 | 978 - 7 - 300 - 08090 - 1 |
| 47 | 微观经济学:行为,制度和演化 | 萨缪·鲍尔斯 | Saumuel Bowles | 58.00 | 2007 | 7 - 300 - 07170 - 8 |

## 金融学译丛

| 序号 | 书名 | 作者 | Author | 单价 | 出版年份 | ISBN |
|---|---|---|---|---|---|---|
| 1 | 并购创造价值(第二版) | 萨德·苏达斯纳 | Sudi Sudarsanam | 89.00 | 2013 | 978 - 7 - 300 - 17473 - 0 |
| 2 | 个人理财——理财技能培养方法(第三版) | 杰克·R·卡普尔等 | Jack R. Kapoor | 66.00 | 2013 | 978 - 7 - 300 - 16687 - 2 |
| 3 | 国际财务管理 | 吉尔特·贝克特 | Geert Bekaert | 95.00 | 2012 | 978 - 7 - 300 - 16031 - 3 |
| 4 | 金融理论与公司政策(第四版) | 托马斯·科普兰等 | Thomas Copeland | 69.00 | 2012 | 978 - 7 - 300 - 15822 - 8 |
| 5 | 应用公司财务(第三版) | 阿斯沃思·达摩达兰 | Aswath Damodaran | 88.00 | 2012 | 978 - 7 - 300 - 16034 - 4 |
| 6 | 资本市场:机构与工具(第四版) | 弗兰克·J·法博齐 | Frank J. Fabozzi | 85.00 | 2011 | 978 - 7 - 300 - 13828 - 2 |
| 7 | 衍生品市场(第二版) | 罗伯特·L·麦克唐纳 | Robert L. McDonald | 98.00 | 2011 | 978 - 7 - 300 - 13130 - 6 |
| 8 | 债券市场:分析与策略(第七版) | 弗兰克·J·法博齐 | Frank J. Fabozzi | 89.00 | 2011 | 978 - 7 - 300 - 13081 - 1 |
| 9 | 跨国金融原理(第三版) | 迈克尔·H·莫菲特等 | Michael H. Moffett | 78.00 | 2011 | 978 - 7 - 300 - 12781 - 1 |
| 10 | 风险管理与保险原理(第十版) | 乔治·E·瑞达 | George E. Rejda | 95.00 | 2010 | 978 - 7 - 300 - 12739 - 2 |
| 11 | 兼并,收购和公司重组(第四版) | 帕特里克·A·高根 | Patrick A. Gaughan | 69.00 | 2010 | 978 - 7 - 300 - 12465 - 0 |
| 12 | 个人理财(第四版) | 阿瑟·J·基翁 | Athur J. Keown | 79.00 | 2010 | 978 - 7 - 300 - 11787 - 4 |
| 13 | 统计与金融 | 戴维·鲁珀特 | David Ruppert | 48.00 | 2010 | 978 - 7 - 300 - 11547 - 4 |
| 14 | 国际投资(第六版) | 布鲁诺·索尔尼克等 | Bruno Solnik | 62.00 | 2010 | 978 - 7 - 300 - 11289 - 3 |
| 15 | 财务报表分析(第三版) | 马丁·弗里德森 | Martin Fridson | 35.00 | 2010 | 978 - 7 - 300 - 11290 - 9 |

**图书在版编目（CIP）数据**

宏观经济学思维/（美）奥尔尼著；陈宇峰，姜井勇译. —北京：中国人民大学出版社，2013.4
（经济科学译丛）
ISBN 978-7-300-17279-8

Ⅰ.①宏… Ⅱ.①奥…②陈…③姜… Ⅲ.①宏观经济学-教材 Ⅳ.①F015

中国版本图书馆 CIP 数据核字（2013）第 063306 号

"十一五"国家重点图书出版规划项目
经济科学译丛
宏观经济学思维
玛莎·L·奥尔尼　著
陈宇峰　姜井勇　译
Hongguan Jingjixue Siwei

| 出版发行 | 中国人民大学出版社 | | |
|---|---|---|---|
| 社　　址 | 北京中关村大街 31 号 | 邮政编码 | 100080 |
| 电　　话 | 010－62511242（总编室） | 010－62511398（质管部） | |
| | 010－82501766（邮购部） | 010－62514148（门市部） | |
| | 010－62515195（发行公司） | 010－62515275（盗版举报） | |
| 网　　址 | http://www.crup.com.cn | | |
| | http://www.ttrnet.com（人大教研网） | | |
| 经　　销 | 新华书店 | | |
| 印　　刷 | 涿州市星河印刷有限公司 | | |
| 规　　格 | 185 mm×260 mm　16 开本 | 版　　次 | 2013 年 11 月第 1 版 |
| 印　　张 | 20 插页 3 | 印　　次 | 2013 年 11 月第 1 次印刷 |
| 字　　数 | 416 000 | 定　　价 | 39.80 元 |

老师您好，若您需要与 John Wiley 教材配套的教辅（免费），烦请填写本表并传真给我们。也可联络 John Wiley 北京代表处索取本表的电子文件，填好后 e-mail 给我们。

## 原书信息

原版 ISBN：
英文书名（Title）：
版次（Edition）：
作者（Author）：

## 配套教辅可能包含下列一项或多项

| 教师用书（或指导手册） | 习题解答 | 习题库 | PPT 讲义 | 学生指导手册（非免费） | 其他 |
| --- | --- | --- | --- | --- | --- |

## 教师信息

学校名称：
院/系名称：
课程名称（Course Name）：
年级/程度（Year/Level）：□大专　□本科 Grade：1 2 3 4　□硕士　□博士　□MBA　□EMBA
课程性质（多选项）：□必修课　□选修课　□国外合作办学项目　□指定的双语课程
学年（学期）：□春季　□秋季　□整学年使用　□其他（起止月份＿＿＿＿＿＿）
使用的教材版本：□中文版　□英文影印（改编）版　□进口英文原版（购买价格为＿＿元）
学生：＿＿＿＿个班共＿＿＿＿人

授课教师姓名：
电话：
传真：
E-mail：
联系地址：
邮编：

---

**WILEY-约翰威立商务服务（北京）有限公司**

John Wiley & Sons Commercial Service (Beijing) Co Ltd

北京市朝阳区太阳宫中路 12A 号，太阳宫大厦 8 层 805-808 室，邮政编码 100028

Direct ＋86 10 8418 7815　Fax ＋86 10 8418 7810

Email：iwang@wiley.com